古代歷史文化 研究輯刊

十五編

王明蓀 主編

第2冊

史前社會複雜化理論與陶寺文化研究（下）

蘇家寅 著

國家圖書館出版品預行編目資料

史前社會複雜化理論與陶寺文化研究（下）／蘇家寅 著—初
版—新北市：花木蘭文化出版社，2016〔民 105〕
目 2+220 面；19×26 公分
（古代歷史文化研究輯刊 十五編；第 2 冊）
ISBN 978-986-404-599-0（精裝）
1. 史前文化　2. 文化研究
618　　　　　　　　　　　　　　　　　105002212

古代歷史文化研究輯刊
十五編　第 二 冊　　　　　ISBN：978-986-404-599-0

史前社會複雜化理論與陶寺文化研究（下）

作　　者　蘇家寅
主　　編　王明蓀
總 編 輯　杜潔祥
副總編輯　楊嘉樂
編　　輯　許郁翎
出　　版　花木蘭文化出版社
社　　長　高小娟
聯絡地址　235　新北市中和區中安街七二號十三樓
　　　　　電話：02-2923-1455／傳眞：02-2923-1452
網　　址　http://www.huamulan.tw 信箱 hml810518@gmail.com
印　　刷　普羅文化出版廣告事業
初　　版　2016 年 3 月
全書字數　397527 字
定　　價　十五編 23 冊（精裝）台幣 45,000 元　　版權所有・請勿翻印

史前社會複雜化理論與陶寺文化研究（下）

蘇家寅　著

目

次

第四章 陶寺文化研究回顧

　　正如上文已向我們清楚展示的那樣，史前社會的複雜化問題，或者說文明起源的相關問題，對於歷史學、考古學，及人類學等諸多社會及人文科學領域內的廣大研究者而言，歷來都是一個具備世界意義的選題。

　　就我國的情況而論，隨著近代考古學的東來，特別是建國以來各地田野工作的普遍開展，有關中國新石器時代晚期的地下資料獲得了極大的豐富，至上個世紀 80 年代，各地方史前考古文化譜系得以普遍建立起來，為後學者研習史前史問題提供了基本的時空框架。另一方面，除去早年間已為國內學人所熟稔的古典進化論外，近年來域外各派新興人類學理論也獲得了譯介與傳播的渠道，可以說，無論就材料或理論而言，呈現在所有矢志於研習中國史前史的青年學人面前的，正是一幅可以大有作為的遠景！

　　誠如夏鼐早年間指出的那樣，中國古代文明從本質上來講，是土生土長的，要探索它的起源，就應當回復到新石器時代末期或銅石並用時代去〔註1〕。而這一時代的下限則是二里頭文化，無論二里頭文化的族屬如何，毫無疑問的是，如今海內外研究者已取得廣泛共識：中國進入文明社會這一劃時代歷史事件的發生不可能遲於二里頭文化在伊洛流域的勃興。也就是說，最保守地來講，二里頭就意味著獨具特色並於此後綿延數千年而不絕的華夏文明的開端〔註2〕〔註3〕。既然如此，探索文明的起源，自然應當選取那些稍早

〔註1〕 夏鼐：《中國文明的起源》，文物出版社 1985 年 7 月第 1 版，第 80 頁。
〔註2〕 〔澳〕劉莉：《中國新石器時代：邁向早期國家之路》，陳星燦、喬玉、馬蕭林等譯，文物出版社 2007 年 11 月第 1 版，第 218 頁。
〔註3〕 夏鼐：《中國文明的起源》，文物出版社 1985 年 7 月第 1 版，第 96 頁。

於二里頭文化，且位居中原腹地，曾產生過煊赫影響的知名考古學文化來作爲研究的對象。這樣一來，蕃生於晉南汾澮流域的陶寺文化就成爲所有力圖解開中華文明起源之謎的努力所必須面對的一個課題。

　　陶寺遺址是上個世紀中葉在地方考古部門主持的田野普查中首先被發現的，70 年代末又經中國社會科學院考古研究所派駐山西地方的工作人員復查後，遂被確定爲當時山西隊的四大重點發掘目標之一〔註4〕。三十多年以來，考古工作者相繼在今臨汾盆地的陶寺、方城——南石、下靳等地發掘了一大批屬於陶寺文化的居址或墓葬等，所獲甚豐，當地原始文化在中國史前史中的重要性日益凸顯，與此同時，隨著田野工作的不斷深入，各地研究人員開始從不同的角度對這一支重要的史前文化開展研究。依筆者淺見，其研究歷程大致可以分爲前後互有聯繫的三大階段，其間深受田野工作進度的影響。

第一節　第一階段：新材料與舊模式

　　上個世紀 80 年代可以看作是陶寺文化研究的第一個階段，這裏所講的「新材料」自然是指田野發掘而言，而「舊模式」的含義則有兩個：一個指的是王國維等人早年間所力倡的「二重證據法」，即「取地下之實物與紙上之遺文互相釋證」，借助於古代文獻的記載來賦予無言之考古材料以意義〔註 5〕；另一個則是指 19 世紀的古典進化論關於早期社會複雜化發展階段的認識。從下文的分析中，我們就可以看出，第一個階段的研究工作就其所涉及的具體內容而言雖然顯得相當廣博，但主流仍然是試圖驅迫這樣一批得自地下的新材料去適應那些書寫在紙上的舊模式，無論這種舊模式是源自王國維還是摩爾根。

一、二重證據法的實踐

　　1982 年，徐殿魁所撰《龍山文化陶寺類型初探》一文的發表，可以視爲陶寺研究第一階段的開始。該文承續當時考古工作者的意見，認爲陶寺類型可以分爲前後相續的兩個階段，借助於對陶質、器形、製法等方面的仔細比

〔註 4〕高煒：《陶寺，一個永遠的話題》，載解希恭主編：《襄汾陶寺遺址研究》，科學出版社 2007 年 1 月第 1 版，第 1～8 頁。

〔註 5〕陳寅恪：《王靜安先生遺書序》，載陳美延編：《陳寅恪集‧金明館叢稿二編》，生活‧讀書‧新知三聯書店 2001 年 7 月第 1 版，第 247～248 頁。

對，徐殿魁認爲，陶寺早期階段遺物所顯現出的種種特徵與屬於當地廟底溝二期文化的各同類器物之間存在著極爲明顯的相似性，可知前者是對後者的繼承與發展。同時，徐氏也注意到了兩者之間的差異，但從行文來看，他顯然不認爲這屬於二者關係的主要方面，因此並未展開論述。關於陶寺類型所處的社會發展階段，考慮到當時田野工作開展地十分有限，正式的發掘報告尚未發表，徐氏只是籠統地談到，從對待逝者的不同方式，這一點在墓穴規模及隨葬品的多寡上表現得最爲明顯，以及部分玉器製品表現出了後世商周禮器的一些特色來看，在當時的社會上，已經產生出了一批居於特殊地位，享有特權的人物。具體到國家及文明起源一類問題，鑒於古典文獻中多次言及「夏墟」所在，徐氏建議，此後的研究應當對於這兩類材料之間表現出的驚人的契合度進行深入探討〔註6〕。

繼徐文之踵，當時直接參與田野工作的高煒、高天麟、張岱海等人聯名發表了《關於陶寺墓地的幾個問題》〔註7〕及《龍山文化陶寺類型的年代與分期》〔註8〕等兩篇文章，因爲作者本人即爲一線工作者，所以手中自然掌握有更豐富的時新材料，於分析說明上較此前的研究亦更見力度。就前一篇文章而言，作者所試圖解答的問題與徐殿魁並無二致，仍然是希望借助於對墓葬材料的整理分析來說明這一文化類型的年代、所處社會發展階段及文明起源——當時稱之爲與夏文化的關係——這樣三個爲當時學術界所普遍關注的問題。儘管如此，在對陶寺文化所開展的早期研究中，這篇文章仍然佔有相當重要的地位。首先，在年代問題上，作者注意到了在當時初步劃定的早晚兩個階段之間，確實存在有明顯的缺環，並且根據最新的出土材料，首次明確預言了陶寺中期的存在。這一論斷在當時的情況下是頗具前瞻性的，直到如今，在依據類型學所認定的陶寺文化發展時序上，學術界仍然普遍支持三階段說。而且借助於對彼時各相關放射性碳素測年數據的整理，作者較清晰地提出了自己對於陶寺遺址與夏紀年之間的關係問題的看法，爲學術界進一步拓寬夏史研究視野提供了一條新的思路，開闢了一爿新的探索園地。與此形

〔註6〕徐殿魁：《龍山文化陶寺類型初探》，《中原文物》1982年第2期，第20～25頁。

〔註7〕高煒、高天麟、張岱海：《關於陶寺墓地的幾個問題》，《考古》1983年第6期，第531～536頁。

〔註8〕高天麟、張岱海、高煒：《龍山文化陶寺類型的年代與分期》，載解希恭主編：《襄汾陶寺遺址研究》，科學出版社2007年1月第1版，第222～233頁。

成對照的是，就陶寺所處的社會發展階段，作者雖然羅列出了豐富的材料，這其中既有源自田野實踐的，也有源出於古典文獻的，但在進行理論總結的時候卻表現得相當猶豫，沒有太多把握：一方面認為當時可能仍未脫出所謂「軍事民主制」的階段，同時也不排除其已然進入階級社會的可能性，在這種情況下，「國家」或「國家雛形」已經成為當時陶寺人參與政治生活的主要形式。然而我們知道，這些古典進化論者慣用的術語本是彼此互不相容的，各有其明確的指稱對象，作者於此竟將二者並舉，實是有損於結論部分的可信性。儘管高氏等人在這裏言辭閃爍，但從其自認為己說或與古典文獻中有關於「禪讓」事件的傳統理解產生牴牾來看，似乎三位研究者在對陶寺發展階段的認識上更傾向於「國家」說。此處需要特別指出的是，作者於措辭方面存在有不夠嚴謹的罅隙，特別是對於一些源自經典人類學著作的專有名詞在處理時表現出了一定的隨意性。譬如，前文明言，陶寺已有的墓葬材料表明這裏是一處由若干氏族構成的部落，則筆者不解，既為「部落」又何來所謂「已經衝決氏族制度的軀殼」的「國家」呢！這一點對於整篇文章而言，尤其在考慮到該文於陶寺研究史中所擁有的地位及對於此後各路研究所產生的積極影響來看，確實是白璧微瑕，但它之所以仍值得後學者重視，在於這種現象似乎在相當一段時期內，甚至直到當下，都可以被認為是國內史前史研究領域內普遍存在著的一類不良傾向。在關於「社會複雜化」或「複雜社會」的學術研究回顧中，我們也能看到這種對於專有名詞隨意處置從而加劇認識混亂的消極現象。至於陶寺與夏文化之間的關係，作者除舉出地望方面的證據之外，這一點徐殿魁已啟其端，還特別結合新出材料論述了在陶寺可能存在著的早期龍崇拜與後世文獻中所載夏人與龍的密切關係這兩者之間或許存在著的邏輯聯繫，這一思路對於此後同類研究的開展也已經被證明是很有啟發意義的。

在《龍山文化陶寺類型的年代與分期》一文中，三位考古工作者繼承了前文的研究思路，值得注意的是，陶寺中期文化於此被作為一個相對獨立的發展階段正式提了出來。作者根據自己對於當地陶器形制演變規律的梳理，進而認為，鬲的出現並逐漸在炊器中佔據主導地位，是識別陶寺文化發展階段的一項重要標準，此後凡是根據器物類型學對陶寺文化進行分期的各類研究基本上也都承襲了這篇文章的結論。所以，1984 年發表的這篇文章雖意在通過陶器類型的排比為該文化尋覓分期的依據，但實際上框定了此後開展陶

寺陶製品研究的總體架構，筆者以爲，這是該文在陶寺研究史上最具影響，也是最重要的一筆貢獻。同樣，作者們再次強調了應將對於該遺址的研究置於「夏文化」探索的總體思路中去考慮。

徐、張、二高四位先生的作品屬於整個陶寺學術史中最早面世的一批系統性研究成果，具「篳路藍縷，以啓山林」之功！其分析視角都是從考古材料著眼，運用類型學與地層學等傳統的處理方法以求界定該文化的時空範圍。恰如前述，此間不少階段性認識已經成爲當今學者之間的普遍共識，爲進一步的研究提供了一個堅實的基礎。在涉及到文明起源等問題時，因受早期發掘預案的影響，彼時研究者普遍傾向於在對陶寺文化進行解釋時將其與夏人、夏王朝或夏文化聯繫起來看，並結合古典文獻中的相關記載，推定這裏可能是立國前後爲夏人所盤踞的一處重要地方〔註9〕〔註10〕。

1985年，李民發表了《堯舜時代與陶寺遺址》一文，提出了有異於以往的新觀點，並爲學術界提供了一套獨具個人風格的研究方法。李氏早年在京親炙於顧頡剛門下，對於《尚書》等先秦墳典頗有研究，結合《堯典》等篇的記載，他認爲，與其指認陶寺爲夏文化遺存，不若將其置於堯舜時代的大背景中去理解，並從「地域」、「年代」，以及兩類材料，即歷史學以及考古學的「所反映的社會生活」等方面依次論證了自己的觀點。在20世紀80年代關於陶寺的早期研究中，李民的這一見識是具有開創意義的，對於當時的學術圈而言，這也是首次有論者將上述兩個源自不同學術範疇內的研究對象聯繫起來進行考察，隨即引發了國內學術界有關於陶寺古史地位的熱烈討論，樹立了與早先的「夏文化說」並峙的「堯舜時代說」，隨著兩說的分野日漸清晰，最終對於考古工作者的思路也產生了影響〔註11〕。李文對於陶寺研究的另一項歷史貢獻在於，李氏本人是以歷史學者的身份參與這一課題的，所以該文中雖不可避免地引述了大量考古發掘記錄，但整篇文字的主導思路卻很明顯是意圖借助文獻材料去解讀考古發掘成果所蘊含的社會歷史意義，這一

〔註9〕　高煒：《陶寺，一個永遠的話題》，載解希恭主編：《襄汾陶寺遺址研究》，科學出版社2007年1月第1版，第1～8頁。

〔註10〕高煒：《陶寺考古發現對探討中國古代文明起源的意義》，載田昌五、石興邦主編：《中國原始文化論集——紀念尹達八十誕辰》，文物出版社1989年6月版，第56～68頁。

〔註11〕高煒：《陶寺考古發現對探討中國古代文明起源的意義》，載田昌五、石興邦主編：《中國原始文化論集——紀念尹達八十誕辰》，文物出版社1989年6月版，第56～68頁。

研究範式與李氏所提出的新觀點一併深刻地影響了陶寺研究在其第一階段後期的發展。

　　李文之後，學術界內部在該考古遺存的古史族屬問題上正式分裂為涇渭分明的兩個陣營，即「夏文化說」與「堯舜時代說」，在當時，兩派之間進行了激烈地交鋒。此間主前說者，可舉王克林、何建安等人為例，其中，王克林選擇陶寺蟠龍紋陶盤作為中心研究對象，探討了龍圖騰與夏族起源的問題。王文的突出特點在於，除對古典文獻記載進行細緻梳理外，還將圖像學的解釋思路引入了對考古材料的分析中。王氏認為，陶寺龍紋在造型上表現出揉合多種動物特徵於一身的傾向，這些動物可能包括了蛇、鱷、羊、雉鳥等數種。在文獻記載的啟發下，他主張，從這類「複合圖騰」中所見到的對於圖像元素的拼合實際上反映了當時族群融合的現實〔註 12〕。同王克林一樣，何建安也試圖探討陶寺與夏文化的關係，不過陶器類型排比在何文中佔據了相當的篇幅。鑒於當時襄汾工地的發掘材料已初具規模，何氏主張，應該以「一個單獨的考古學文化」來對待陶寺，肇啟「陶寺文化」最終取代「陶寺類型」一稱之先聲。除此之外，何文最可寶貴的一點在於，其在對極為零碎的考古材料進行整理的時候，較彼時許多同業表現出了更多的進行社會分析的意識，注意到了考古學文化命名規則的局限性。當然，由於未能充分開展跨學科研究，何氏所提出的一些稍顯新意的觀點也就缺乏堅實有力的實證材料支持，特別是未注意吸納民族志方面的例證，以至於最終遺憾地僅停留在建議與假說的階段〔註 13〕。主後說者則有王文清〔註 14〕、俞偉超〔註 15〕、羅新與田建文〔註 16〕等。兩派觀點雖相互對立，但在研究思路方面卻如出一轍，走的還是文獻與考古材料相結合的路子，又因為對於陶寺來講，沒有同時代的文獻記載可予比對，雙方徵引的都是數千年之後逐漸編纂而成的典籍，其中所聲稱的某些重要屬性

〔註 12〕 王克林：《龍圖騰與夏族的起源》，《文物》1986 年第 6 期，第 55～56 頁。

〔註 13〕 何建安：《從王灣類型、二里頭文化與陶寺類型的關係試論夏文化》，載解希恭主編：《襄汾陶寺遺址研究》，科學出版社 2007 年 1 月第 1 版，第 259～274 頁。

〔註 14〕 王文清：《陶寺遺存可能是陶唐氏文化遺存》，載田昌五主編：《華夏文明》（第 1 集），北京大學出版社 1987 年 7 月第 1 版，第 106～123 頁。

〔註 15〕 俞偉超：《考古所四十年成果展筆談》，《考古》1991 年第 1 期，第 75～76 頁。

〔註 16〕 羅新、田建文：《陶寺文化再研究》，《中原文物》1991 年第 2 期，第 17～21 頁。

往往為兩類假說目標所共享。譬如，陶寺的龍盤本應是推定當地族屬的一項關鍵線索，但就古文獻的記載而言，無論是陶唐氏、有虞氏抑或夏后氏，都流傳下來很多當時盛行龍崇拜的記錄，至於作者到底選信哪些記載往往因其所持立場而定，缺乏具備公信力的較為客觀的標準。所以對於這類爭辯，筆者以為，無論是在當時，還是對於今後研究工作的深入開展，恐怕助益都會比較有限。

不過在爭辯的激流中亦曾偶或洋溢起一些閃爍著理性光彩的浪花，這裏指的就是劉緒在上個世紀 90 年代初發表的《簡論陶寺類型不是夏文化——兼談二里頭文化的性質》一文。劉文的目的本是為了以陶寺為例來反駁當時流行的喜以龍山時代某些文化為夏或先夏文化的趨勢，藉以為二里頭文化正名。該文的具體結論並不是我們所關心的，值得注意的是，劉氏在論說的過程中，尖銳地指出了那個時代為眾多學者所輕忽甚或視而不見的一個重要問題，即邏輯性在歷史解說中的缺失。首先，對於其中爭議最多的年代問題，劉緒指出，主張夏文化說者為求於己有利，對三代積年僅取各說中最長久者為例，其中商代及西周的年數均取自漢朝劉歆的《三統曆》，又根據《晉書·束皙傳》中曾有「夏年多殷」一語，兩相結合遂判定夏代積年當在 600 歲以上，以期得與陶寺碳素測年數據相合。實際上我們應該注意到，劉歆本人即不同意夏年多殷之說，在其根據《三統曆》推定歷史年代的《世經》一文中，劉氏明確主張夏代「繼世十七王，四百三十二歲」，遠較殷商積年為少〔註17〕。然而夏文化說者對於兩者之間這類明顯牴牾之處卻置若罔聞，閉口不提，未曾就此做出過任何令人信服的辨析；再者，同樣令人生疑的是，凡此間早於夏代者一概被籠統地稱作先夏文化，劉緒就此質問道：「先夏文化究竟能先到何時？」在實際研究中又該如何確定其上限？如果連這個上限也不能確定，又怎能將其視為一支考古學文化？再以分佈地域而論，雖然陶寺所在的汾河下游一帶在歷史上確有「夏墟」之稱，但夏墟的實際範圍應遠較陶寺文化所輻射的地域為廣。在這一地域內尚有多支考古學文化與此並存，陶寺僅為其中之一，而且是處在邊緣的一支，從文化面貌上來看也顯得相當另類，與中原龍山文化諸類型頗多不合之處，這其中究竟哪支堪稱夏文化尚難遽定。另，從字義方面來判斷，所謂「夏墟」究其本義而言，僅指夏人舊居之處，在這一點上與如今已聞名海內外的「殷墟」一詞用法相近，古典文獻在記載中也

〔註17〕　（漢）班固撰：《漢書》，中華書局 1962 年 6 月第 1 版，第 1013～1014 頁。

以兩者並舉。然而眾所週知的是，今日所講的殷墟既非商人早年居所，更不是其族群起源之地，同樣地，我們也根本無法斷定《左傳·定公四年》中提到的這個夏墟究係夏人何時所居，是在夏代之前，早期，晚期，抑或是在夏桀覆滅之後呢？陶寺的碳素測年結果指示出這支文化的存在時段普遍早於文獻中所見各筆關於夏代初始年限的記載，因此主夏文化說者便天然地將其與先夏或夏代早期的歷史對應了起來，不經詳審即認定文獻中所提的「夏墟」即單指夏人早期的居所，其實這只不過是後代學者一種想當然的判斷。最後，鑒於國內學術界一般皆以夏代建立為中國國家社會的開端，因此主夏文化說者多樂於刻意抬高陶寺部分遺物的歷史意義，以使其儘量符合古典進化者所認為的從平等的部落社會到以階級對立為特徵的國家社會這一發生了巨大變遷的過程。然而正如劉文所指出的那樣，雖然陶寺發掘的意義不容小覷，但若放在整個龍山時代來考察，則如玉質禮器、紅銅小件、各墓葬及所附隨葬品之間存在著的顯著差別等等並不能算作是陶寺文化所獨有的現象，當時黃河中下游的多支文化均表現出了與之類似的特徵。可以看出，這些文化的發展基本上是同步的，所處發展階段亦大致相仿，若以陶寺為國家，則龍山時代末期在在皆有國家。如果確實是這樣的話，那麼夏人崛起這件事在歷史上就不應具有什麼特殊的意義，夏禹傳子一舉也就不值得傳統經傳為之大書特書了，因為周邊與之並立的同類政體還有許多，而在這些政治實體各自的建立過程中可能都發生過類似的由傳賢改為傳子的事情。可實際情況恰恰相反，古典文獻不僅對於夏代興起一事情有獨鍾，而且將之視為區分兩個不同時代，也就是兩個不同社會發展階段的標誌性事件。按照儒家的理解，人類社會的早期發展先後經歷過「大同」與「小康」兩個階段，夏、商、周三代都屬於小康階段，而這一階段最顯著的一個特徵就是從「天下為公」到「天下為家」的轉變。對此，孔穎達注曰：「『天下為家』者，父傳天位與子，是用天下為家也」，而且明確指出：「禹為其始也」〔註18〕。可見，在古典作家所理解的「天下」範圍內，「禹傳子，家天下」這件事的發生具有獨一性，這很可能意味著傳統認識中的夏王朝是當地興起的第一個複雜程度遠較周邊政體為高的社會，因此才在古人的記憶中留下了如此深刻的印象。所以，在劉緒看來，陶寺還不能代表一個國家級水平的社會，也不宜於被看作是夏文化

〔註18〕 （漢）鄭玄注，（唐）孔穎達疏：《禮記正義》，十三經注疏整理委員會整理，北京大學出版社 2000 年 12 月第 1 版，第 771 頁。

在那個時代的代表，真正扮演這兩類角色的是稍後發展程度更高的二里頭文化〔註19〕。

我們認為，劉文所闡述的觀點在陶寺研究第一階段的末期出現並不是偶然的，到了這個時候，距陶寺早期田野工作的開展已10年有餘，隨著越來越多的材料公佈於世，該文化在人們視野中的形象也漸趨豐滿清晰。於是，在批判地吸收前人諸多研究成果的基礎上，尋找夏文化這一挖掘陶寺的初衷如今看來已不近現實，相應地，夏文化說也漸次顯現出日薄西山的態勢，在學術界中的支持者愈益零落，越來越多的研究者開始肯定對於陶寺問題的探討應該實事求是地置於中國史前史這個總的認識框架下來開展，只有這樣，對相關問題的討論才可能在未來取得長足的進步。所以，從學術發展脈絡來看，劉文上紹李文之緒，以對夏文化說擲地有聲的批駁標誌著陶寺研究的第一個階段至此基本結束。通觀這一階段前後兩個時期，所取得的最大成果就是，學術界圍繞著陶寺這個核心問題對於古典文獻中關涉到中國史前史末期的大量原始資料進行了較為系統的整理，在整理的過程中，夏文化說與堯舜時代說的分野逐漸清晰，並最終以後者的勝出而暫告一段落。在對當地社會發展階段或曰社會複雜化程度的認識上，諸位研究者基本沒有突破古典進化論，也就是摩爾根所劃分的社會演化體系，而且在對經典作品的解讀與運用等方面還存在著一定程度上的混亂現象。所以我們經常可以見到諸如「部落國家」這樣不倫不類的稱謂，甚至因為在陶寺禮器與鼓樂器同出，便認為這是「象徵著禮樂征伐自天子出」，於是推斷在當時作為「天下之共主」的「天子出現了」〔註20〕。類似於這樣一些說辭除了顯示出作者本人對於人類學或社會學中的許多基本概念缺乏較清晰的認識之外，於實際研究很少能提供什麼有價值的幫助。因此，直至堯舜時代說成功排擠了夏文化說，國內學術界對於這支重要的考古學文化所經歷的社會複雜化進程基本未曾開展過觸及實質問題的研究，此間往復糾纏者無外乎族屬、地望、所對應的歷史朝代等一些社會發展史中的細枝末節式的表面現象，我們認為，對於這些問題的辨析雖可為後續研究提供一些參考，但絕不是以整個社會為觀察對象的複雜化研究所應

〔註19〕 劉緒：《簡論陶寺類型不是夏文化——兼談二里頭文化的性質》，載解希恭主編：《襄汾陶寺遺址研究》，科學出版社2007年1月第1版，第318～323頁。

〔註20〕 田昌五：《先夏文化探索》（節選），載解希恭主編：《襄汾陶寺遺址研究》，科學出版社2007年1月第1版，第324～326頁。

關注的核心問題。按照經典作家的一般理解，人類歷史的發展是一個客觀的社會運動過程，所謂「天行有常，不為堯存，不為桀亡」〔註 21〕，因此可以說，我們要追索的是天道運行的基本規律，而非當時的在位者到底是「堯」還是「桀」這樣的問題，所以堯舜時代說的勝出並未能帶來整體研究層次的提升。

上述作品可以視為陶寺研究第一階段的代表性成果。從對這幾篇文章的分析中，我們不難看出：（1）就研究方法來講，諸位作者仍然因循王國維早年間提出的「二重證據法」，致力於在考古材料與古典文獻記載之間尋求契合點，所不同的是，受作者本人學術風格的影響，具體到每篇文章而言，或倚重考古，或青睞於文獻，各有千秋而已；（2）研究視野基本局限在狹義的考古學與歷史學範疇之內，又因為中國考古學自近代誕生以來，始終抱持著為國史補苴的學術志向〔註22〕，所以彼時活躍於這一領域內的諸公，相較之下，知識結構往往高度雷同，致使學術空間局促於史學之一隅，跨學科研究，無論是田野技術方面，抑或理論構建方面都很少開展；（3）所參考的社會發展理論，無一例外地源自摩爾根與恩格斯在 19 世紀後半葉撰寫的經典著作，特別是《家庭、私有制和國家的起源》一書，幾乎是每篇必引。另外一個在理論方面的突出特點是，吸納與借鑒為主，闡述與發展則基本未見，古典進化論者於一百多年前結合北美民族志材料提出的類似「軍事民主制」、「部落聯盟」等一些專業術語往往直接被作者引入己文，扣合在中國的考古或歷史文獻材料上，而在這樣一個理論與材料的對接過程中，筆者竟很少能夠覺察到有所謂「磨合」或「修正」的痕跡。各位作者之間可能產生齟齬之處，無外乎在於該選擇摩爾根所羅列的哪個社會發展階段來為陶寺定性，彼此之間卻並不存在任何理論流派方面的差異，這種現象一方面反映了那個時代所特有的一種學術風貌，呈現給後學的是一套在當時通行的針對某類研究的常規操作流程，另一方面，亦可於此見識到理論自省意識在國內學術界或學術界一隅的缺失。

〔註21〕　（清）王先謙撰：《荀子集解》，沈嘯寰、王星賢點校，中華書局 1988 年 9 月第 1 版，第 306～307 頁。

〔註22〕　蘇秉琦：《序言》，載白壽彝總主編，蘇秉琦主編：《中國通史》第 2 卷，上海人民出版社 1994 年 6 月第 1 版，第 1～20 頁。

二、二重證據法的不足

可以講，實現考古材料與古史傳說之間的完美契合從而證實後者的眞實性，幾乎是百年來中國數代史學家包括田野考古工作者的夙願，然而實際效果似乎並不理想。這一點在上文對於陶寺文化第一階段研究活動的回顧中就已經可以看得相當明白了，我們認爲造成這種尷尬局面的原因主要有這樣三條，其中兩條出在技術操作層面上，另一條則是認識方面的。技術操作過程中所面臨的困難往往最容易爲人所察覺，但理論認識上的誤區其實才是更爲根本的，也是全局性的。然而大多數長期浸濡在某一單一學術環境中的研究者對此卻總是渾然不覺，這種狀態使得他們對於那些原本極爲顯明的出現在技術層面上的漏洞也逐漸變得麻木起來了：

首先，就文獻自身而言，在承認存在有多個傳述體系以及摒棄默證法的情況下，要想像顧頡剛等古史辨派學者那樣構建出一個源流相對清晰的古代文獻形成體系已經不太可能〔註23〕。我們知道，默證法自有其不足之處，但反對者充其量也只是懷疑而已，試想若某時代之文獻中未見有某條記載，疑古派自然不便於憑此而遽斷當時人一定不知此史事，然而反過來講，難道在這種直接證據缺位的情況下，反對者就能斷言當時人必定知曉此事麼？很顯然也是不可以的。因爲古人對於這個問題是沉默的，而對於沉默者來講，我們是無法確切知道對方是否知曉某事的。因此張蔭麟與徐旭生等雖則指出了某些疑古學者論述中的缺點，但卻難以憑此而將之完全駁倒，正如後者對於前者的部分結論也只能是表示懷疑罷了〔註24〕，所以中國古史傳說的文獻形成過程目前仍然處於漫漶難明的狀態之中。而且就我們掌握的情況來看，至少在關乎陶寺的論述中，似乎很少有學者願意在這類問題上投入太多的精力，之所以出現這種局面，部分地或許是因爲越來越多的研究者已經意識到了對於這類問題的深究不可避免地步入了一個類似於泰恩特所主張的邊際收益遞減的階段。在這一階段中，投入的成倍增加已經無法換回與之相稱的收益了〔註25〕，而且在可預見的將來，我們還看不到這種下跌局面得到扭轉或改善的可能性。

〔註23〕謝維揚：《「層累說」與古史史料學合理概念的建立》，《社會科學》2010年第11期，第140〜148頁。

〔註24〕徐旭生：《中國古史的傳說時代》（增訂本），文物出版社1985年10月新1版，第23頁。

〔註25〕〔美〕約瑟夫・泰恩特：《複雜社會的崩潰》，邵旭東譯，海南出版社2010年5月第1版，第167〜168頁。

　　再者，就文獻與考古材料兩者之間的關係來講，在實際操作的過程中，我們其實很難將某條古史傳說與某支具體的考古學文化之間的對應關係坐實。目前所見，除了本身出有豐富地下文獻資料的殷墟之外，其它類似的對應工作在很大程度上仍然是建立在推測之上，區別並不在於有沒有爭議，而只是在於爭議的大小。如果對於在鄭州、偃師以及二里頭等地所發現的那些據信已經進入歷史時期的大型城邑來講，學術界尚在執「夏」執「商」之類的問題上爭辯不已〔註 26〕，那麼可以想見，當我們將研究的視野投向較此更為古遠的史前時期，除了會引起更激烈的爭議之外，我們還能得到什麼呢〔註27〕〔註 28〕〔註 29〕〔註 30〕？

　　其三，退一步來講，即便將來有朝一日我們相當完滿地解決了當前古史傳說整理工作所面臨的這樣兩大類難題——其實這只能是一種理想狀況——結果又能怎樣呢？難道我們能依靠這些數千年前的斷簡殘篇去復原中國早期社會的複雜化進程麼？也就是說，完全可以把「社會複雜化」這樣一個提倡嚴格論證的相當現代化的研究預期，僅僅建立在一小撮古代知識分子對於往古歷史的模糊追憶之上？杜正勝以為可以！既然如此，現在我們就來談談杜正勝的問題，講清楚了他的問題，實際上也就講清楚了國內學術界長期以來在這類問題上一直存在著的理論認識上的重大誤區。

　　按照杜氏的想像，通過類似於這樣的工作從而可以為考古研究提供「歷史學索隱」，所謂「索隱」就是「求索隱微」〔註31〕，也就是為考古學家的工作提供「研究指引」。不過就杜氏自古典文獻中鉤稽而得的「國家」形成的 4 個標誌來講，首先前兩個標誌因為涉及到血緣與家系的演變，以及這些內容的變動對於政治結構所造成的影響等問題，從目前所掌握的考古材料中很難

〔註 26〕　許宏、劉莉：《關於二里頭遺址的省思》，《文物》2008 年第 1 期，第 43～52頁。

〔註 27〕　張學海：《從考古發現談魯西南地區古史傳說的幾個問題》，《中原文物》1996年第 1 期，第 31～48 頁。

〔註 28〕　李蹊：《堯發祥於長子陶鄉考》，《晉陽學刊》2005 年第 6 期，第 13～17 頁。

〔註 29〕　侯仰軍：《海岱龍山文化與堯舜之鄉考辨》，《齊魯學刊》2006 年第 1 期，第95～98 頁。

〔註 30〕　袁廣闊：《古河濟地區與早期國家形成》，《中原文化研究》2013 年第 5 期，第53～58 頁。

〔註 31〕　辭海編輯委員會編纂：《辭海》（第 6 版彩圖本），上海辭書出版社 2009 年 9月第 1 版，第 2184 頁。

得到確證，尤其是杜氏認爲墓地分區與社區中的族群分野之間並不一定存在著嚴格的對應關係，因此包括陶寺墓地內某些特殊隨葬品的集中分佈情況等也就無法被簡單地理解爲是某一家族對於高等級政治職位的世襲佔有了。與此相對，剩下的兩點雖然易於爲考古活動所證實，只是根據當代民族學的研究經驗來看，似乎也並不是國家社會所獨有的，因爲在新進化論的體系中，國家並不是人類歷史上第一種實現了集中化管理的等級制社會。我們注意到，杜正勝雖然在撰文的過程中提到了「酋邦」，但顯然同其它現當代人類學界流行的概念一樣，杜氏對其並沒有表現出足夠的興趣，相反地，甚至認爲這些新近出現的社會科學概念反倒限制了中國學者的思路，擾亂了中國考古學既有的研究秩序。關於杜氏個人的這種態度，我們在後文中還要談到，在這裏需要指出的是，也許正是出於這樣一種偏仄的認識，杜氏仍然在沿用著「原始氏族社會」這樣一個對於分析政治社會的演進來講已經顯得相當粗疏的概念。在對氏族社會不做進一步區分的情況下，古代作家爲「小康」社會所列出的這樣幾條標準，在杜氏那裏最有可能的也就是被歸類爲「國家」社會的特徵了，但實際上由於酋邦概念的提出以及在最近這半個多世紀以來不斷獲得來自世界各地材料的修正與豐富，人類早期政治社會的演進模式已經不再像杜氏所想像的那樣簡單了。

1. 公共工程的興建是覘測國家社會出現的充分條件麼？

就拿公共工程的興建這件事情來講，根據現有的田野考古成果，無論二里頭的族屬問題在將來如何獲得有效地解決，如果我們承認伊洛盆地的這處超大型聚落以及以之爲首的整個聚落群體系代表著中國歷史上首個國家級社會的話，那麼我們還有什麼理由去堅持修築城垣這種事情只是伴隨著國家社會的到來才開始出現的呢？須知，從仰韶時代起，北中國的農民們就已經開始被調集起來去參與這樣的城垣並其它旨在爲公共事務的順利開展提供特殊場所的建築作業了〔註32〕〔註33〕〔註34〕。降及龍山時代，夯土城垣在中國的分佈更趨普

〔註32〕 國家文物局考古領隊培訓班：《鄭州西山仰韶時代城址的發掘》，《文物》1999年第 7 期，第 4～15 頁。

〔註33〕 鍾曉青：《秦安大地灣建築遺址略析》，《文物》2000 年第 5 期，第 62～73 頁。

〔註34〕 中國社會科學院考古研究所河南一隊、河南省文物考古研究所、三門峽市文物考古研究所、靈寶市文物保護管理所、荊山黃帝陵管理所：《河南靈寶市西坡遺址發現一座仰韶文化中期特大房址》，《考古》2005 年第 3 期，第 3～6 頁。

遍，根據杜氏的這種分析思路，難道我們要退回到那種一見到有城垣建築便認定其時已然出現國家級社會的早已過時了的解釋模式中去麼？杜正勝以爲，對於一個社區來講，諸如夯土城垣這樣的建設活動絕非一家一戶所可獨當，必然需要集體協同方可完成，在這一過程中自然就有進行組織與協調的必要，因此這樣的工程建設活動可以用來窺探當時政治組織的行政能力，也就是經典作家提到的國家形成的標誌之一，即凌駕於全社會之上的公共權力。但杜正勝沒有意識到的是，擁有調集勞動力乃至無償役使他人勞動的社會組織形式絕非國家一種，因此城垣等大型公共建築遺址的發現以及同一社區內不同居住單位之間在規模、等級諸方面所體現出的差異，這些現象並不必然證明當時的社會已經演進爲國家。至於各地這類建築在規模等方面的差異，除了反映行政能力的高下之外，還可能包含著其它的限制因素，譬如各地的人口數量就是一個值得關注的方面，人口數量方面的差距也可能會影響到最終築成的這類公共建築的規模的大小，而與此同時，這樣兩個政體所具備的社會發展水平卻只是在伯仲之間。因此杜正勝試圖透過公共建築的規模來揣測當時政治結構的發展水平這種辦法仍然存在著失之簡略的嫌疑。

2.「禮」是一元的還是多元的，是發展的還是靜止的？

下面再來談早期禮制的問題，這也是杜氏列出的用以測度國家形成的最後一個標誌，或許還是這 4 個標誌中最具中國特色的一項。同時，不管是否曾接受杜文的影響，我們知道，國內的不少研究者也都傾向此說，因此就更有必要結合陶寺的發現，在這裏把我們對於這類問題的看法講清楚。

關於這個問題，我們認爲可以分兩個層面來談，首先拿中國與外國的材料做些對比，再就中國不同地區之間的發現進行比較，相信通過這樣較具針對性的比較研究，讀者自然就會發現杜說中確有許多有待商榷之處。譬如在北中國，人們可能用某些具備特殊形制的陽起石、透閃石或大理石製品、鼉鼓或特磬來表示彼此之間的地位差別，而對於密西西比地區的印第安人來講，扮演著類似角色的則是由產自南方墨西哥灣沿岸地區的蛾螺屬軟體動物的貝殼製作的工藝品〔註 35〕。兩者之間的差別是具體而微的，但卻不是本質性的，分佈在大洋兩岸遠隔萬里的早期貴族們，只是想借助對於這類消耗更

〔註 35〕 Mary Beth D. Trubitt, "Mound Building and Prestige Goods Exchange: Changing Strategies in the Cahokia Chiefdom", *American Antiquity*, Vol. 65, No. 4, 2000, pp. 669～690.

多社會勞動時間的物品的陳設來宣示自己掌握著佔有他人勞動的特權。在我們看來，認清這一點才是更爲關鍵的，至於各地社群是選用貴金屬、黑曜岩、中國文化所認可的各類「玉石」或是稀缺的貝殼，漂亮的鳥羽，以及各種由這些材料經深加工而得到的手工業產品等來充當「威望物品」或是原始「禮器」，更多地則是取決於該族群周邊的自然地理環境。就當地的具體情況來講，那些可以獲得但卻不易獲得的物品，最有可能引起政治集團的興趣並成爲他們標誌自己身份與地位的象徵。很顯然，這些物品的具體種類及組合情況在世界各地是不可能以某種單一的形式得到表現的，但它們所要表達出的政治訴求與反映出的社會變化趨勢從本質上來看卻是一致的，正是在這樣的基礎上，才有開展跨文化比較研究的可能性。

再就中國自身的案例來看，情況或許還要更複雜一些。杜正勝以大汶口大型墓葬中未見有類似於後世禮器群的儀仗爲由，認爲當時社會雖已發生顯著的貧富分化，然而尙無從談及所謂「禮制」問題。相應地，因爲在陶寺大墓中發現有龍盤、鼉鼓、特磬等一干特殊隨葬品，而這些隨葬品在日後有文字記載的歷史時期中總是被與君主的統治權聯繫在一起，所以對於山西的材料就可以使用「禮制」一語，而對於出土物同樣豐富甚至更顯豐富的山東大墓則需尤爲審愼。這類明顯有失公允的處理方法暴露出杜氏的分析思路中存在著這樣一種不合時宜的靜止僵化的觀念，即相信中國文化從濫觴期開始自始至終就是一元的，在日後數千年的發展過程中又似一潭死水一般是靜止不變的。正是因爲秉持著類似這樣的觀念，所以他才會認爲，《禮記》一書的作者因爲去古未遠，且與傳說時代的古人隸屬於同一文化系統，因此書中對於傳說時代社會演替過程的記載應該是可信的。至於該書中的具體記載是否可信，又有幾分可信的問題，如今且不去討論，單就杜氏所給出的可信的理由其間就大有可商榷之處：首先，去古未遠本身就是一個很模糊的標準，到底在距離古代某事件發生之後多久，即在多長的一個時間範圍內所形成的記載才有資格被稱之爲去古未遠？眾所週知，《禮記》是一部成於多人之手的文集，其間的第一批著作者面世的時候，距離以堯、舜、禹爲代表的傳說時代已有千餘年之遙，難道上千年的時間尺度還不能被稱作久遠？況且當時的檔案記載與保存手段又非今日可比，政府的一次焚書行爲就有可能在整整一代人之間造成文化空白並影響到此後整個學術傳承體系的發展軌跡〔註36〕。這

〔註36〕　（漢）司馬遷撰：《史記》，中華書局 1959 年 9 月第 1 版，第 3116、3124～3126 頁。

證明當時文獻的保存手段有限且在民間流傳的也少，掌握有最豐厚文化資源的恰恰是各國政府，因此去古未遠不能成為徑以民間人士著作為信史的理由。再者，所謂自傳說時代直至戰國、秦、漢之間，中國各地方的族群以及各族群中的知識分子集團從來都屬於同一個文化系統，這種觀點也只能被看作是作者個人一廂情願式的想像而已。關於這一點，無論是疑古的顧頡剛還是對顧氏等人的某些做法針鋒相對地提出了批評的徐旭生，雙方都曾明確主張要以多元的觀點來看待中國早期文化的發展歷程，承認各地區在發展水平上的不平衡性以及發展道路上的地方性特徵。那種認為從三皇五帝時代開始一直到夏、商、周三代，中國各地的社會總是「一道同風」的觀點是不符合實際情況的〔註37〕〔註38〕。

其實古人自己關於這個問題早就有著清醒的認識。周初大分封的時候，在魯、衛、晉等諸侯赴任前夕，都曾從中央政府那裏領受過類似的誥命，即要求他們在推廣周人固有文化的同時，也要兼顧當地土著的傳統與習俗，在施政過程中要尊重原有族群現存的某些社會文化結構〔註39〕。周人之所以在取得普遍的軍事勝利之後，仍然能在處理文化等方面的問題時保持著這樣一種兼收並蓄的低姿態，絕非僅僅出於當時的主政者謙遜好學，更主要同時也是更為根本的原因正在於，當時各地文化之間差異極大，這其中就包括有用以對於等級化現實進行系統表述的所謂「禮制」。來自西部高原的周人暫時還不具備在廣大東方地區實現文化統一的能力，因此當周公先後分別聽取了齊國與魯國關於各自在分封初期對待地方土著文化的政策之後，就頗具遠見地做出了這樣的判斷：「嗚呼，魯後世其北面事齊矣！」也就是說魯國的前景不容樂觀，原因正在於伯禽就封之後，擅自動用政府的強制性力量「變其俗，革其禮」，針對當地原有的社會結構大搞文化改革，試圖以周禮取締當地早已形成的禮制體系。而這種不顧巨大差異的現實所採取的粗暴措施，必然會在推行的過程中嚴重傷害本已具備較高文化發展水平的長期以來即已居住在「少皞之虛」的廣大「商奄之民」的族群感情，從而引致他們的反感。這樣

〔註37〕顧頡剛：《古史辨自序》（上），河北教育出版社 2000 年 12 月第 1 版，第 14～15 頁。
〔註38〕徐旭生：《中國古史的傳說時代》（增訂本），文物出版社 1985 年 10 月新 1 版，第 36 頁。
〔註39〕楊伯峻編著：《春秋左傳注》（修訂本），中華書局 1990 年 5 月第 2 版，第 1538～1540 頁。

就在當時社會上的兩大集團，即周人殖民者與人數眾多的土著之間人為地造成了裂隙與不和〔註40〕。

正如顧頡剛指出的那樣，中國的統一肇始於秦，中國人開始產生普遍的民族共同體意識進而渴望在紛爭的各地政權之間實現政治上的大一統則肇始於戰國，而在此前漫長的歷史時期內，對於各地族群林立，日尋干戈的混亂局面，人們卻習以為常，並不認為有將自己統一於他族之必要〔註41〕。因此，我們認為，既然等級化是大汶口文化至龍山時代遍見於中國各地的一類具有時代指徵性的現象，則作為對於等級化現實的合理回應，在各地文化系統中必然會相應地產生出對於這種社會政治現實進行解釋與維護的意識形態體系，這種「慎主客，序尊卑貴賤大小之位，而差內外遠近新舊之級者也」的意識形態體系就可以被看作是後世所講的禮制〔註42〕。很顯然，我們這樣講主要是就兩者所具備的功能而非其各自的具體形式而論的，因為後者是由前者所規定的，處於從屬的地位，是整個禮制體系中的細枝末節與表層現象。在社會歷史發展的實際過程中，這樣的一些表層現象發生嬗變的可能性是極大的，也是很頻繁的，除了社會文化結構等深層次的原因之外，甚至一些很現實的技術層面上的因素也可以對此間的構成情況與表現形式造成影響〔註43〕。因此我們沒有理由去想像異彩紛呈的中國史前文化體系內曾經只是產生過單一一種這類意識形態體系，所以也就沒有必要強求各地族群中的上流社會的成員使用同一套或彼此高度雷同的這類意識形態體系的物化形式去表述自己業已取得的社會地位了。考慮到同其它任何在歷史上曾經出現過的事物一樣，行用於中國古代社會的禮制同樣經歷過一個發生、發展與逐漸豐富的過程，同時中國的史前文化格局又是多元並存的，所以大汶口包括此後的山東龍山文化時期的當地禮制的表現形式需要結合山東本地的材料進行具體研究，只要符合上述禮制的基本精神就都可以被稱作是具備地方性特徵的禮制，並不需要像杜氏那樣坐地自劃，必以後代典籍中的具體規定為準繩去衡量史前各地方的社會文化發展情況。

〔註40〕（漢）司馬遷撰：《史記》，中華書局1959年9月第1版，第1524頁。

〔註41〕顧頡剛：《古史辨自序》（上），河北教育出版社2000年12月第1版，第15頁。

〔註42〕（漢）董仲舒撰，（清）凌曙注：《春秋繁露》，中華書局1975年9月第1版，第341頁。

〔註43〕許宏：《青銅的政治性消費》，《中國社會科學報》2013年1月4日第A05版。

　　實際上關於這一點，不能說杜氏自始至終毫無察覺，譬如杜文中曾明確提到，商、周兩代所重視的禮器各有不同，而對於周代來講，在禮制的框架內可用以體現身份等級差別的隨葬器物亦絕不止於食器一類，如果按照文獻中的記載，貴族生活所可能涉及到的各類車馬輿服器用等都可以成為禮的物化形式。而在有此認識的情況下，杜氏竟仍然提出了前述那類有失偏頗的論斷，實際上根源還在於他固執地要為考古學建立歷史學的索隱，也就是用文獻記載來指導考古實踐，或曰透過對於古人留存下來的片段性回憶資料的解讀去賦予無文字時代的考古現象以社會文化意義，並認為這套做法可以超越現當代社會科學概念的局限性。又由於關於中國早期政治社會演進歷程的古代文獻記載總體上有著側重於中原地區的傾向〔註44〕，這樣就造成杜氏以及許多國內研究者在這個問題上樂於強調的所謂「中國特色」實際上只不過是「中原特色」而已。所以對於周邊地區各支文化的發展情況，如果僅僅依靠杜氏所鈎稽出來的這類「索隱」作為實際研究過程中處理類似材料時的準則，很可能就會陷入一種無的放矢的迷惘境地〔註45〕。

　　由此可知，杜氏從《禮運》一篇中所鈎稽出來的這樣幾條「國家」社會形成的標誌是不可信的。其實從古代文本自身的敘述語言來判斷，古人從來也沒有明確宣佈夏王朝的建立是中國國家社會的開端，造成這種局面的一個重要原因正在於，當時的知識界對於「國家」一詞沒有明確的概念，對於國家所代表的社會發展水平也還遠未形成較為科學的認識，更不可能對於包含多個社會發展階段的漫長的前國家社會做出類似於當代人類學那樣精細的劃分了。借助於對古代傳說的記載與梳理，他們只是隱約感知到隨著人類從遠古到近古的發展，社會生產水平逐漸提高，社會上流通的產品無論就數量抑或品種而言也都更加豐富，與這種日益提高的經濟發展形勢相對應，上層建築領域內則出現了愈益明顯的分化現象，人與人之間在對社會剩餘產品佔有不均的基礎上，形成了不同的政治等級以及用以說明並努力維護這種等級差別的一套意識形態體系，這套就其功能來講遍見於世界各地等級社會中的意識形態結構在古代中國的話語體系中就被稱作是「禮」。

〔註44〕 中國文明起源和早期國家形態研討會秘書組：《中國文明起源和早期國家形態研討會發言摘要》，《考古》2001年第2期，第86～95頁。

〔註45〕 杜正勝：《考古學與中國古代史研究──一個方法學的探討》，《考古》1992年第4期，第335～346頁。

3.「富」與「貴」孰先孰後？

與禮制問題密切相關，杜正勝在解釋中國早期社會複雜化進程時主張，在「貴」與「富」兩者之間的關係上前者是高於後者同時也是先於後者的。這種觀點在國內學術界具有一定的代表性，並被部分學者拿來當作是中國歷史特殊性一題下的主要內涵〔註 46〕，因此有必要借著這個問題在這裏做一辨析。

就兩者之間的關係而論，我們承認，對於早期中國來講，人們對於攫取更高政治地位的興趣明顯大於借助於個人經營行為來致富，但這主要是因為在當時的社會條件下，最優質的生活資源，也就是社會個體為維持較高級、較具質量的生命過程所需的各種物質資料實際上絕大部分都是被政府所壟斷的。不僅最優秀的手工業者會被吸納進政府體系之中，成為接受財政供養的人員，而且統治集團還可能專門豢養著一批有實力又通曉市場行情的官商來負責發賣並收購各類物資，這些人因為與政府的特殊關係而得以在市場活動中扮演著亦官亦商的雙重角色，成為從事貿易者中的特權階層〔註 47〕〔註 48〕。正是借助於這些用以延伸政府職能的眾多觸角，大量優質的生活資料被富集到政府體制之內，政治勢力過多地介入商業活動並承擔著許多本應由市場自行運作的職能，這實際上是在早期歷史階段中市場經濟極不發達的一種反映。因此對於一個社會個體而言，如果他希望能在有生之年享受到更優質的生活資源，那麼最直接同時也是可以想見的效果最好的辦法就是成為一名體面的政府職員，並不斷地借助於工作業績等手段在盡可能的範圍內，例如不突破當時與血緣關係糾纏在一起的身份等級制度的限制而獲得更高的職位，因為更高的職位同時就意味著更高的享受，也就是對於各類物資的更大量的佔有與對更多勞動人口的事實上的剝削。

關於這個方面的問題，《禮記》的作者曾為我們提供了一段非常形象的論述。這位作者主張，在談及社會上的人事的時候，一定要首先注意區分談論對象所處的等級與地位，因為不同等級的人所處的生活狀態是完全不同的。

〔註 46〕 沈長雲、張渭蓮：《中國古代國家起源與形成研究》，人民出版社 2009 年 4 月第 1 版。

〔註 47〕 徐元誥撰：《國語集解》，王樹民、沈長雲點校，中華書局 2002 年 6 月第 1 版，第 350 頁。

〔註 48〕（漢）鄭玄注，（唐）賈公彥疏：《周禮注疏》，十三經注疏整理委員會整理，北京大學出版社 2000 年 12 月第 1 版，第 447～448 頁。

如果有人問起一個國君關於「富」的問題，那麼執事人員應當對答以本諸侯國的國土面積與各處所出產的物資，若對於大夫問起這類問題，就應該回答本家擁有采地幾何，附著於這些地畝上的勞動者又能夠提供多少賦稅等等，相應地，對於等級更低下者，若被問及此類問題，則回應以車駕、牲口數目等。古代注釋家又在文後補充道，之所以沒有問及天子，是因為整個天下都是天子的，耳目所及，各種出產都是屬於天子的，因此自然無須多問〔註49〕。

上面這段論述，實際上是向我們展示出了當時與政治等級制度緊密結合在一起的經濟領域內的分化情況。這個問題所涉及到的各類人物，從天子、諸侯直至「食力」的庶人正是憑藉著各自尊卑有別的等級地位依次佔有著各有等差的生產與生活資料，並據此形成了每個等級獨有的謀生方式。所以正如施治生等人所主張的那樣，在古代社會中，最普遍見到的情況恰是等級制度與階級結構兩者犬牙交錯地糾合在一起〔註50〕。造成這種局面的原因正如前文所述，是源於市場經濟的不發達，因此許多本應由市場來完成的職能實際上最終還是要由政府去承擔，而作為等級化組織方式的典範，政府在因其介入市場的行為而獲利的同時，必然要在其內部同樣按照等級化的方式來對包括各類生活資料在內的徵繳而來的資源進行分配。於是，等級愈高者，佔有愈多，生活水平也就越高，相應地，等級越低，生活條件越是窘迫，並在面臨社會動蕩的情況下總是無可挽回地率先破產，從現有的階級成分下滑，正如戰國時期在「士」這個集團的身上所發生的那樣。不過由於等級身份是由政府在更早的階段中於法律層面上所明令規定了的，因此總是表現出明顯的封閉性與滯後性，所以士可以破產，但他們的身份卻並沒有隨著經濟地位的下滑而同時喪失。關於這一點可以說杜正勝是有所認識的，就像他提到的那樣，在當時並不存在不貴而富的社會集團，杜氏這樣講實際上等於認同了我們的觀點，即對於複雜的政治結構的形成起到決定性作用的是對於深藏在這樣一個體制背後的各種經濟利益的追求。社會政治領域內的等級制度從根本上來講，在當時的條件下，是對於現存經濟秩序的一種說明，它規定了每一個集團內的每一個個體可以從社會生產所能夠提供的總產品中分得多大的一個配額。

不過杜氏以為，作為統治要素的「貴」是先於「富」的。這句話是令人

〔註49〕 （漢）鄭玄注，（唐）孔穎達疏：《禮記正義》，十三經注疏整理委員會整理，北京大學出版社 2000 年 12 月第 1 版，第 177～178 頁。
〔註50〕 施治生、徐建新主編：《古代國家的等級制度》，中國社會科學出版社 2003 年 3 月第 1 版，第 4 頁。

費解的，因爲如果這裏的「先於」一詞指涉的是兩者之間的優先級的話，倒還可以講得通。正如我們前面提到過的那樣，在當時的社會中，人們對於政治地位，尤其是對於那些有資格進入政府供養體制內的人口來講，獲取更高的政治地位的確可能屬於他們最優先考慮的人生規劃方嚮之一。但我們還是需要強調的是，個人之間對於政治地位高下的競爭實際上有著經濟方面的考量，而造成這一切的根源則在於與工業化社會完全不同的是，古代政府是所有社會資源的最大佔有者與終極意義上的分配者，人們的政治地位將決定各自將會以怎樣的方式來經歷自己的生命歷程。相反地，如果杜文中的「先於」一詞指的是時間上的先後順序的話，那麼問題就複雜了。雖然施治生等人認爲，在人類歷史的早期階段中，偏重於政治意義的等級是先於階級而產生的，但首先他們在一個關鍵問題上就沒有搞清楚，即最初的階級究竟是怎樣產生的。從施文的敘述來看，他們顯然是把某種形式的生產資料所有制看作是在歷史上導致階級產生的前提與基礎，然而我們知道，在經典作家那裏，卻完全不是這樣認識的。無論是馬克思還是恩格斯都曾明確指出，最初的階級是由隨著社會生產力的發展而必然到來的分工所產生的，所以分工才是施治生等人所想像的那種前提與基礎。不僅是國家機器、政治制度這些晚出的上層建築領域內的新事物，即便是看起來顯得更爲根本的所有制關係，也是由在更早的階段中因爲家庭內部自然形成的分工而導致的妻子與兒女首先成爲男性家長的奴隸才變爲現實的。因此我們看到，在論述人類早期政治社會演進的經典著作中，恩格斯所認可的眞正炸毀過時了的氏族制度的社會力量是「分工及其後果即社會之分裂爲階級」，我們認爲，關於「分工」與「階級」兩者之間的關係及其對於政治社會演進過程的影響，再也沒有比這更清楚明白的表述了〔註 51〕〔註 52〕。因此施治生以在歷史上生產資料，特別是對於土地的私人佔有制度的發展較爲遲緩爲由，進而認定階級的產生晚於等級的出現，這種看法是有待商榷的。相反地，就我們來看，在人類社區從更早的平等社會向日後不平等的等級制社會逐步演進的過程中，首先對這一進程產生影響的恰恰是經濟領域內的因素。正如前文所述，在類似於新幾內亞的大人社會這樣一些發展程度極低的酋邦或曰階等社會中，那裏的領導人所具有的是權

〔註 51〕 中共中央馬克思恩格斯列寧斯大林著作編譯局編：《馬克思恩格斯選集》第 1
　　　　卷，人民出版社 1995 年 6 月第 2 版，第 83～84 頁。
〔註 52〕 〔德〕恩格斯：《家庭、私有制和國家的起源》，中共中央馬克思恩格斯列寧
　　　　斯大林著作編譯局譯，人民出版社 1999 年 8 月第 3 版，第 175～176 頁。

威而不是權力。這種權威的一個最重要的來源，正在於領袖個人在本地社區中所展現出的令人關注的魅力，而魅力與追隨者的獲得，又需要具有政治野心的個人經常性地利用召開宴會等形式向周邊鄰居分散餘財來籠絡人心，以便培植個人勢力。某些個人之所以能夠做到這一點，不是由於別的原因而是因爲他們及其家庭在更早的時期內就已經通過自己的勞動進而成爲了整個社區內最富裕的一群人。所以我們大約可以這樣來梳理上述幾個因素之間的先後關係，權力來源於權威，權威來源於個人魅力，個人魅力的來源可以有很多種，不過慷慨的施捨與救濟行爲似乎總是俘獲人心所必需的。而有能力做到這一點，也就是有能力最終爲本集團開啓政治上進階之途的，只能是那些在社會中率先富裕起來的家族，而促成在更早的平等社會階段中不同家族或者說家庭之間發生經濟地位分化的緣由，無外乎是個人所掌握的生產技術、該家庭所能支配的勞動力的數目以及善於經營等等因素。因此從事社會經濟活動的各個家庭之間發生分化這種趨勢是必然的，但具體到某一個社區而言，其中哪些家庭能夠上陞而又有哪些家庭會日漸沉淪則多是由一些地方環境中的偶然因素所促成的。所以如果從時間先後順序這個角度著眼，我們應該說，「富」是先於「貴」的，在等級制的早期歷史中，「富」是「貴」的基礎與前提，而隨著等級制度的持續發展與內部結構的日趨嚴密，「貴」又進一步成爲「富」的制度性保障。從那些發展程度更高的酋邦社會出現以來，社區中的新生兒開始被天然地分作這樣兩類，有些人生而富貴，依仗著先輩已然取得了的高貴地位與富裕的家境，他們一出生就能享受到較之其它同齡人更優質的生活與教養條件，從而在人生的早期階段就爲他們日後能夠進入社會上以腦力勞動爲其特徵的管理者階層打下了良好的基礎。同時，在社會發展的這一階段中，一系列制度性的規定也已經開始形成並幫助他們排除掉來自社會上其它集團的潛在的競爭者，這一趨勢一直延續到了日後的古代國家社會中，所謂「（周公）兼制天下，立七十一國，姬姓獨居五十三人焉，周之子孫苟不狂惑者，莫不爲天下之顯諸侯」〔註53〕。與此形成鮮明對比的是，出生於社區內普通家庭甚至是非自由人家庭中的孩子，爲生計所迫，不得不從很小的年齡起就開始在家庭內外承擔起體力勞動的重擔。在社會上，他們不僅爲制度性的「貴」所排擠從而喪失了進階較高社會集團的可能性，而且

〔註53〕 （清）王先謙撰：《荀子集解》，沈嘯寰、王星賢點校，中華書局 1988 年 9 月第 1 版，第 134 頁。

更現實的是，因爲總是被迫忙於從事體力勞動以糊口，自然也就沒有機會接受較爲系統的教育與培養，故此也就無從獲得承擔起相應的管理工作的能力，於是就只能世世代代在經典作家所謂的自然形成而非基於自願的分工體系中居於既「貧」且「賤」的地位，與那些從事政治、宗教、文學與藝術等活動的既「富」且「貴」者之間的分野愈益清晰並構成了社會上兩大基本對立的集團〔註54〕。

因此我們可以看到，就這整個社會發展過程來講，較之於政治等級，以分工爲基礎的階級的歷史的確是更爲古老的，它才是日後顯得更爲精密複雜的政治等級制度得以設立的基礎與最終依據。而且建立政治等級體系的目的，一如我們前面提到的那樣，也正是爲了在生產與市場不發達的情況下，首先保證統治集團能夠合法地獲取社會總產品中的最大份額。換言之，「禮」作爲上層建築，只能是對於當時既有社會經濟秩序的一種肯定與維護，當這種上層建築還能夠適應甚至是促進社會生產發展時，它就被允許保留下來，此時就是古人所稱頌的禮樂昌盛的時代。反之，這種在更早的階段中被規定下來的政治制度如果終有一日不再能夠適應變化了的經濟現實，那麼正如恩格斯指出的那樣，它就必然或被摧毀，或被改造，或被重組以期適應新的社會經濟秩序，這樣一個改造舊制度並引起暫時混亂的過程就是爲儒家所厭棄的禮崩樂壞的時代。如此看來，杜正勝在自己的分析中將「富」理解爲是對於所有制關係的一種表達，同時將「貴」與禮制這種上層建築結構聯繫在一起，並認爲後者高於前者從而將雙方置於一種對立的境地，這類做法顯然是不合適的，因爲正如上文已然辨明的那樣，「富」是「貴」的目的，而「貴」則是「富」的手段，是目的與限制性條件，在這裏就是生產力的不發達狀態決定了實現目的的手段，而不是相反。至於說杜氏所引孔子對於仲叔於奚僭用諸侯儀仗一事所做出的消極評價，我們認爲還是要結合具體語境進行具體分析。孔子之所以對於衛君的做法表示不滿，實際上是因爲在他看來，衛君的這種做法無異於將政權拱手讓人，而這種行爲是非常危險的。之所以危險並不是源於像杜文所理解的那樣，「貴」是高於「富」的，而恰恰在於我們上面所梳理的那條思路，即地位愈尊貴者，所能在社會總產品中佔有的份額便愈大，連接起這兩者的橋梁則是所有制關係，也就是分工關係，所以古人認

〔註54〕 中共中央馬克思恩格斯列寧斯大林著作編譯局編：《馬克思恩格斯選集》第 1 卷，人民出版社 1995 年 6 月第 2 版，第 85～86 頁。

爲「封略之內，何非君土？食土之毛，誰非君臣？」這本是古來的成例，也是天經地義的原則〔註55〕。因此現在再回過頭來看孔子的意見就可以得出不同於杜說的新認識，試想，衛君只要能夠有效地保守住自己的政治地位，即衛國的政權，那麼這片疆域內最重要的生產資料即土地與在這些土地上生產著各類產品的勞動者就都歸衛君所有。作爲一國的國君，他首先在理論上是本國內大小所有領主的總領主，其它領主的土地與人口，包括孔子所建議撥給仲叔於奚的那幾個邑要想獲得法理上的正當性則都需要獲得以衛君爲首的諸侯國政府的承認。而且作爲國君，因爲他還掌握著軍隊這樣的強制性力量，所以衛君可以在認爲必要的時候剝奪、調整並對於國內其它領主的土地等財產狀況在統治集團內部進行重新分配，從而將他那種理論上的所有權轉化爲一種經濟現實。因此在這種情況下，政治權力恰是最高級的財產權利，無論是在周天子的主持下，善夫克終於得到了原屬於邢家的土地與人口，還是由善夫豕奉王命而分配給大的「里」〔註56〕，抑或是戰國時期孟子對於早期諸侯述職考績制度的回顧〔註57〕，或是漢高祖在未央宮前殿爲太上皇敬酒時以戲謔的口吻來比較自己與兄長兩人產業的多寡〔註58〕，這些事件所反映出的其實都是類似的道理。明白了這個道理，我們也就明白了孔子話中的含義，國境內的一處封地與以政權爲代表的對於整個國家的所有權，這兩者孰輕孰重，孰厚孰薄，難道還不是很清楚的麼？所以正如杜正勝自己也承認的那樣，對於當時人而言，不貴而富的想法是極不現實的〔註59〕。

總之，杜氏以爲自己從事的這類工作有利於覓及爲「部落聯盟」或「酋邦」等人類學概念所未曾涵蓋的史實，不過通觀全篇，我們也沒有發現他所闡述的這些內容中有哪些是當代人類學研究所未曾涉及到的。譬如，透過城垣、宮室等大型建築的興建，我們可推測到當時社會上已經產生了某種集中化的領導權，透過墓葬中特殊隨葬品的發現，我們又可以知道，這類喪葬行爲發生的時代已經是一個等級制社會了，上層社會的成員利用這些特製的器

〔註55〕楊伯峻編著：《春秋左傳注》（修訂本），中華書局 1990 年 5 月第 2 版，第 1284 頁。

〔註56〕楊寬：《西周史》，上海人民出版社 2003 年 4 月第 1 版，第 213 頁。

〔註57〕楊伯峻：《孟子譯注》，中華書局 1960 年 1 月第 1 版，第 287 頁。

〔註58〕（漢）司馬遷撰：《史記》，中華書局 1959 年 9 月第 1 版，第 386～387 頁。

〔註59〕杜正勝：《考古學與中國古代史研究——一個方法學的探討》，《考古》1992 年第 4 期，第 335～346 頁。

物來表示自己高人一等的身份與地位，這些內容又有哪一條不是人類學家通過在世界各地所做的田野調查已經瞭解到了的呢？可見，他所說的那種「具有中國特色的歷史解釋」如果主要指的就是這些東西，則未免令人失望，因為這些社會政治策略沒有一項為中國歷史所獨有，中國歷史所獨有的只是這些策略的具體表現形式而已。概言之，杜氏試圖以古代文獻為導引而建立具有中國特色的歷史解釋模式的嘗試並不能被看作是成功的，具備中國特色的解釋是需要的，從邏輯上來講也有得以構建的可能性，但顯然不太可能是借助於杜文所提出的這類歷史學索隱來實現。因為杜氏的做法實際上是要用數千年前古人的社會學知識與歷史經驗來替代現當代社會科學領域內的豐富研究成果與嚴謹的學術體系，不合時宜地將古代與現當代歷史認識之間本就自然存在著的差異人為地看作是中西方學術觀點之間的對立，將時代上的差異等同於空間上不同學術團體之間的分歧，因此從根本上來講這屬於一類是古非今的退化的歷史觀。試想，用那些連杜氏自己也承認的「遠為粗疏」的古代名詞去指導以大範圍統計與量化研究為顯著特徵的當代科學實踐，又怎能得出令今日學術界滿意的成果呢？所以在我們看來，杜氏顯然是顛倒了兩者之間的關係，也就是說，我們只能是用現代社會科學理論去指導對於古典文獻，包括對於傳說時代的追憶記載的審讀工作，從中剝離出古人所聞而未知其底裏的事實，而不是像杜氏所想像的那樣，按照研究者自己的喜好而自古典文獻中擷取某些古人的成說去替換現在社會科學界通用的學術概念，我們以為這無異於是在開歷史的倒車，是對於近現代以來中外社會科學界豐富研究成果的不信任與不尊重。與此相反，更合理的做法應該是將中國的材料放在與世界各地其它民族的材料同等的地位上去，用中國材料所反映出的問題去擴充現有的社會科學概念，使這類概念的涵蓋面更趨廣泛，而不是顛倒兩者的關係。我們認為杜氏所主張的那種以古人的說辭去替換當代科學術語的做法，其結果除了徒增各國社會科學界開展交流互鑒的障礙之外實在是了無助益〔註60〕。

4. 堯舜時代與陶寺文化是否可以對應？

　　從上文的梳理與回顧工作中我們就可以看出，視陶寺文化為堯舜特別是帝堯政體的遺存，在國內關涉到這一主題的研究活動中確實是一類普遍現

〔註60〕 杜正勝：《考古學與中國古代史研究——一個方法學的探討》，《考古》1992
　　　　年第 4 期，第 335～346 頁。

象，不過在我們看來，問題似乎要比相當一部分學者所認識到的複雜得多。

自從上個世紀 90 年代初，夏文化說式微以後，在將陶寺的考古發現與歷史記載進行聯繫比附時，學術界基本上都是在堯舜時代說這一大的框架內來操作的。因為第一階段發掘工作的主要內容是墓地，所以當時的研究者普遍認為，根據各墓之間在隨葬品與墓室規模等方面所體現出的明顯差異，可以推知當時的社會形態已經擁有了一類金字塔形的等級制結構，這也與國內學術界以往那種將古史傳說與古典進化論關於人類早期社會形態演進的學說做了簡單對應之後所得出的一般認識相符。也就是說，如果事先承認夏代是中國歷史上第一個國家級社會，那麼在此之前，堯、舜、禹所處的時代其時代主題就應該是原始社會的瓦解與國家社會的建立。按照古典進化論的解釋體系，這既是野蠻社會的高級階段，也是所謂繼承更早的母系氏族社會發展而來的父系氏族社會盛極而衰的時期，人與人之間此前藉由血緣關係得以維繫的氏族制度最終要被根據地緣關係來進行管理的，建立在階級分化基礎上的國家社會所取代。基於這種認識，堯、舜、禹一方面被看作是部落聯盟的領袖，同時也被理解為是即將到來的國家社會中的國王的雛形。既如此，則這片明顯體現出人與人之間在社會等級與經濟階級兩個方面同時都發生有顯著分化的墓地中那些最顯赫的大型墓葬，就應該屬於這樣的史前時期部落聯盟裏的領袖人物所有。而古代典籍中關於蟠龍紋以及鼉鼓、特磬等所謂王室重器具備著的重大象徵意義的記載，似乎又更加堅定了研究者們的這類認識。進入新世紀以來，伴隨著陶寺城址及城內多處大型建築基址的發現，已經顯現出了這片遺址代表著的某一古代社會當時所達到的高度複雜化了的社會發展水平。於是，國內研究者對此問題的具體表述又再次跟進，越來越多的學者在堅持堯舜時代說基調的同時開始主張這一時代中國已經進入了國家社會，堯、舜所主持的不再是什麼部落聯盟議事會，而是一個地地道道的屬於早期國家的政府。

可見，在這樣前後兩個階段中，國內研究者在將該地的考古發現與古史傳說系統中的堯舜時代聯繫起來之後，就不再尋求其它可能的解釋方式了。因為根據古代文獻所給出的描述來看，在此之前的炎帝、黃帝、顓頊等古帝代表著的社會階段的發展水平顯然與陶寺地區已知的發現差距過大〔註 61〕，

〔註61〕 王先勝：《論歷史教學中炎黃蚩尤問題的處理》，《重慶文理學院學報》（社會科學版）2010 年第 2 期，第 32～42 頁。

而夏文化說早在第一個階段就已黯然退場，加之國內學術界習慣性地將二里頭文化與作爲王朝的夏代聯繫在一起，不容他說染指，這兩個方面的因素結合在一起，使得古史傳說體系內可以拿得出來與陶寺相對接的剩餘資源顯得十分窘迫，甚至可以說，除了堯舜時代之外，偏好在考古發現與古史族群之間搞對應的研究者們在這個問題上已經沒有其它的選擇了。

　　然而即便是在這個問題上，許多研究者未曾注意到的事實是，古人關於堯舜時代社會發展情形的描述與陶寺的發現之間同樣存在有許多相互矛盾的地方。我們知道，從現在已經掌握的考古事實來看，無論是第一階段中對於墓地的大規模發掘活動，還是最近對於規模龐大的城址以及城內各遺跡單位的探索，無不爲我們指示出當時這裏已經是一個貧富懸殊的等級制社會了。在這座大城中生活的既有貴族也有平民，甚至還可能有地位更形低下者，他們之間既存在社會政治層面上的等級分化，同時也存在著經濟層面上的貧富差別。如果該社會確如某些學者所主張的那樣應該屬於以帝堯爲首腦的某個北中國的早期政體所有，則完全可以想見的是，帝堯及其近支親族必高踞於整個金字塔形社會結構的頂層。這樣一個群體的社會地位及生活狀況不僅遠遠優於當時社會中隸屬於平民階層的絕大部分人口，而且亦高於貴族集團中的其它成員。最明顯的一點在於，我們只能將墓地中那些隨葬有特殊器物的大型墓葬歸之於這些特權人物及其家族的名下，而不能就此做出其它解釋。相應地，城內的各項高等級生活設施，也就是某些研究者所謂的那些可以體現出都市生活優越感與便利性的設施〔註62〕，自然也應該專屬於這些集團所有。與此同時，可能涉及到中期小城與北城垣外那些特殊建築體系的祭祀活動同樣也應該交由這樣的政治精英來主持〔註63〕，而活動中得到祭祀的祖先神順理成章地應該是這些家族的直系祖先或者是想像中的與現在當權者血緣關係最爲親密的某位神靈。總之，在陶寺前後延續了30餘年的考古活動告訴我們的事實正是，帝堯及其家族屬於一個地地道道的貴族集團，所有隸屬於這些集團的成員在當時都過著人上人的生活，也就是過著剝削他人，壓迫他

〔註62〕　何駑：《2010 年陶寺遺址群聚落形態考古實踐與理論收穫》，http://www.kaogu.net.cn/html/cn/xueshuyanjiu/yanjiuxinlun/juluoyuchengshikaog/2013/1025/33670.html，2013 年 11 月 29 日。

〔註63〕　高江濤、何駑：《2012 年度陶寺遺址發掘的主要成果》，http://www.kaogu.cn/html/cn/xueshuyanjiu/yanjiuxinlun/juluoyuchengshikaog/2013/1025/33684.html，2013 年 11 月 7 日。

人的生活。這種生活按照當時的標準來看必定是體面的，富裕的，同時也是很精緻的，一如我們在此後的中國歷史中所見識到的各類貴族生活那樣。在此，主堯舜時代說者無論採用怎樣的闡述策略，即無論視之為部落聯盟還是早期國家，抑或賦予其更顯中國特色的新名稱，對於堯在這個社會當中所應享有的至尊地位從無二辭。

其實古人關於堯舜時代的社會面貌及這些傳說中的人物的生活狀況曾經給出過相應的描述，之所以為部分研究該段歷史的學者們棄諸腦後，原因很簡單，就是其中至少有一部分記載與根據考古事實可以想像出來的龍山時代晚期的社會上層集團的實際生活狀況難副。譬如，在被韓非子列為當時社會上兩大「顯學」的儒家和墨家那裏，都留存有不少關於堯舜生活狀況的描述，孔子、孟子、墨子等人都對此有所申說，其中孟子還被人看作是「言必稱堯舜」〔註64〕。班固在梳理漢代學術發展脈絡時同樣指出：「儒家者流，……祖述堯舜，憲章文武」，而且還特意引述孔子的話：「如有所譽，其有所試」以明早期儒家所言不虛〔註65〕。如果我們對於先秦儒家經典中有關於堯、舜等人生活狀況的描述做一總結的話，就會得出這樣幾點認識：首先，堯舜之所以能夠成為領袖，最主要的並不是因為他們血統高貴，出身名門，而是由於他們道德高尚，能夠得到他人的信任。孟子多次與人提起帝舜，總是強調他早年間生活不易，在受人舉薦登臨帝位之前從事過多種體力勞動〔註66〕，生活水平也不高，甚至有的時候還顯得相當困難，不過他卻總能泰然處之〔註67〕。其實不獨起於畎畝之中的舜過的是這樣的生活，即便當時已經身為受人敬仰的領袖，帝堯在個人生活方面也顯得相當儉樸，墨子說他用瓦器盛飯，用粗陋的土杯作飲器，後代君王那種高高在上令人不敢仰視的威儀，像堯這樣的「聖王」卻從來不講究〔註68〕。

類似的記載同樣出現在曾對於儒、墨兩派學說做出過激烈抨擊的法家著作中。韓非子認為，像堯或禹當時所過的那種儉省勞苦的生活，實在是與後代人們在看門人或奴隸等社會下層人員身上見到的情形相差無幾。因此傳說中古帝

〔註64〕楊伯峻：《孟子譯注》，中華書局1960年1月第1版，第112頁。
〔註65〕（漢）班固撰：《漢書》，中華書局1962年6月第1版，第1728頁。
〔註66〕楊伯峻：《孟子譯注》，中華書局1960年1月第1版，第83頁。
〔註67〕楊伯峻：《孟子譯注》，中華書局1960年1月第1版，第326頁。
〔註68〕（清）孫詒讓撰：《墨子閒詁》，孫啟治點校，中華書局2001年4月第1版，第164～166頁。

們相繼讓掉天子之位這種事情其實也談不到有什麼值得稱頌與崇拜的，要知道，當時作為一個公認的領導者，並不能憑藉著擔任這一職位的方便而從中大肆漁利，相反地，謝絕這樣的任命反倒可以推卸相應的責任，不必再過那種勞心公務的苦日子了，因此在法家學者們看來，「輕辭天子，非高也，勢薄也」〔註69〕。兩者之間這種顯而易見的差別，正如恩格斯指出的那樣，文明國家裏的一個哪怕是最微不足道的警察，也擁有比「氏族社會的全部機構加在一起還要大的『權威』」〔註70〕。韓非子所形容的這種情形可以在民族志記載中得到部分印證，譬如，對於盤踞在拉丁美洲南端的特維爾切人來講，雖然社區頭人的兒子們從較晚階段開始都擁有對於父親生前職位的繼承權，但實際上許多人都會拒絕接任。因為在這裏頭人的職位既意味著領導權，同時更意味著繼任者擔負起了對於整個社區的重大義務，村民們希望後來者能夠像他們的父親當初所做的那樣對於狩獵活動給予明智的指導，如果他們無法滿足村民們的這類要求，往往就會連帶自己的親屬一起遭到整個社區的拋棄。因此在伊達爾戈看來，凡是有膽量接過這塊燙手山芋的人，首先要做的正是通過自己勤奮且富有成效的工作來贏得被管理者的信任與尊重〔註71〕。

　　與生前的簡樸生活相對應，堯、舜等古帝喪事的操作流程也顯得相當簡易，而且從墨子的敘述來看，與我們在陶寺墓地中見到的情形很可能大相逕庭的是，當時並沒有興起在政治精英與普通社區居民之間籌建某種隔離制度的傾向，埋葬領袖人物的墓區在簡單的喪葬活動完成之後仍然向普通民眾開放〔註72〕。

　　與此有關，我們知道，在陶寺早期墓地中，大型墓兩側或見有等級稍次的中型墓，發掘者認為其中所葬者為女性，應該是大墓墓主的妻妾一類人物〔註73〕，遂有研究者以為這種現象符合「古代王者二妃之說」，可以用為支

〔註69〕　（清）王先慎撰：《韓非子集解》，鍾哲點校，中華書局1998年7月第1版，第443～445頁。

〔註70〕　中共中央馬克思恩格斯列寧斯大林著作編譯局編：《馬克思恩格斯選集》第4卷，人民出版社1995年6月第2版，第172頁。

〔註71〕　〔英〕萊斯利・貝瑟爾主編：《劍橋拉丁美洲史》第1卷，中國社會科學院拉丁美洲研究所組譯，張森根、徐壯飛、高銛校訂，經濟管理出版社1995年12月第1版，第112～113頁。

〔註72〕　（清）孫詒讓撰：《墨子間詁》，孫啟治點校，中華書局2001年4月第1版，第180～185頁。

〔註73〕　高煒、高天麟、張岱海：《關於陶寺墓地的幾個問題》，《考古》1983年第6期，第531～536頁。

持堯舜時代說的有力證據〔註74〕。其實關於這個問題，古代文獻中的記載並不一致，雖然按照《堯典》的作者以及司馬遷的意見，帝舜有二妃，而且都是由帝堯指派的〔註75〕，注釋家甚至於《五帝本紀》正文之後列出了這兩位妃嬪的名字以及各自的生育情況〔註76〕。但《禮記・檀弓》的作者卻認爲，陪伴在帝舜身邊的實際上有 3 位妃子，而且追述了此前的帝嚳與帝堯等古代領袖的婚配情況，無一人是只娶兩位妃子的，事實上他們的娶妻情況較帝舜還要更複雜一些，因爲傳說中兩位古帝都有 4 位妃子，其中一人爲正妃，其餘三者居次。在進入夏代之後，歷朝歷代的統治者在娶妻數目這一問題上有增無減，降及周代用以服侍君王的各類妃嬪已逾百人。司馬貞對於這個問題的看法與禮書作者相仿，而且他主張，迎娶 4 位妃子以照應天象這種傳統自黃帝以來就已經有了〔註77〕。至於在這一明顯處於增勢的發展序列中，帝舜的妃嬪數目爲什麼偏偏少於他人，注釋者以爲這可能是由於帝舜個人的家庭情況比較特殊而造成的。具體來講，就是舜在娶妻之前未曾稟告父母，故此沒有立正妃，只有 3 位次妃，之所以這樣是因爲史傳舜的父母包括兄弟都不喜歡他，如果依照常規將準備娶妻之事事先予以稟告的話，恐怕會遭到家長們的阻撓〔註78〕。萬章曾就此問題向孟子發問，孟子給出的正是這樣的解釋，而且指稱關於舜家裏這種混亂的情況，作爲領導人的帝堯當時也是明瞭的，因此參與了對於舜父母的隱瞞行爲，不使其知曉自己將兩個女兒許配給了舜這件事〔註79〕。從以上所述來看，諸如堯、舜一類傳說中的古帝其婚娶情況是比較複雜的，各位古代作家在這個問題上存在著不同的見解。劉起釪就此指出，帝舜之所以被認爲有著娥皇、女英這樣兩位妻子，實際上是當時作者將神話人物歷史化的結果，究其根源，當出自古代東夷族人關於太陽的神話傳說，而且這些神話偶像在下降人間之後，於歷代作家筆下經歷了極爲曲折的加工改造過程，不僅時分時合，人數不定，甚至時男時女，兼有兩性

〔註74〕 田昌五：《先夏文化探索》（節選），載解希恭主編：《襄汾陶寺遺址研究》，科學出版社 2007 年 1 月第 1 版，第 324～326 頁。

〔註75〕 顧頡剛、劉起釪：《尚書校釋譯論》，中華書局 2005 年 4 月第 1 版，第 86 頁。

〔註76〕 （漢）司馬遷撰：《史記》，中華書局 1959 年 9 月第 1 版，第 21～22 頁。

〔註77〕 （漢）司馬遷撰：《史記》，中華書局 1959 年 9 月第 1 版，第 10 頁。

〔註78〕 （漢）鄭玄注，（唐）孔穎達疏：《禮記正義》，十三經注疏整理委員會整理，北京大學出版社 2000 年 12 月第 1 版，第 229 頁。

〔註79〕 楊伯峻：《孟子譯注》，中華書局 1960 年 1 月第 1 版，第 209～210 頁。

〔註80〕。參照劉書對於該問題的解釋思路，我們有理由推測，古書中所載自黃帝以來多位古帝娶有 4 位妃子的傳說，很可能也是由關於天文現象的某些信仰演變而來的，在這種情況下，又何來所謂王者二妃之說？既如此，也就沒有必要在對於陶寺墓地中部分大墓與中型墓之間的位置關係進行解釋時參考此說了。再者，無論這些傳說中的古帝究竟每人有幾位配偶，這裏面都還牽涉到另外一個問題，即這個時代的古人是否有夫妻合葬的傳統？是否有以陶寺墓地所見這類並穴而葬的處理方式來詮釋男子與其個人所屬妻、妾之間關係的？考察的結果是，古人關於這個問題的認識與我們如今在考古實踐中所見到的現象並不吻合。即以帝舜而論，無論生前陪伴在其左右的是兩位還是三位妃子，亦無論其中有無正妃、次妃之別，古史傳說的撰述者們總是傾向於認為，在舜去世之後，這些女性家庭成員並未與其合葬於一處，而這種做法才是往古以來的慣例〔註81〕〔註82〕〔註83〕。季武子就此補充道，那種「將後喪合前喪」的附葬形式是從周公時代才開始出現的〔註84〕。東漢時期以居官清廉著稱的趙咨，在留給兒子的遺書中對於自己身後的喪事作了具體的安排，同時也簡要地回顧了自遠古以來喪葬制度的發展演變情況。趙氏指出，在唐堯、虞舜包括夏代時期，喪葬活動都還顯得很簡樸，帝舜葬於蒼梧，他的兩位妃子並沒有跟從，那個時代「豈有匹配之會，守常之所乎？」聖主明王尚且如此，何況庶民，「古人時同即會，時乖則別」，靈活安排家庭成員的喪葬方式，順應客觀條件的限制，這才體現出了禮制的本義與真諦，不想當代人竟曲解古禮的原意，廢棄了聖明君王們留下來的優良傳統，在一些細枝末節上相互攀比，「並棺合槨，以為孝愷，豐貲重襚，以昭惻隱」。這些都是背逆古法的，故此趙咨特遣舊屬告誡兒子千萬不可比照當代人這種錯誤的做法來處理自己的喪事〔註85〕。總之，上述這些古書中的記載都主張帝舜的配偶並未與其合葬於一處，這顯然與我們在陶寺墓地中見到的那種情況相

〔註80〕 顧頡剛、劉起釪：《尚書校釋譯論》，中華書局 2005 年 4 月第 1 版，第 32～34、94～95 頁。

〔註81〕 （漢）司馬遷撰：《史記》，中華書局 1959 年 9 月第 1 版，第 44～45 頁。

〔註82〕 （漢）班固撰：《漢書》，中華書局 1962 年 6 月第 1 版，第 1952 頁。

〔註83〕 （宋）范曄撰：《後漢書》，中華書局 1965 年 5 月第 1 版，第 1921 頁。

〔註84〕 （漢）鄭玄注，（唐）孔穎達疏：《禮記正義》，十三經注疏整理委員會整理，北京大學出版社 2000 年 12 月第 1 版，第 228 頁。

〔註85〕 （宋）范曄撰：《後漢書》，中華書局 1965 年 5 月第 1 版，第 1314～1315 頁。

異，因此這類記載的存在無疑再次證明了，研究者片面地去引用所謂王者二妃之說來解釋陶寺的部分考古現象，這種做法是不嚴謹因而也是不合適的。當然，我們梳理出這些條目並不意味著就相信古人所講的內容都是事實，因為究其根源這些也仍然只是傳說而已。但類似記載的客觀存在至少提示我們，在關於陶寺墓地的分析中不宜貿然引用古來王者二妃一類的傳聞，要意識到古史傳說中同樣存在著與自己所掌握的那部分材料相矛盾的記載。

再者，眾所週知的事實是，小國寡民本是各地政治實體在其早期發展階段中一種普遍的狀態，古代文獻中也留下了不少關於這個方面的記載。譬如古人多次提及商湯與周文王當初所轄地域是如何狹促〔註86〕〔註87〕，而且孟子認為，就拿夏商周三代來看，在各自極盛時期統治的地域也沒有超過縱橫一千里的〔註88〕，此後他又反覆申說，對於一個能夠踐行正確政治主張的國家來講，縱橫百里的地域就已經完全足夠了，擁有了這些資本就能夠「朝諸侯，有天下」了〔註89〕。楚人在回顧其祖先的創業經歷時也提到，直至武王與文王時代，楚國的疆域仍然停留在「土不過同」這樣一個水平上〔註90〕。孟子等人的這類認識或許反映出了在更早的一個階段中，中國早期政體所具備的大致規模，如果說這是周文王時代的政體規模的話，那麼我們絕沒有理由去反對這樣一種推測，即遠較周代更為古遠的堯舜時代，那時候單個政體的規模應該更小而不是更大，或許當時的情況正有些類似於漢初知識界的認識：「堯無百戶之郭，舜無置錐之地」〔註91〕。

在領土狹小，人口寡少的情況下，雖然通訊技術相對落後，但管理者與被管理者之間仍有許多可以相互接觸，相互瞭解的渠道或者說機會，這就為當時的政治生活顯現出一定程度的民主色彩提供了可能〔註92〕，而這一點同

〔註86〕 楊伯峻：《孟子譯注》，中華書局 1960 年 1 月第 1 版，第 74 頁。

〔註87〕 周才珠、齊瑞端譯注：《墨子全譯》，貴州人民出版社 1995 年 8 月第 1 版，第 307 頁。

〔註88〕 楊伯峻：《孟子譯注》，中華書局 1960 年 1 月第 1 版，第 57 頁。

〔註89〕 楊伯峻：《孟子譯注》，中華書局 1960 年 1 月第 1 版，第 63 頁。

〔註90〕 楊伯峻編著：《春秋左傳注》（修訂本），中華書局 1990 年 5 月第 2 版，第 1448 頁。

〔註91〕 （漢）劉安等撰，許匡一譯注：《淮南子全譯》，貴州人民出版社 1993 年 3 月第 1 版，第 780 頁。

〔註92〕 易建平：《部落聯盟與酋邦——民主·專制·國家：起源問題比較研究》，社會科學文獻出版社 2004 年 11 月第 1 版，第 519～546 頁。

樣也得到了來自於歷史文獻記載的支持。例言之，雖然舜在日後終於因自己的突出表現及在群眾中的聲望與口碑而受到了主政者帝堯的關注，但在正式受命之前，仍然要接受一系列的考驗以向公眾表明其人確有承擔相應工作的能力，也只有在這樣的情況下，帝堯才能順利地將大政託付，可見即使身為人人愛戴的領袖人物，堯在這件事情上也不享有任何專斷的權力。所以孟子特意糾正萬章的說法，即不能認為是堯把天下禪讓給了舜，因為天下不屬於帝堯個人所有，真正中意舜並且掌握有決定權的是「天」，只有這樣的行為主體才有權力決定將天下託付某人，但天卻不能言講，於是就只能依靠候選者個人在實際工作中的能力與表現來作為衡量的標準了。孟子又認為古人所謂「天視自我民視，天聽自我民聽」講的也正是這個意思，所謂「使之主事，而事治，百姓安之，是民受之也」〔註 93〕。既然如此，這就說明在舜獲得領導權的過程中有著這樣一類必須的步驟，即接受來自社會大眾的監督與考察，庶民在這個問題上享有發言權，當政者在做出類似於禪讓這樣重大的政治舉動時需要考慮來自於庶民階層的意見，只有在「天與之，人與之」的前提下，帝堯才能履行這樣一個儀式從而完成新老政權之間的平穩過渡。而且，即便是在政權交替完成之後，社會大眾仍然享有自主選擇皈依或效忠對象的權利，這種事情在舜與禹繼位初期都曾發生過，甚至在益與禹子啟兩派勢力的鬥爭中也還有所體現。考慮到當時的通訊水平，尤其是還沒有文字等有效的信息存儲手段出現，如果不是在一個小國寡民的環境當中，則上述種種政治實踐都將是無法實現的。當然，因為在歷史發展的早期階段，個人意識總是淹沒於某種更大的血緣團體之中，所以我們有理由推測，當時做出這類選擇的行為主體應當以某種規模的家族為單位而不是單個的個人，也就是說，不能拿我們當代那種建立在強烈個人意識基礎上的選擇行為去理解古代文獻中的類似記載，但無論行為主體的規模如何，這種事情的發生只能說明當時的政治結構還顯得相當鬆散。作為政治上的最高領袖，不僅被要求展現出高尚的道德修養，出眾的工作能力，而且還要尊重各類被管理者的意見，換言之，也就是缺乏對於社會內部各團體的有效的壓制手段。

　　可以看出，我們在上文中已經搜檢出了不少與陶寺的考古發現極不匹配甚至是直接牴觸著的古代知識分子所做的關於堯舜時代社會發展狀況的回憶，這使我們有理由相信，當代學者那種將陶寺的發現與堯舜時代聯繫在一

〔註93〕楊伯峻：《孟子譯注》，中華書局 1960 年 1 月第 1 版，第 219 頁。

起的做法是有待商榷的，至少這部分研究者有義務對於與關於地望的材料一樣是出自古人記載的這些內容做出自己的解釋。在我們看來，堯舜時代的社會發展水平遠沒有現在學術界想像的那麼高，當時的政治組織能力不太可能為我們留下類似於陶寺這樣一座內涵豐富的龍山時代晚期大型城址，至於說根據區域調查所推想的那種可能存在於聚落之間的覆蓋數千平方公里地域範圍的分層級的管理體系，更不是當時那種政體規模所能涵納的，因此若依社會複雜化水平而言，考古學上所講的陶寺文化當高於文獻中所描述的堯舜時代。某些當代學者實際上並沒有搞清楚堯舜時期與包括陶寺文化在內的龍山時代這兩者之間在社會歷史進程中所處的發展序列，同時在未曾進行嚴密論證的情況下又堅信這樣一組等式，即傳說中的夏王朝＝二里頭文化＝一個國家級水平的社會。這個等式的右端，即考古學上所認定的二里頭文化是否可以標誌一個國家級水平的社會，對於這個問題因為有豐富的考古材料，是不難探明的，關鍵是等式的左端能否成立，正如自龍山時代以來如雨後春筍一般湧現於中國各地的其它大小城址一樣，對於二里頭來講，要證實目前所見到的這些考古材料確係古史記載中某一特定族群或政體的遺留仍然存在著不小的阻力，但不少國內學者傾向於使等式的左端與右端一樣得以成立，並使之成為復原中國無文字時代歷史的基本坐標體系之一〔註94〕。這樣一來，我們就可以看到，因為考古學已經可以提供越來越豐富的證據用以證明二里頭文化所具備的高度的社會複雜化水平，而二里頭又被看作是夏代社會的物質遺存，這樣傳說中的夏代自然就具備了成為一個國家級社會的資質。在二里頭文化被與夏代對應起來的同時，文獻中所記載的排列在禹之前的堯舜時期，自然就應該被理解為是古人對於在考古學年表上早於二里頭文化的龍山時代的回憶。而在古史傳說與考古發現兩者之間的大致對應關係建立起來之後，對於國內研究者來講，剩下的最重要的一項任務就是，通過對於古代文獻中關於各支族群的地望記載的梳理來將之與分佈在中國各地的這一時期的不同考古學文化一對一地聯繫起來。於是我們就看到了在陶寺研究第一階段，實際上也是貫穿始終的一種普遍現象，即研究者們總是傾向於主張或默認這樣一種判斷，陶寺文化是堯、舜等族群留下的遺產，從某種程度上來講，這種意見甚至已經成為了目前開展對於陶寺問題研究的學者們必須遵從的一

〔註94〕 〔澳〕劉莉：《中國新石器時代：邁向早期國家之路》，陳星燦、喬玉、馬蕭林等譯，文物出版社 2007 年 11 月第 1 版，第 205～207 頁。

種基本的前提，否則許多細節問題也就無從談起了。然而如今我們明白知道，這種在兩類材料之間人爲地搭建起來的時空坐標體系，它的邏輯基礎實際上並不牢固。之所以會是這樣一種局面，其中一個重要的原因正如上文中已經指出的那樣，是因爲當代研究者在聲稱古史傳說記載中包含有歷史素地的同時，並沒有眞切地表達出對於這些龐雜的古代書面材料的尊重。此間最明顯的一點表現正在於，各位研究者總是只選取對於自己的論點有利的材料，而對於其它同樣是出自據稱可信度極高的古代作家筆下的類似內容卻常常抱持著不聞不問，視若無睹的消極態度。

5.「天下萬邦」中的「邦」指的是「酋邦」麼？

除了這裏提到的時代關係或曰社會發展階段方面存在著的不恰當的對應關係之外，在藉重古史傳說材料來解讀中國早期社會複雜化進程的研究活動中，還見有另一類同樣不當的發生於社會類型方面的對應，譬如有的研究者不加甄別地將古代文獻中提到的史前時期「天下萬邦」中的「邦」理解爲是當代人類學界所主張的酋邦，這種做法即大有可商榷之處。

首先，這種認識顯然有違人類社會政治結構發展不平衡性的基本規律，屬於一種「一刀切」式的粗暴的處理方式。再者，作者本人也拿不出直接的證據，我們甚至連這些「邦」指涉的都是哪些政治實體或者指稱的是多大範圍內的一批政治實體都不得而知，遑論追究其間的政治構成情況。其三，將史前時期這些被稱之爲「邦」的政體徑自等同於夏、商、周時代星布於王畿周圍的眾多「邦」、「方」，並認爲兩者「無論在外部形態和內部結構上並無大的差別」〔註 95〕，這種看法同樣是缺乏根據的。夏、商、周作爲位居中央的政體，其社會政治發展水平遠高於與之共存的周邊其它政體，這一點是毫無疑義的，因此類似於文獻中所傳述的「夏王朝」這樣一個以不同於以往同時也有別於周鄰政體的政治運作方式而崛起的龐然大物，必將因其特殊的存在方式而對於周邊政治結構產生巨大而深遠的影響。無論傳說中的夏代是否有資格代表著一個現代學術意義上的國家級水平的社會，我們知道的事實是，任何一個從先前的同類政體競爭中脫穎而出並邁向更高政治發展水平的社會，都將對現存的地緣政治格局產生類似的影響。所以能夠導致「世界體系」（World System）形成的不僅有沃勒斯坦的西北歐，也絕不局限於劉莉的二里

〔註95〕沈長雲、張渭蓮：《中國古代國家起源與形成研究》，人民出版社 2009 年 4 月第 1 版，第 97 頁。

頭，只要毗鄰政體之間在政治發展水平方面存在著一定的梯度，必然會引起信息、人員與物資等社會事項發生跨地域的流動。因爲新進化論用於衡量社會政治發展水平，也就是社會複雜化程度的最根本的標準正是社會政治系統的統合能力，如果放在懷特的體系中，這樣一個政體也正是該區域內能量產值最高的集團，不過這並不意味著在此過程中該政體一定掌握了某種具體的較周邊集團更高級的能源開發技術，因爲能量總值的增長同樣可以像人口那樣通過自外地輸入而獲得實現，因此類似現象的出現能夠說明的最直接的問題就是這一社會的能耗明顯地超出周邊其它社群。所以一個在這方面發展水平更高的政體必然會爲了維持現有複雜化成果而要求自周邊地區吸收更多的人員、物資或信息，而各政體之間在發展水平方面所表現出的差異，也就是複雜化程度的不同，又使得這種流動成爲可能。因爲社會政治結構更簡單的那些分佈在邊緣地區的社會，自身需要供養的非勞動人口就會更少，供養壓力會更小，在雙方生產技術相差不大的情況下，它們就有能力向需要供養更多用以處理各類信息的脫離了生產的腦力勞動者以及高級手工業匠人的中心政體輸入更多的包括食品、手工業品甚至是勞動力本身在內的各種資源。

趙岡認爲，中國的農業生產技術在很早就已經達到了相當高的水平，因此在先秦時期廣大農村地區經常可以保持較高的餘糧率，從而有可能向流通領域提供充沛而穩定的糧源，再輔以政治集團運用強制性手段多方籌措，供養不斷膨脹的城市人口並不會惡化當時的城鄉關係〔註96〕。這種城鄉關係正類似於我們如今所講的「中心——邊緣」關係或者稱爲「世界體系」，因爲城市與鄉村之間同樣存在著社會結構方面的差異，而這種差異與夏以及周邊政體那種體現於社會發展水平方面的差異一樣會導致能源消耗梯度的產生，從而引起人員、物資與信息等內容在兩者之間不可避免地發生流動，況且在此期間還有望獲得來自盤踞在城市或中心政體內的貴族集團在政治上的鼓勵與支持。

其實我們早就應該意識到的是，中國的等級化政體包括早期國家的形成過程正是通過城市設施尤其是城垣的修造過程得以體現的，一座像陶寺或二里頭這樣的大城的誕生同時也就意味著一個較周邊發展水平更高的政體的誕生，無論我們是用複雜酋邦還是早期國家來稱呼這樣的政治實體。因此我們

〔註96〕趙岡：《從宏觀角度看中國的城市史》，《歷史研究》1993 年第 1 期，第 3～16 頁。

現在終於明白了這樣一個事實，即凡是曾被納入某一「世界體系」之中者，它們自身的社會結構都會由此而發生改變，因為它們要與中心政體之間發生雙向但異質的交流與互動，而這種新型的社會政治關係只是隨著早先這一地區內的某一政體榮升為發展水平更高的中心政體方始出現的。正如塞維斯在解釋自己對於酋邦的理解時所指出的那樣，一個酋邦的誕生總是引致周邊更多的平等社會轉化為等級制社會，一個以酋長為核心的再分配體系的形成也總是傾向於不斷地網羅更多的供應方參與由自己主導的交換與分配活動，並在這一過程中完成對於新參與者的改造以使其能夠更好地適應這種新制度，類似的論述亦可見於弗里德筆下的原生國家。因此，夏、商、周尤其是時代最早的夏政權的崛起絕不僅僅只是一種關係到這一集團自身的政治過程，從那時起，它就已經從根本上改變了整個中原地區凡與其有關的各個族群此後的歷史軌跡，這種改變過程的發生機理一如我們上面談到的那樣。

雖然我們現今已無法準確估定在此期間每一次具體的改變過程到底是如何發生的，但還是能夠披撿出一些蛛絲馬蹟。譬如古人曾有這樣的認識，「當禹之時，天下萬國，至於湯而三千餘國」〔註97〕，可知自夏及商，這類周邊政體的絕對數量是處在不斷下降的過程之中的，直至古代作家撰文的時代皆已湮滅無聞，成為歷史的陳跡了。造成這種局面的具體原因可能有很多種，其中有一些出在該政體內部，主要在於統治者自身不懂得恩威相濟的政治藝術〔註98〕，還有一些則明顯是受到了外部更強大政治勢力的影響，諸如「夙沙之民，自攻其君，而歸神農。密須之民，自縛其主，而與文王」，所以歷史上諸如成湯、武王這樣雄才偉略的君主之所以最終能夠取得不世之功，不僅僅在於他們把自己政體內部的事務管理得好，能夠因勢利導使用所部人民，同時也在於他們還能將自身的政治影響施諸其它族群之上，調用那些原不屬於自己的人民來為本集團的政治利益服務，而且作者還就此特別強調到，善於擴大己方的區域影響力並吸引周邊族群前來歸附，這是為政者不可不詳加考察的一個大問題，因為三代君王之所以得天下除此之外並無二法〔註99〕。

〔註97〕　沈長雲、張渭蓮：《中國古代國家起源與形成研究》，人民出版社 2009 年 4 月第 1 版，第 96 頁。

〔註98〕　（戰國）呂不韋門客編撰，關賢柱等譯注：《呂氏春秋全譯》，貴州人民出版社 1997 年 8 月第 1 版，第 711 頁。

〔註99〕　（戰國）呂不韋門客編撰，關賢柱等譯注：《呂氏春秋全譯》，貴州人民出版社 1997 年 8 月第 1 版，第 713 頁。

　　因此，有研究者以五帝時代史料無徵，便以三代時期有關於這類政體的零星記載爲據，並認爲兩者之間的性質基本相同，這種看法是沒有根據的。其實不僅僅是那些晚近才由周王朝分封建立的諸侯國應被視爲「邦」的次生形態，那些早先既已存在，然而卻受到了早期等級制政體崛起這類重大歷史過程的影響並被納入以「王邦」爲中心的世界體系的各地原生政體，自此以後也就喪失了其原生性而相繼轉入次生階段。在這一新的階段中，能夠對於本邦政治與社會發展趨勢產生影響的，已不再局限於該集團內部原有的政治組成情況以及左近與其處在同一發展水平之上的其它政體了。因爲自外部強加的政治、軍事與經濟等各方面不平等關係的建立，那些來自於中心政體，也就是發展水平更高的政治社會的影響力，很可能成爲所有應當得到考察的影響因子中最重要的一種。即便由這些政體中日後也產生出了發展水平較此前爲高的政治組織形式，那麼這種新產生的酋邦或國家也不能因其前身所具備的悠久歷史而被視作是原生形態的了，首先它們的主權就是先天不完整的，它們是不具備完全獨立地位的，在不同程度上從屬於中心政體的附庸，屬於複合型國家結構或者更大範圍內的某個世界體系中的一部分〔註100〕。

　　從以上論述中可以看出，涉及到傳說時代歷史的古典文獻記載雖然在一定程度上可以豐富我們對於某些考古現象的認識，爲勾畫當地史前社會的發展過程提供一些有價值的線索，但在使用這些文獻資料的過程中研究者一定要在這樣兩個問題上保持著清醒的認識：

　　首先，各類文獻中所保存下來的古史傳說就其具體內容而言雖然顯得相當蕪雜，但論說主題卻相對單一，所涉社會視域比較狹窄。這一點杜正勝已經有所察覺，他雖然積極支持考古與歷史的結合，鼓勵國內的考古學家們主動參考古典文獻中的記載，從中提煉出具有自身特色的解釋方式與話語體系，而不要再像以前那樣一味地在諸如「母系」、「父系」、「公有制」與「私有制」這類舶來概念上糾纏不清，但杜氏同樣明確地肯定了數十年來考古活動對於古史研究所做出的巨大貢獻，是前者爲後者在不斷地開闢著新的研究領域，拓寬解釋思路，而不是相反，這也從一個側面反映出了古史傳說所述內容的狹隘性。對於許多原本未曾涉及到的領域，以文獻爲

〔註100〕王震中：《夏代「複合型」國家形態簡論》，《文史哲》2010 年第 1 期，第 87
　　　　　～91 頁。

根本的歷史學研究需要來自其它學科材料的有力支持，但考古學界應當注意的是，在開展研究工作的過程中不應使自己的研究思路爲有限的文字記載所框定。中國現存最早的一批系統的文字材料是占卜活動留下的卜辭，顯然我們無法指望僅僅依靠這些出自御用知識分子的記載來全息式地復原那個時代的整體社會面貌，況且這些材料對於我們目前正在探討的這個具體的問題來講其實也提供不了什麼直接的幫助。這一方面是因爲在文字體系發展的早期階段其記載信息的能力有限；再者，一些在當代社會科學界看來相當關鍵的事項，古人卻羞於記載，相較於農夫櫛風沐雨所展現出的耕作技術與勞動組織方式，古代的知識分子反倒更關注貴族世界的價值觀以及君王得自上帝的護祐；其三，形成時間較早的一些記載往往是不系統的，這些零金碎玉式的記載之所以能夠出現於古典文獻之中，主要是因爲當事人在就其它主題進行闡述時需要一些古代證據來提供支持或參考，古人在向自己的學生或論敵解釋某個觀點時，自然沒有必要將自己所知的關於某件古代史事的全部詳情和盤托出。即以《論語》一書爲例，據楊伯峻統計，「堯」在全書中共出現 4 次〔註 101〕，與此有關的作爲朝代名稱用的「唐」字僅出現 1 次〔註 102〕。審諸原文可知，孔子在談到堯的地方主要是稱讚這位古帝王的美德，其中最主要的一條就是利益眾生，基本未曾涉及其它內容，即便是對於這一方面的論述也都比較概括，對於當代研究來講實用價值有限〔註 103〕。談到古「唐」國的那一處，也只是讚美了當時人才濟濟的盛況，統治者又能夠善加利用等等，沒有言及社會生活中其它方面的情況〔註 104〕。出現這種局面最主要的原因正在於，當初編纂這部著作的目的不是爲了像司馬遷那樣有意識地搜羅古史逸聞以便爲後續的歷史研究準備材料，只不過是儒生們爲便於日後傳習，於是就在孔子去世之後將早先各自所記載的相關內容編輯成書〔註 105〕，所以涉及到的多數都是談論爲人處世包括從事政治活動的基本原則的。古代文獻材料的這類局限性同樣在關於世界其它各支早期文明的研究活動中體現了出來，也就是說，這是

〔註 101〕楊伯峻：《論語譯注》，中華書局 1980 年 12 月第 2 版，第 281 頁。

〔註 102〕楊伯峻：《論語譯注》，中華書局 1980 年 12 月第 2 版，第 266 頁。

〔註 103〕楊伯峻：《論語譯注》，中華書局 1980 年 12 月第 2 版，第 65、83、159、207 頁。

〔註 104〕楊伯峻：《論語譯注》，中華書局 1980 年 12 月第 2 版，第 84 頁。

〔註 105〕（漢）班固撰：《漢書》，中華書局 1962 年 6 月第 1 版，第 1717 頁。

各國學術界所面臨的共同問題，所以如果將之簡單地理解爲是國外同行對於中國學術成就的敵視與非議恐怕就不太恰當〔註106〕。

不過同樣無可否認的是，偏信文獻這種傾向在中國古史研究領域內的確是比較突出的，尤其是在關於陶寺的第一階段研究活動中。首先田野工作本身的目的就是爲了尋找一個傳說中出現的王朝，這也是晉南地區當初爲什麼得以被確立爲重點發掘區域的原因。伴隨著首批發掘資料的公佈，學術界的關注焦點立即被引向了對於這一支考古學文化所對應的族屬問題的爭論之中，因爲大家都堅信這樣一個理念，即主要根據陶器類型演替而劃分的一定的考古學文化總是與歷史上曾經出現過的某一人群共同體相聯繫的，或爲某一氏族、宗族、部落，或爲某一家族、族邦集團等〔註107〕。在這種思路的指引下，學術界便不遺餘力地希望能從有限的文字資料中覓得於己方觀點有利的決定性證據，只有找到了這樣的證據，才能便於進行族屬識別，而只有在完成族屬識別等先期工作的基礎上，才能給出對於這一族群當時所處的社會發展階段的較爲準確的判識。因爲根據古史傳說中的描述可知，堯舜時代與夏王朝兩者在社會發展水平上存在著不容忽視的差距，這種根深蒂固的傳統認識與古典進化論所創建的單線式的社會演進體系結合在一起，在一個相當長的時期內成爲主導中國歷史學家解釋國家起源過程的唯一模式〔註108〕〔註109〕。對此，陳淳指出，中國的考古學研究因爲誕生在一個與歐美完全不同的社會環境之中，因此自誕生之日起，非但未能承擔起超越狹隘文獻記載的固有使命，反倒弔詭地成爲了支持信古的一股新興勢力，殷墟的科學發掘工作竟給予當時方興未艾的疑古運動以意想不到的沉重打擊，自此以後，中國考古學就走上了一條與歐美同行大異其趣的發展道路，逐漸成爲歷史學研究的附庸，變作了論證古史系統可信性的一門實用技術〔註110〕。正如上文所述，由於得到記載並能夠流傳至今的古史傳說畢竟有限，而其中涉及到的內容又十分狹隘，輔之以對於古典進化論，其實主要是摩爾根一家之言流於形式的

〔註106〕陳淳：《疑古、考古與古史重建》，《文史哲》2006年第6期，第16～27頁。
〔註107〕施治生、郭方主編：《古代民主與共和制度》，中國社會科學出版社2002年3月第1版，第73頁。
〔註108〕范文瀾：《中國通史簡編》（上），河北教育出版社2000年12月第1版，第17～22頁。
〔註109〕郭沫若主編：《中國史稿》（第1冊），人民出版社1976年7月第1版，第129～138頁。
〔註110〕陳淳：《疑古、考古與古史重建》，《文史哲》2006年第6期，第16～27頁。

粗淺理解〔註111〕，致使在實際研究過程中眞正能夠引起中國考古學家興趣的發掘主題顯得尤爲狹窄。當陶寺第一階段對於墓地的揭露工作甫一開始，首先尾隨而至的便是徐殿魁等人對於陶器類型的排比分析，這是爲了確定這一支考古學文化在當時已經基本成形的中國史前文化發展序列中所處的地位，解決其時代問題，緊接著便是根據古史記載對於族屬問題的探索，這樣一來在未曾對其它伴出物開展相應研究的情況下，學術界的注意力便被輕而易舉地從考古學本身引入了對於狹義的歷史問題的探討之中。又因爲古史傳說在地望等問題上歧義百出，於是關於陶寺的研究很快就陷入了以陶片與零星且經常相互矛盾著的古史記載條目爲兩大武器的，爆發於夏文化說與堯舜時代說兩派之間的曠日持久的鏖戰之中。這種因爲參戰的雙方，同時都缺乏得自於新鮮理論與材料的壓倒性的有力支持，而注定不可能於短期內得出一個定論的對於某個單一學術主題的爭辯，竟成爲第一階段研究工作尤其是前半段的最主要的內容。造成這種局面的重要原因，正在於我們這裏談到的古史傳說在經過漫長歷史過程的反覆汰淅之後，眞正能夠流傳下來的內容實在是太過於單薄了。其實不獨以口耳相傳爲主要傳承方式的關於遠古歷史的模糊記憶，會在傳播的過程中不斷損耗，即便在文獻記載已經相對發達的時代，那些形諸文字的材料一樣會遭遇到散亂遺失的厄運，只不過損耗過程可能會更慢一些罷了。司馬談以爲當時「《六藝》經傳以千萬數，累世不能通其學，當年不能究其禮」，面對如此浩繁的文籍資料，以至於令試圖傳習儒學者產生了畏難的情緒〔註112〕，較之我們如今所能見到的這類古代典籍，可推想其中散失湮滅者不知有多少！而部分研究者又偏偏樂於自覺地將手頭所從事的，本可以從中提煉出更多更豐富時代信息的研究工作，人爲地框定在這樣一個狹隘的圈子中，這種不合時宜的強制性結合方式無論對於歷史學還是考古學來講都不是什麼好的徵兆，它賦予了前者一種自身本所無力承擔的重任，正因爲無力承擔又使得考古學界對於歷史材料的徵引非但無助於廓清一直以來都是以傳說形式流傳的中國上古史，而且更糟糕的是，還敗壞了後者本已搖搖欲墜的聲譽。而對於考古學界來講，它毫無理由地框定了研究者的思路，多年來將研究者的精力誤導向一些收穫鮮少甚至是根本沒有希望得到解決的牛

〔註111〕〔澳〕劉莉：《中國新石器時代：邁向早期國家之路》，陳星燦、喬玉、馬蕭林等譯，文物出版社 2007 年 11 月第 1 版，第 10 頁。
〔註112〕（漢）司馬遷撰：《史記》，中華書局 1959 年 9 月第 1 版，第 3290 頁。

角尖式的問題上去，而忽略了這些出土材料本身所具備的資料價值，以及利用這些價值我們本可以早日解決的其它許多對於探佚無文字時代社會運動過程更爲關鍵的問題，這是我們在日後的研究工作中深當引以爲戒的地方。

　　再者，古人所留下的這些記載是回憶與傳聞而不是實錄與寫眞。這一點司馬遷在自述其寫作歷程時即已明言，自己的這部作品正是通過「網羅天下放失舊聞」而撰就的〔註113〕，尤其是在處理涉及到五帝時代史事的那些篇章時，由於當時既缺乏可信的文字材料，又不可能像今天那樣開展系統的考古發掘活動，於是司馬遷在寫作過程中所能憑依的材料，除了經過比對而從文獻記載中選擇出一部分較爲可信者之外，更重要的則是通過遍遊各地，採訪遺老傳說而得。這種方法類似於現今人類學家所開展的田野調查工作，也就是說司馬遷當時「南遊江淮，上會稽，探禹穴，窺九疑，浮沅湘」，後又北涉汶泗，南使昆明〔註114〕，自各地所得來的本來也就是風俗見聞與傳說而已，這其中自然包含有各地方人們對於遠古史事的追憶。我們有理由相信太史公的史德與史才，但卻不能保證他經調查而得的那些傳說與故事所反映的都是史實。其實因爲在我們所關注的這些歷史過程發生的時代，還沒有形成可用於長篇檔案記載的文字體系，所以包括司馬遷利用職務之便，自各類當時所能夠見到的文獻中搜集而來的被視爲較「雅馴」的書面材料，究其本質而言，也都是對於遠古史事的傳說，只不過這些傳說形諸文字的時代在司馬遷正式開展自己的撰述工作之前而已。其中的一些已經得到漢代以前古代知識界記載的傳說有可能在當時仍然流行於民間，仍然處在經口頭傳述而被加工並得到進一步傳播的過程之中，所以司馬遷在回憶自己田野考察的經歷時講到，那些被傳爲是黃帝、堯、舜遺蹟的地方，雖風俗教化本有所不同，但「總之不離古文者近是」〔註115〕。兩類來源的材料之間所表現出的某些相似性，被司馬遷看作是支持文獻記載不虛的有力證據，其實他沒有意識到的是，這兩者都只是傳說而已，所以雖然表面上看去兩者有著不同的來源，其實在本質上卻屬於同一類材料，因此兩者之間本沒有資格互證，無論雙方表現爲一致或是相異，都無法確證對方爲眞或作僞。此外，作者在採錄文獻記載時所樹立的是否「雅馴」這一標準也並不是很明確，它在很大程度上會受到作者個

〔註113〕　（漢）司馬遷撰：《史記》，中華書局1959年9月第1版，第3319頁。
〔註114〕　（漢）班固撰：《漢書》，中華書局1962年6月第1版，第2714～2715頁。
〔註115〕　（漢）司馬遷撰：《史記》，中華書局1959年9月第1版，第46頁。

人認識水平的局限，而後者又在一個更大的程度上，不可避免地會受到整個時代風尚與社會發展狀況的影響甚至是左右。關於這一點，班固在評述司馬遷的作品時就已經相應地指出了：「又其是非頗繆於聖人，論大道則先黃老而後六經，序游俠則退處士而進奸雄，述貨殖則崇勢利而羞賤貧，此其所蔽也」〔註116〕，至於說司馬遷有沒有必要與班固所認可的那些「聖人」保持一樣的是非觀，這些問題尚有繼續進行討論的餘地，不過班書中所指出的這幾點，可以很明顯地看出，既是司馬遷個人的寫作風格，同時也可以被看作是自漢初至司馬遷所生活的那個時代爲止，整個社會的總體風貌與價值取向。因此雖然不可否認的是，長期以來《史記》一直被當作是中國歷史寫作的範本，但同任何一位歷史學研究者一樣，司馬遷本人同樣不能超脫於自己身處其中的那個時代來思考問題，當然我們也不能對其提出這樣近乎非理的苛求。但作爲後來者，我們有義務清醒地意識到的是，太史公所留給後世的關於中國史前時代歷史進程的論述，與其說是歷史，不如說是經過了系統整理的不同時代的傳說彙編。這樣的材料在今天所具有的最大價值，並不在於它能直接告訴我們在當時到底發生過什麼，而是我們可以藉此窺瞻，在作者所生活的那個時代，當時人是怎樣來看待自己族群在洪荒時代的經歷的，所以它們是史料而不是歷史本身，對於一個歷史學研究者來講，從史料中提取歷史信息是需要有批判精神的。

一提起對於史料尤其是古史傳說搞批判甄別，學術界往往以爲這是要走疑古派的舊路數。當然，疑古派在這一方面的確是做出了許多顯而易見的貢獻的，這其中最主要的一條就是我們在上面講到的，它幫助後來的學者堅定了這樣一種科學的認識，即任何歷史寫作活動中總是滲透著當時時代的影響，因此如果我們希望更貼近眞實的歷史，就應該首先自覺地盡力剝除這些來自於古代作者甚至是自身的主觀成分，用顧頡剛自己的話來講就是：「要依據了各時代的時勢來解釋各時代的傳說中的古史」〔註117〕。對此，如今從事古史研究的學者們應該注意到的是，這種批判意識絕不僅僅只是顧頡剛與錢玄同等人的專利，更沒有理由被當作是「疑古」、「信古」或是「釋古」當中某一流派的標簽，須知，那些曾經批評顧氏等人疑古過頭的學者同樣積極提

〔註116〕（漢）班固撰：《漢書》，中華書局 1962 年 6 月第 1 版，第 2737～2738 頁。
〔註117〕顧頡剛：《古史辨自序》（上），河北教育出版社 2000 年 12 月第 1 版，第 81 頁。

倡要本著更加謹愼的態度來看待留存至今的古史記載，並明確表達了對於現當代某些不求甚解，粗枝大葉式的史學寫作陋習的不滿。徐旭生指出，一些本應該被看作是無需贅言的歷史研究基本規則如今實在有予以重申的必要，因爲在我們的周圍「犯此毛病的人還不很少」，具體表現在：

首先，引用古代典籍往往不注明出處與版本信息，這就給後續研究的及時跟進造成了不小的困擾。中國歷史悠久，各種古籍在流傳的過程中產生版本差異在所難免，即令在經過當代人整理校勘之後再行出版的各類注譯本之間，也可能因爲作者所據底本的不同與校釋功力的高下而綻露種種矛盾之處，裘樟松回顧自己多年來的校書經歷，不由慨歎道，誠如古人所言，校書如掃落葉，雖幾經反覆，仍難免有亥豕魚魯之誤〔註 118〕。因此引用古籍記載之前認眞核對原文，在形諸文字的過程中通過腳註或尾註等方式向讀者交代清楚自己該條引文所據版本，本應爲治古史者義不容辭之責，也是學術規範的基本要求。然而我們見到的現實卻是，在關於陶寺的研究中，尤其是那些經考古人與自然科學研究者之手而成就的文章中，處處可見對於古史傳說的援引，但在不少地方我們卻根本找不到相關引文的版本信息。這種缺位現象使我們有理由懷疑，作者本人在實際寫作的過程中並未親爲查對原文出處，很有可能是自他人成文中轉述而來，轉述行爲本身就是一種在無法覓得原書的情況下等而下之的資料處理方法，而轉述卻不注明任何出處則屬於一種對於讀者嚴重不負責任的寫作陋習，同時也極大地貶低了作者文章的可信度。而且，正是因爲未能養成時時查對原書原注的習慣，斷章取義乃至望文生義式的摘抄也屢屢可見，這些都是後來者當引以爲戒的。

再者，徐氏還強調，在引用古書的過程中，應對此間涉及到某事或某人的資料有一個通盤的考量，也就是說，不僅要注意到那些可以爲自己的文章提供支持的條目，對於另外一些與本文觀點不合甚至是針鋒相對的記載也應該給予相應的重視。譬如在關於陶寺的研究中，正如上文中已然指出的那樣，首先，主夏文化說與主堯舜時代說兩派對於該地同時存在著兩類傳說的事實往往避而不談，只是自說自話地反覆引述於己有利的傳說內容，對於由對方提供的同樣是出自古人傳述的內容卻不聞不問，這樣做於實際研究來講可說是毫無助益，因爲很顯然，於己不利的那些記載並不會因爲自己的沉默而自

〔註 118〕裘樟松：《增補〈金石錄校證〉》（一），《浙江大學學報》（社會科學版）1998 年第 1 期，第 102～110 頁。

行消失。再者，在主張堯舜時代說的陣營內部，除了地望問題之外，古人所留下的關於那個時代的記載中也有相當一部分重要的內容遭到了忽視甚至是刻意地迴避，而這一部分內容尤其是其中那些關於當時政治運作模式的說明文字，其實在判斷那個時代社會發展階段這類問題上具備遠較地望重要得多的意義，然而令人失望的是，在目前國內學術界關於陶寺社會的研究中，我們還沒有見到有學者曾對於這類問題做出過負責任的系統研究。

　　從以上所做的大量梳理與分析工作中我們知道了，自第一階段開始，在學術界廣為流行的那種將陶寺的考古發現與古史傳說中的堯舜時代對應起來的做法是有待商榷的，其立論基礎實際上是不牢固的。

第二節　第二階段：困頓與轉型

　　上個世紀 90 年代中後期，陶寺遺址的田野工作基本陷於停滯，與前一階段相比，除了對位於下靳村的墓地進行過為期一個月的搶救性發掘之外〔註119〕，收穫不是很多〔註120〕〔註121〕，相應地，學術界關於這支文化的古史族屬以及社會發展階段的討論也就相對沉寂，這可以看作是前後兩大階段之間的一個「中間期」。當然，就在這一時期，始終對陶寺問題保有興趣的部分學者也仍然在各自的研究領域內執著地進行著探索，不過討論的重點逐漸轉向了一些實證色彩頗強的技術問題，譬如手工業技藝或農牧業生產狀況等，但與上一個階段中的類似討論明顯不同的是，90 年代的這些論述更加系統，每一個專題的研究基本上都可以被看作是對於第一階段田野工作中某一方面大小各類收穫的總結，同時注重在把陶寺文化視為一個整體的前提下將之與北方的紅山文化晚期、東方的大汶口——山東龍山文化、東南方的薛家崗文化以及江浙海濱的良渚文化等進行廣泛的跨文化比較研究，從總體特徵上把握整個龍山時代中國東部季風區各支地方文化的發展趨勢。我們認為，這也意味著研究者特別是一線田野工作者在經歷了最初的興奮之後，已經開始能夠

〔註119〕山西省臨汾行署文化局、中國社會科學院考古研究所山西工作隊：《山西臨汾下靳村陶寺文化墓地發掘報告》，《考古學報》1999 年第 4 期，第 459～486頁。

〔註120〕山西省考古研究所侯馬工作站：《侯馬西陽呈陶寺文化遺址調查》，《文物季刊》1996 年第 2 期，第 54～56 頁。

〔註121〕山西省考古研究所：《陶寺遺址陶窯發掘簡報》，《文物季刊》1999 年第 2 期，第 3～10 頁。

以一種更客觀平和的視角來看待出於自己手鏟下的這些所謂顯現出王者氣象的罈罈罐罐了，換言之，大家認識到，陶寺的確算得上是同時代各支文化中的佼佼者，但絕非獨一無二。

在這一階段較早時候，高天麟首先就陶寺文化時期的農業生產狀況進行了較為深入的研究。高氏之所以由早先力主夏文化說到如今轉向這一實證性課題，個中緣由他自己講得很明白，就是在陶寺文化的族屬這類問題上，當下各派之間的分歧「估計尚須持續一段時間」，換言之，在理論與證據兩方面都未有更新的情況下，學術界於短期內難以就此達成共識，因此與其繼續膠著於這一點上，不如視目前已掌握的材料開展一些更具可行性的研究。我們認為，高天麟的這種轉變在當時是具有預兆意義的，它實際上宣告了舊有研究模式已經臨近其解釋能力的極限，在 90 年代這十年貌似波瀾不驚的等待之後，即將經歷一場觸底反彈的轉變。但這些畢竟還是後話，而在高氏撰文的當時，研究者雖然可能已經意識到了我們上面提到的這些局限性，但就行文來看，研究理路方面仍鮮有創新，這就注定了彼時的研究或在對現有資料的整理方面用功不少，然而與此形成鮮明對比的是，結論部分卻往往顯得比較保守，只是不再像上一階段那樣公然將「部落國家」這樣令人不知所指的術語列於文內罷了。譬如在這裏，高氏憑著身當田野一線的有利條件，搜集了與當地有關的大量可反映農業生產情況的工具及實物標本，並將之劃分為「農業工具」、糧食品種、「貯糧的器皿」、紡織物、酒器等禮器暗示出的糧食富餘、水井與農業、家畜飼養等眾多細目，最後還探討了分工與農業生產的關係。高氏的分析，詳則詳矣，然似乎並未完全實現其初衷，因為直至全部論述完成之後，他仍然發出了這樣的疑問，陶寺究竟是仍然停留在「原始氏族社會末期」，還是「即將跨入文明門檻」〔註 122〕。

存在於高文中的這種理論預期與實證研究之間顯而易見的巨大落差，在關於陶寺乃至整個中國史前史的研究中都是具有一定代表性的，換言之，當部分研究者於猶豫再三之後最終半推半就地告別了舊有的研究框架時，卻發現自己已經陷入了一種新的困局之中，這種從一種被動到另一種被動的尷尬局面不禁令人起疑，難道是進化論的解釋體系本身出了什麼問題？依我們來看，問題的確是有，不過恐怕主要不是出在理論本身上，而是用理論的人應

〔註 122〕高天麟：《龍山文化陶寺類型農業發展狀況初探》，《農業考古》1993 年第 3 期，第 64～71 頁。

該首先對於經典作家的成說形成一種更符合實際的理解。就拿高氏的論述主題來講，眾所週知的事實是，無論對於農業或其它生產部門而言，「工具」的確是社會生產過程中一類極為關鍵的因素，工具的形制與效率影響著生產活動的具體組織形式，而按照經濟基礎決定上層建築的一般常識，生產工具的變革當是社會政治領域內新事物出現的前提，這一點在那些 19 世紀晚期以復原人類文化演進史為己任的人類學著作中多有較為明顯的體現。不過問題是，對於發展過程極為緩慢的史前時期而言，這樣的一種解釋範式只能以一個相對宏大的時間跨度與之配伍，正如摩爾根的經典作品所示範的那樣，在單一一部作品，甚至是一兩個章節的狹小篇幅內，將文明開始之前人類所歷經的數百萬年（從舊石器時代的能人首次製造石器算起）或數萬年（從新石器時代農業萌芽算起）的漫長歷史依據工具，尤其是與生計經濟有關的那些，形制的演進序列組織成一串步進的鏈條。但對陶寺這樣的研究對象來講，要想實踐類似的解釋方案就會變得非常困難，因為這一政體佔據的歷史時段實在是太短促了，要讓那些仍舊主要使用木、石、骨、蚌類工具的農人，在五、六百年的時長內對他們手中粗笨的家什進行足以扭轉當地政治格局且又可為今日觀察得到的顯著改進是不現實的。中國的國家級水平社會誕生於公元前第三與第二千年之交，晉南的陶寺與豫西的二里頭一樣同是這一劃時代歷史事件的見證者，但王小慶在對出自這一時段中國文明核心區域內的考古資料進行仔細耙梳之後卻認為，與陶器等容易產生明顯變化的考古學文化因素不同的是，那些麇集於黃河中游各盆地內的著名農業社區並沒有顯現出積極創制或引進新的生產工具的強烈傾向，這種穩定，甚至是保守的態勢表現在從器物的種類到形制等各個方面，站在這個角度來看，當地社會的經濟生產在此期間確實「沒有出現一個飛躍性或革命性的變化」。但是面對婦孺皆知的社會變革事實，他又不得不承認，即便只是這樣「穩定發展的」經濟基礎也能夠「決定」上層建築領域內發生「巨大的變化」，並助力中國社會進入文明時代。這裏我們就有一個疑問，如果經濟確實是在穩定地發展著，那麼從邏輯上來講，以此為基礎並受其決定的上層建築領域就完全沒有必要經歷組織結構革命的陣痛，因為沒有必要對現存的生產關係作出調整。對此，王氏只能給出一些大而化之的解釋，拿陶寺所處的時代與仰韶及龍山早期相比，這實際上還是在放寬時空跨度的前提下尋求對於具體歷史事件的解釋〔註123〕。

〔註123〕王小慶：《公元前 2500 年～公元前 1500 年豫西晉南地區考古資料所反映的人

　　此外，還有一個更根本的問題，即便我們覺察到了工具製作技術確實顯現出了某些進步的傾向，又該怎樣去評估這種形而下的微觀變化，到底會對那些形而上的政治局勢乃至更爲抽象迷離的意識形態產生多大規模的影響呢？實際上正是因爲難以對早期複雜社會的生產力實況進行量化處理，於是正如高文所表現出來的那樣，一切判斷只能無奈地徘徊在諸如「糧食生產已達到較可觀的水平」，「再次表明當時的糧食生產已較可觀」或者當時的農業發展水平「必定是已相當可觀的」等泛論色彩甚濃的定性描述上。因此，我們希望得到解釋的問題並沒有被回答，即社會生產力必須發展到怎樣的程度才足以促動政治結構以及意識形態領域內發生相應的變動？要知道，自從有了人類社會，技術就一直在發展，隨著農業生產的開始，新石器時代的到來，這種發展越來越顯現出加速進行的趨勢。可是在技術細節不斷得到改進的同時，政治生活並非一刻不歇地發生著顯而易見的變化。這一點早在摩爾根那裏就已經被注意到了，即社會政治結構的演進在實現了某次革命性的突破之後，譬如這裏討論的從史前到國家，總要維持一段相對穩定的時間，這段時間對於不同的社會來講或長或短，緊接著是下一次突破，然後又是平靜的等待。摩爾根認爲在這個時期內，社會似乎停滯不前了，但僅僅只是「似乎」而已，實際上社會的發展並沒有止步，只不過作爲後來人的我們囿於檔案、材料或實驗手段的限制如今已難體察。社會結構之所以能保有一段相對平靜繁榮的時期，正是因爲最近一次革命所建立的新的生產關係，仍然有能力爲因技術不斷進步而導致的生產力的發展在現有框架內提供出相對寬裕的成長空間，因此植根於財富分配機制之上的宏觀政治結構，在未曾身臨其境的研究者看來，就如一泓深潭般波瀾不驚。摩爾根等的解釋方式很容易就能被替換爲奧斯瓦爾德或懷特的文化——能量學說，或者是斯圖爾德的文化生態學說，後者強調的雖然是環境因素的社會文化意義，但我們只需對之稍作改動即可：在生產力發展的一定階段上，或者具體到考古事實來講，就是在類似的工具與生產對象組合形式的基礎上，歷史允許各個農業社區集團有針對性地採納不盡相同的政治經濟制度，因爲恰如前文所述，現時的生產關係本就爲歷史主體政治才華的施展預留有一定的空間，所以即便將來相關資料獲得

類生產工具的狀況》，載中國社會科學院考古研究所考古科技中心編：《科技考古》（第 2 輯），科學出版社 2007 年 12 月第 1 版，第 116～119 頁。

了極大的充實與豐富，那些試圖在極為具體的某些工具組合與抽象的政治結構之間建立起一種一一對應關係的努力，也不是一類值得推許的研究策略。可以想見的是，只要還走著這條老路，即希望在不對之進行任何發展的情況下，直接就從經典作家的文本中摘抄到能夠說明類似於陶寺這樣中國局地材料的解釋模式，那麼真正具備中國特色的用以解釋早期社會複雜化進程的中程理論就絕無構建的可能，對於陶寺文化的研究水平也就不可能獲得質的提升。此外，高氏對某些具體問題的分析似也稍顯牽強，例如他將陶寺的狗骨看作是農業發展的象徵，甚至認為盛行養犬必定與較發達的農業生產有關〔註124〕，這樣一種判斷實際上是武斷的，人們之所以選育某類牲畜只是因為它們能夠滿足主使者的需要，營漁獵生活的部族，譬如鄂倫春人，狩獵是當地最重要的生產活動，作為男子們不可或缺的助手，狗很早就被鄂倫春人馴養了〔註125〕，而每個獵手往往都擁有好幾隻獵犬以供驅使〔註126〕，但像他們這樣的「使犬、使鹿之邦」卻「不事耕種，魚獵為生之俗」〔註127〕。總之，高文最大的價值在於資料整理，而在本該更受重視的對於這些原始資料的分析上卻進展有限。

　　同年，高煒也就陶寺第一階段發掘工作的主要成果，即墓地進行了卓有成效的研究。正如我們上面談到的那樣，高煒對於墓葬信息的解讀就是放在中原龍山文化這個更寬廣的視野下來進行的，同時注重與後代史實的對比，因此獲得了一些較有價值的新認識。例如，陶寺早期墓地的排列相對整齊，凡列於一排之內的，各墓頭端大致均處於一條直線上，僅有個別例外，這說明當時的墓地上當有墳丘或其它種類的標識，並非文獻中所講的不封不樹；再者，與大汶口、野店等處所見情形相仿，陶寺早期雖仍存在有公共墓地，但已經出現了為某些特殊人物專設葬區的情況，降及晚期，墓葬制度發生了進一步的變化，與殷墟西區相似的家族塋域開始出現，高氏認為，這標誌著中原地區喪葬制度方面舊有傳統的結束；對於陶寺墓地所表現出的另一個突出特點，即墓葬之間繁

〔註124〕高天麟：《龍山文化陶寺類型農業發展狀況初探》，《農業考古》1993年第3期，第64～71頁。
〔註125〕秋浦：《鄂倫春社會的發展》，上海人民出版社1978年9月第1版，第22頁。
〔註126〕《鄂倫春族簡史》編寫組：《鄂倫春族簡史》，內蒙古人民出版社1983年1月第1版，第36頁。
〔註127〕《鄂倫春族簡史》編寫組：《鄂倫春族簡史》，內蒙古人民出版社1983年1月第1版，第43～44頁。

複的疊壓與打破關係，高煒引用取自基諾人的民族志材料從而得出了較單純依靠考古證據更具說服力的解釋；以往的研究中，作爲隨葬品的陶器既是田野工作人員藉以讀取時代信息的主要依據，又往往被簡單地理解爲是對墓主生前地位與財富狀況的直接反映，高煒通過對仰韶文化以來中原各地所見隨葬品情況的梳理，進而指出，這一考古現象的實際形成過程應較學術界所設想的更爲複雜。雖然不可否認的是，陶器使用與否及所用器物的種類、工藝等的確與墓主人地位之間存在有聯繫，但也應該注意到，不以陶器爲隨葬品本是中原地區一項淵源有自的喪葬傳統，極有可能屬於貴族或富人階層的墓室中也有相當一部分不見陶器，應該被理解爲正是對於這類傳統的反映，因此高氏建議，學術界在處理隨葬陶器等問題時，既要適當關照本地歷史傳統，同時也應注意體察諸如陶質禮器組合等新的文明萌芽的出現所具有的意義；最後，在與周邊地區，特別是自遼海至江浙等廣大東部地區各支考古學文化進行廣泛比較的基礎上，高氏認爲，以陶寺爲代表的中原龍山文化在喪葬制度方面的諸多表現絕非閉門造車的結果，而是在同周邊各支文化開展廣泛交流的前提下逐步形成的，其中既有許多經過改造的東方文化因素，同時其本身亦成爲推動這些因素繼續向西北內陸地區擴散的前哨，著實起著承前啓後的作用，因此「似可認爲，在形成三代禮制的過程中，中原處於核心的地位」〔註128〕。

我們知道，玉質禮器在中國早期禮樂文明中佔有極爲重要的地位，甚至可以將之視爲華夏文明的一項突出特徵，史前時期這類器物多見於墓葬之中，陶寺也不例外，而且因爲該地係當時所見中原地區規模最大的墓地，於是，這批經過科學發掘而得到的玉器實物就成爲研究中原地區龍山時代玉禮器文化的主要依據，意義尤爲重大。高煒在完成了對於葬制的整體研究之後，又將關注的目光轉向了墓中所出各類玉質禮器，在研究方法上則承襲前文傳統，既開展跨文化比較研究，又注重在材料搜集方面突破狹隘的學科限制。經過比較，高氏認爲，陶寺文化在對玉器及玉文化的認同過程中顯然接受了來自東方各支文化的深刻影響，但也有一些特點是陶寺所獨有的，這其中有一些對於我們判讀當時的社會運行機制還可以提供相當有價值的幫助。譬如，由玉、綠松石及骨笄等組合而成的所謂「步搖式鑲嵌頭飾」等就是在當地首次被發現的，孫機曾著文指出，步搖類頭飾有起源於西方的可能，並強

〔註128〕高煒：《中原龍山文化葬制研究》，載解希恭主編：《襄汾陶寺遺址研究》，科學出版社 2007 年 1 月第 1 版，第 655～671 頁。

調步搖絕非「頂端帶垂珠的花釵」，高煒在參考了孫文之後認爲陶寺所見雖與其有所關聯，但究竟非指一物，故仍以暫名之「組合頭飾」爲宜，並傾向於認爲此頭飾的構件中體現有較多紅山文化的玉作工藝傳統，但究係何時何地起源尚有待進一步探究，不過它至少反映出了陶寺玉文化構成中的多元特徵〔註129〕，進一步堅定了作者關於陶寺代表了最早階段的「華夏文明共同體」並爲三代文明的到來奠定了基礎這樣一種基本的判斷〔註130〕。更重要的是，陶寺在其形成過程中對於周邊文化的廣泛攝取並不是簡單機械地重複，而是有所取捨，有所創造，逐漸形成了自己的風格，這一點在玉器尤其是禮制用玉方面表現得相當突出。雖然就器形來看，陶寺深受東南方良渚文化的浸濡，但遍見於後者的那類透出濃鬱宗教意味的神秘紋飾卻鮮見於這處中原龍山時代最大墓地的出土物上，相反地，紋飾簡潔，器表光素才是陶寺玉器的顯著特點，再證之以璧、琮等器物出土時的擺放方式，更可使人相信，陶寺人的宗教意識較之良渚已大爲淡薄，政治權力與物質財富等在當時精英階層的心目中或許佔有一類更加重要的位置，因此若以禮書中的相關記載爲據，高氏以爲，或可將良渚所見歸諸祭玉一類，而陶寺玉器則多爲端玉。我們認爲，高煒對於該處玉器所做的分析，在當時陶寺文化研究整體陷於低迷的狀況下確實顯現出了極高的學術價值，尤其是借玉器形制爲突破口以管窺當時各地社會風貌的部分，與此前種種簡單套用古典文獻的處理方式顯然有別。這或許向我們透露出了當時陶寺與以良渚、山東龍山等爲代表的諸東方文化所採取的不盡一致的政治競爭策略，之所以汾澮下游的貴族們採取了一種看起來更世俗、更務實的策略，可能是對於當地較之他處更形激烈的爆發於不同政體之間的競爭與摩擦事件作出的一類合理反應，也就是說較之僻處一隅的東方諸文化，生息在汾河谷地南端的陶寺人有必要將更多的社會資源投入到世俗事務中去。恰如名將之後樂間爲燕王就該地形勢所做的分析那樣：「趙，四戰之國也」，張守節則進一步指明了趙國當時所面臨的險惡局勢：「東鄰燕、齊，西邊秦、樓煩，南界韓、魏，北迫匈奴」〔註131〕，可謂強敵環伺。其實類似這樣的分析對於同處三晉的韓、魏兩國也是適用的，所以很自然地，三

〔註129〕 高煒：《龍山時代玉骨組合頭飾的復原研究》，載解希恭主編：《襄汾陶寺遺址研究》，科學出版社 2007 年 1 月第 1 版，第 478～488 頁。

〔註130〕 高煒：《晉西南與中國古代文明的形成》，載解希恭主編：《襄汾陶寺遺址研究》，科學出版社 2007 年 1 月第 1 版，第 672～679 頁。

〔註131〕 （漢）司馬遷撰：《史記》，中華書局 1959 年 9 月第 1 版，第 2435 頁。

晉諸國以盛產兩類事物而聞名於當時：一類就是機謀權變之士，也就是我們今天所講的戰略家、政治家，縱橫家中的張儀、蘇秦就是此間的代表人物，除此之外還有李悝、商鞅、韓非等著名法家。司馬遷認爲，當時供職於秦廷的這類人絕大部分都來自於地處天下腹心的三晉地區。無論其個人屬於哪個流派，可以確信的是這些人關心的絕不是那些神神鬼鬼、徒有其表的東西，眞正構成其思想核心的無外乎兩大部類，一是農業生產，即社會經濟，再就是征戰殺伐，即軍事鬥爭〔註132〕；另外一類正是優質的武器裝備，所謂「天下之強弓勁弩皆從韓出」，其中棠谿、太阿等名劍更可以「陸斷牛馬，水截鵠雁，當敵則斬堅甲鐵幕，革抉𥱸芮，無不畢具」〔註133〕，李斯上諫秦王時亦以太阿之劍爲天下奇貨〔註134〕。雖然術士們的遊說之辭中可能含有一些誇張的成分，但畢竟不是空穴來風，實際上，無論考古還是文獻，都可證明當時三晉地區的官私冶鑄業的確是非常興盛的〔註135〕。這些方面都是應當時的社會需求發展起來的，從史前到戰國，具體的歷史內容已經發生了極大地改觀，但這一地區的基本地理格局卻一仍其舊，並成爲在一個相當長久的歷史時期內制約局地歷史發展的重要限制性因素。因此我們相信，由高文所觀察到的玉器方面這些趨向簡約，趨向世俗的變化態勢，是當地政治精英集團對於周邊類似局面做出反應的一種表現，這種局面同樣也是推動陶寺社會複雜化的一支重要力量。此外，對於各地在玉文化的具體內容方面所表現出來的差異，高氏還提醒研究者應當注意突破地域觀念的局限性，認識到各支文化對於相同或類似的意識形態需求的表述方式，可能因種種客觀原因的限制而具有大異其趣的地方化形式，這可能是造成包括陶寺在內的中原同時期諸文化，較之他處在玉作工藝及出土玉器的絕對數量等方面處於劣勢的一個不容忽視的現實因素〔註136〕。同樣地，我們認爲這一點認識也非常重要，正如高氏所言，各支文化表達訴求的具體方式之間完全可能存在著顯著的差別，因此不僅是

〔註132〕（漢）司馬遷撰：《史記》，中華書局1959年9月第1版，第2304頁。

〔註133〕（漢）司馬遷撰：《史記》，中華書局1959年9月第1版，第2250～2251頁。

〔註134〕（戰國）李斯：《諫逐客書》，（清）吳楚材、吳調侯選：《古文觀止》，中華書局1959年9月新1版，第167～171頁。

〔註135〕徐學書：《戰國晚期官營冶鐵手工業初探》，《文博》1990年第2期，第36～41頁。

〔註136〕高煒：《陶寺文化玉器及相關問題》，載解希恭主編：《襄汾陶寺遺址研究》，科學出版社2007年1月第1版，第466～477頁。

對於這裏所關注的陶寺，即令對於中原以外的各支文化，我們以爲，亦當抱持相同的態度，質言之，那些未見出有鼉鼓、特磬等物的文化，其已達到的社會複雜化程度不見得就低於陶寺。社會複雜化的著眼點在於一個社會內部結構的變動情況，因此在進行跨文化比較研究的過程中，各地人口之多寡、地域之廣狹、宮室城池絕對規模之大小雖可列入諸多參考因素之內，但很顯然，我們絕對沒有理由去強求一個表現出更高複雜程度的社會在所有這些方面都必須是冠絕一時的，因爲它們完全可能具有其它的更適合本地情況的表達方式，一如陶寺或許因玉料來源等方面的限制而更多地選擇以彩繪陶器、漆木器組合等物化形式而非玉器來反映社會變遷的現實一樣。

在作於同一時期的另一篇文章中，高煒於探索過程中還引入了聚落考古學的思路，並注意到在陶寺周邊約 2500 平方公里的範圍內不僅遺址數量最爲集中，而且詳審之，其中又可以再分作兩組遺址密集區，每組內皆有屬於陶寺文化的遺址 30 處左右，這些遺址之間大小有差，顯示出等級分化的意味，即在單一考古學文化覆蓋的區域內，存在有中心、次中心以及數量更多，級別更低的一般聚落，它們共同構成了一類網絡狀的分層結構。高氏認爲，聚落群中的這種結構有可能顯示出在當地各社區之間已經出現了具有政治、宗族統轄意義的「都、邑、聚」式的格局，而在此中若干旗鼓相當的大遺址之間還可能存在著對峙的政治勢力，也就是說，在同一個考古學文化中同時存在有兩個乃至多個政治與文化的中心。類似這種局面在同時期的其它考古學文化，譬如以大觀山爲中心的良渚，以城子崖爲中心的山東龍山以及以石家河爲中心的江漢地區等皆可見到，可知是那個時代具有整體性特徵的一種發展趨勢。高氏的這類認識是具有創見性的，以往認爲依據陶器類型所劃分出的某支考古學文化應該就是代表某個單一社會，或某個獨立的政治體系，地域上毗連的陶器分佈區域也就被想當然地理解爲是史前政體的疆域範圍，然而高氏通過對陶寺材料的梳理，開始對這種提法表示懷疑，儘管他認爲要講清楚這個問題，還需在未來對各遺址的內涵進行更深入的研究，而我們在下一個階段即將看到高氏當時的理想變爲現實，這種從聚落群內部結構入手的研究範式已經成爲當下陶寺田野工作所遵從的主要規範。

高煒的這種研究轉向雖然是極具啓發意義的，但當時很可能尚不具備立即開展相關作業的條件，因此在將晉西南這一時期內所發生的社會變化過程置諸中國古代文明起源這個總的框架下來進行觀察時，高氏的論述視角仍然

表現得相當保守，就我們的閱讀體驗而言，並未在這裏看到多少具備實質性的革新。當然，改革肯定是有一些的，但所涉及的僅僅只是一些表面問題，譬如，他開始承認，陶寺文化可能與傳說中的陶唐氏之間存在有更爲密切的聯繫，但與此同時，顯然仍不願意徹底放棄自己早先曾一直堅持著的夏文化說，只是態度變得更趨曖昧了，主張對於這個問題「既不能簡單肯定，亦無法一概排除」，於是結果就只能留待後世再予探明了。除了這樣一些針對細枝末節所進行的修修補補之外，關於陶寺文化時期社會發展情況的討論，從高氏的行文來看，仍然停留在古典進化論的框架之內，即相信不平等社會只是隨著國家時代的到來才成爲現實的，因此如果我們在當地發現有顯著的差別化對待現象，譬如各墓穴之間隨葬品明顯不同，一些特殊器物只是出現於某類特殊形制的墓葬中等等，於是就只能將其從以部落聯盟爲最高組織形式的氏族社會中排除〔註 137〕，並安排其進入「國家」的隊列。其實這類做法在陶寺研究的上一個階段早已屢見不鮮，不過高氏與此前諸論者不同的是，他認爲禮制的形成，同時意味著國家社會與文明時代的到來。以此標準來觀察陶寺，則出有鼉鼓、特磬等重器的早期階段似已具備較成熟的禮制，與此對應，國家的職能也應該已趨於完備，從而實現了由所謂「雛形國家實體」向具備成熟國家形態的「方國」的轉變。

可以看出，高氏的這種中國古代政治形態演進框架明顯是從蘇秉琦那裏繼承而來的，但早已有學者指出，蘇氏早年間提出的「古國→方國→帝國」這樣一種三階段說，在對各階段具體的稱謂上表現出明顯的模糊性與隨意性，若無特別說明，則給人一種無所適從之感〔註 138〕，而高氏的解說中所欠缺的正是這種對於概念的辨析。譬如，他這裏所提到的「雛形國家實體」到底指的是什麼樣的政體，具備怎樣的特徵，在發展階段上又是從何處來要到何處去？而在當時未曾見到陶寺大城以及根本未對城內格局進行深入探討的情況下，高氏徑稱之爲已然具備了成熟的國家形態，我們認爲這一盛譽實在是陶寺那樣一個時代所難以禁受的。或許是注意到了自己言辭中有不夠嚴謹的地方，故高文隨後爲此彌縫到，黃河對岸的河南省中西部，當地龍山文化

〔註 137〕 王宇信：《談部落聯盟機關蛻化出的「公共權力」與早期國家的形成》，《史學月刊》1992 年第 6 期，第 1～5 頁。

〔註 138〕 王震中：《邦國、王國與帝國：先秦國家形態的演進》，《河南大學學報》（社會科學版）2003 年第 4 期，第 28～32 頁。

的發展水平絕不會低於陶寺，既然如此，我們又該以怎樣的稱呼去指稱那裏的政治組織呢？更嚴重的是，如何稱呼後起的二里頭呢，難道要呼之爲「超成熟國家」麼〔註139〕？可以看出，在摩爾根的演進體系中，除了氏族、部落、部落聯盟以及與此截然不同的國家社會之外，我們已經沒有更多可資利用的理論門類了，因此，只要還是墨守成規，那麼學術界對於陶寺這樣已經高度複雜化了的早期等級制政體就不可能得出一個清晰的認識。正如上文所言，在部落與國家「律曆迭相治也，其間不容髮」這類二元對立模式下〔註140〕，中國國家出現的上限不斷地向上侵剝本應屬於原始社會的時段，由夏王朝而至龍山，由龍山晚期而至早期，直至滲入仰韶時代〔註141〕，更有論者將之與傳說中的黃帝對應起來，聲稱那裏才是中國文明的源頭〔註142〕〔註143〕。因此，導致中國國家起源過程被持續向前追溯的原因，不僅有裏挾著民族主義感情的非學術的外來因素的干擾，譬如有人竟公開這樣聲稱，這「不僅僅是一個學術問題，而且事關國家之聲譽、民族之威望」〔註144〕，即令在學術界內部，因爲對於理論建設問題的一貫輕視，使得學者們對於許多本有其固定內涵的概念表現得不夠尊重，在行文過程中完全按照某種感性認識對之隨意驅遣，這才有了我們常見到的那種「部落國家」、「酋邦王國」這樣不倫不類的稱呼。但無論加上多少個前置的限制性成分，既然名之爲國家或王國，則證明作者已然將其視爲中國國家歷史的一部分，這樣，國家形成的上限自然就不斷地向上回溯，而我們認爲類似做法對於解決實際問題來講，卻很難提供多少有價值的幫助。

　　在這一時期，除了二高等當初實際參與過田野發掘的工作人員之外，也

〔註139〕高煒：《晉西南與中國古代文明的形成》，載解希恭主編：《襄汾陶寺遺址研究》，科學出版社2007年1月第1版，第672～679頁。

〔註140〕（清）王聘珍撰：《大戴禮記解詁》，王文錦點校，中華書局1983年3月第1版，第101頁。

〔註141〕馬世之：《五帝時代的城址與中原早期文明》，《中州學刊》2006年第3期，第167～171頁。

〔註142〕許順湛：《黃帝時代是中國文明的源頭》，《中州學刊》1992年第1期，第67～71頁。

〔註143〕許順湛：《再論黃帝時代是中國文明的源頭》，《考古與文物》1997年第4期，第19～26頁。

〔註144〕衛斯：《「陶寺遺址」與「堯都平陽」的考古學觀察——關於中國古代文明起源問題的探討》，載解希恭主編：《襄汾陶寺遺址研究》，科學出版社2007年1月第1版，第436～451頁。

有一些研究者借助於技術手段本著更務實的態度,從不同的側面針對陶寺的發現開展了研究。這些研究關注的多數屬於一些細節問題,鮮少像上述諸篇那樣對於整個社會所處的發展階段進行直接論述,但我們應該意識到的是,通過實驗室手段而獲知的某些局部數據在復原當地原始環境、探佚農業生產對象以及手工業技術史等方面仍然可望發揮積極的效用。

譬如,孔昭宸與杜乃秋對於山西隊選送的數個植物孢粉樣品進行了分離與研究,從而有助於說明當時的氣候條件可能較之眼下更為溫暖濕潤,黃土高原東南部的植被保存狀況亦較歷史時期更為完好,或許還有稻作農業的發生[註145]。作為新石器時代田野工作中最常見到的大宗遺存,關於陶器的研究除去標型學以外,也越來越多地試圖藉重理化手段以期獲得更進一步的瞭解,因此在選送孢粉樣品的同時,山西隊同樣向實驗室寄送了大量出自陶寺地區的陶片標本,期間通過對於燒成溫度、呈色原理以及製陶原料等多方面實驗數據的比對,研究人員認為,陶寺人在製陶過程中主要是就地取材,其中紅黏土可作為塑性原料,而以石英砂或夾雜有長石、雲母等礦物的砂粒充當瘠性原料,因此所製器皿的理化性質深受當地土壤構成成分的影響。具體而言,在化學組成方面主要表現出兩類特徵:其一,鐵含量高,再者,鹼金屬與鹼土金屬的含量也較高,鑒於這些成分往往表現出較強的助熔作用,因此陶窯的工作溫度不宜過高,這可能部分地解釋了當地低溫陶的存在[註146]。而對於陶器也包括部分木器上所塗彩色顏料,實驗室的工作人員在完成了對於測試結果的分析整理之後傾向於認為,同前述製陶過程一樣,陶寺礦物顏料的來源也主要是在當地,尤其是左近富藏磁鐵礦的崇山,其中主要用到了朱砂、黃磷鐵礦、方解石、孔雀石、蒙脫石等,而少量赭色則可能來源於赤鐵礦粉末,此外還可能存在著由有機物製備的黑色黏合劑[註147]。

與此相關,李文傑就該遺址的製陶工藝開展了專門研究。通過仔細觀摩實物並進行有針對性的模擬實驗,李氏得出了兩點重要認識:其一,雖然以往的研究一般認為陶寺遺址中先後存在著兩類考古學文化,但就製陶工藝上

〔註145〕孔昭宸、杜乃秋:《山西襄汾陶寺遺址孢粉分析》,《考古》1992 年第 2 期,第 178～181 頁。

〔註146〕中國社會科學院考古研究所實驗室:《山西襄汾陶寺遺址陶片的測試和分析》,《考古》1993 年第 2 期,第 176～188 頁。

〔註147〕李敏生、黃素英、李虎侯:《陶寺遺址陶器和木器上彩繪顏料鑒定》,《考古》1994 年第 9 期,第 849～857 頁。

來看，這兩者之間的繼承性是顯而易見的，都可歸入龍山時代的範疇；其二，本地陶器製作始終以手製爲主，模製技術獲得了普遍應用，與此相對，輪製技術卻不甚發達，且產生時間較晚，再將之與垣曲盆地古城東關等遺址同時期的技術構成情況做一比較，可明顯看出，汾河谷地內輪製技術的興起與發展很可能是接受了來自河南地區的影響，換言之，該技術是由南向北漸次傳播的。可以想見的是，在這一技術跨地域傳播的過程中，必然會對當地的陶器形制與構成種類產生一定的影響，而這兩項因素又是我們藉以區分不同考古學文化的主要依據，譬如，在陶寺第一階段的發掘活動中，田野工作者對該文化進行分期作業的主要根據正在於觀察到了炊器種類的演替，即早期的釜竈逐漸爲晚期的鬲所取代，兩者共存的階段則劃爲中期。按照國內考古學界對於所謂「文化」一詞的通常解釋，這種發生於日常生活器物上的變化即意味著一文化對另一文化的替代，又常被引申爲一族群對另一族群的替代，也就是說，在同一個觀察區域內發生了易主事件，更有論者喜將其與古典文獻中所傳述的某場戰亂對應起來，以爲可以從這些盆盆罐罐的漸變中讀出改朝換代等重要歷史信息〔註148〕〔註149〕。循此思路，則考古學更像狹義的歷史學，考古解釋更像編史修傳，有朝代，有人物，代代相承，似乎顯得頗爲齊整，然而這兩門學科所仗持的原始材料畢竟不同，自器物中提取歷史信息也不能與校勘整理文書檔案等量齊觀，這種差別在史前考古中表現得尤爲突出。相較於考古學者的解釋，對於同一個更替過程，李文從技術角度給出的意見頗值得重視，也很有啓發意義，譬如對於鬲最終能夠取代釜竈一事，實驗結果顯示，雖然釜竈結構合理，具有較高熱效率，但製作工藝卻相對複雜，且因形體笨重，搬運及清洗時皆有諸多不便之處，而肥足鬲不僅同樣具備較高熱效，且袋足肥大，容量可觀，可以同時炊煮較多食物，在與釜竈的競爭中自然處於優勢，這或許可以部分地解釋當地人進行取捨的原因。再者，對於一直以來被視爲陶寺文化代表性器物的扁壺，其形體演變過程中很可能同樣包含著一些技術性因素的考慮。李氏仿製了中、晚期的扁壺，結果發現，這兩個階段的扁壺在口腹寬扁程度方面所表現出的差異實際上同早先罐的具體形制之間存在有密切的聯繫，也就是說，如果因拍打而變形的是口徑較大

〔註148〕韓建業：《唐伐西夏與稷放丹朱》，《北京大學學報》（哲學社會科學版）2001
　　　　年第 4 期，第 119～123 頁。
〔註149〕張國碩：《陶寺文化性質與族屬探索》，《考古》2010 年第 6 期，第 66～75 頁。

的折沿罐，結果就得到所謂中期扁壺，相反，如果所選折沿罐口徑較小，且腹部凸鼓不顯著，經拍打之後可得到晚期扁壺，可見，兩類扁壺之間在外形方面存在著的一些差異並不能簡單地僅以時代之先後予以解釋，更有甚者，若以此為族群更替的標誌則顯得有些小題大作。另外，扁壺之所以能夠取代罐類充作汲水器，與鬲最終代替釜竈的過程相似，也可以從技術角度予以解釋，因為無論是汲水還是背水，前者較諸後者都可提供不少方便，可見，對扁壺進行變形處理的目的實是為了便利使用，扁壺自身形制的不斷改進也可說明這一點，這都是當地人根據實際需求，不斷總結汲水、背水經驗並進行改革的結果，「實際上利用了水對扁壺平、鼓兩面的反作用力不平衡的原理」。同樣利用物理原理可予以解釋的不同陶器之間形制特徵的差別還有很多，譬如在泥料中是否夾砂，外底有無必要拍印繩紋，這些可能主要取決於是否需要所製器物具備耐高溫極變性能或保證在進行加熱時能夠具備更好的吸熱效果等〔註150〕。類似上述諸例在李氏的研究中比比皆是，因此就我們來看，與直接陳述事件經過的檔案文本不同，器物形制在其演替的過程中所釋放出的信息量要遠為豐富，其形成過程也更加複雜，這其中或許能夠折射出一些時間、族群等方面的變動，當然更多情況下可能根本不應向這類方向上進行解釋，但絕不僅僅只是這些。

總之，李文不僅向我們傳遞了許多實用的科學技術常識，而且更重要的是，應該能夠促使所有關注過陶寺問題的研究者們反思此前所慣用的那類解釋範式的有效性，這也是包括上文中提到的二高諸人在內的眾多學者，在這一時期內所撰就的相關作品為整個陶寺研究所留下的一份最可寶貴的學術遺產。因此，就進行學術史回顧來講，我們大約可以把這十年看作是陶寺文化研究中進行整理與反思的十年。雖然從整體上來看，關於陶寺社會發展史的理解仍未能超脫為枯骨立傳的窠臼，但很明顯，經過對於此前發掘成果的系統整理，已經有越來越多的研究者開始將個人的探索旨趣調整到實證性更強的一些細目上去。之所以會發生這類轉變，一個重要原因在於，中國考古因與傳統的歷史研究存在著血肉聯繫而不可分割，這是一個短期內根本無法因個人努力而改變的事實，在此情況下，如果我們還承認歷史學屬於嚴格意義上的科學，那麼至少應該借助於一些更科學的手段來進行研究。所謂更科學

〔註150〕李文傑：《山西襄汾陶寺遺址製陶工藝研究》，載解希恭主編：《襄汾陶寺遺址研究》，科學出版社2007年1月第1版，第533～582頁。

的手段，狹義地去理解，就是能夠在此過程中儘量多地排除僅僅因爲個人理解歧異而最終造成在陳述結果時出現對立與衝突，一如在前一個階段中所普遍見到的那類情況。因此，更多地轉向實驗手段就成爲了陶寺研究這一階段的顯著特徵，無論是希望能夠引起學術界對於當地宏觀聚落結構的關注，有針對性地開展理化測試，還是進行復原仿製，其目的都是爲了在吸取前一階段的經驗與教訓之後，能夠使得對於該問題的研究建立在一個更堅實穩固的基礎之上。可以看出，經過發掘工作開始後第一個十年間在族屬等問題上的拉鋸式消耗，部分學者已經愈益厭倦於類似爭論，對於這一命題的局限性也有了越來越清醒的認識，從而試圖突破舊有思路，尋覓或構建新的研究範式。不過轉變的過程也不是一朝一夕即可完成的，就 90 年代這些具有代表性的研究成果來看，雖然已有研究者開始言及陶寺文化的聚落形態對於當地社會發展水平的指示意義，但很顯然，這些在當時都還不是作者關注的核心問題，且囿於這一時期田野工作方面鮮少進益，至多也不過是紙上談兵而已，不過「易窮則變，變則通，通則久」〔註 151〕，而「變通者，趨時者也」〔註 152〕，可以說，這些可喜的變化已經向學術界明確傳達出了破舊立新的時代要求。

第三節　第三階段：新理論與新技術

步入新世紀以來，陶寺工地終於再次喧騰起來，相繼發掘有 II 區居住址〔註153〕、早中期城址〔註154〕、祭祀區大型建築基址〔註155〕〔註156〕及墓地〔註157〕

〔註151〕（魏）王弼注，（唐）孔穎達疏：《周易正義》，十三經注疏整理委員會整理，北京大學出版社 2000 年 12 月第 1 版，第 353 頁。
〔註152〕（魏）王弼注，（唐）孔穎達疏：《周易正義》，十三經注疏整理委員會整理，北京大學出版社 2000 年 12 月第 1 版，第 347 頁。
〔註153〕中國社會科學院考古研究所山西隊、山西臨汾行署文化局：《山西襄汾縣陶寺遺址 II 區居住址 1999～2000 年發掘簡報》，《考古》2003 年第 3 期，第 3～17 頁。
〔註154〕中國社會科學院考古研究所山西隊、山西省考古研究所、臨汾市文物局：《山西襄汾陶寺城址 2002 年發掘報告》，載解希恭主編：《襄汾陶寺遺址研究》，科學出版社 2007 年 1 月第 1 版，第 119～158 頁。
〔註155〕中國社會科學院考古研究所山西隊、山西省考古研究所、臨汾市文物局：《山西襄汾縣陶寺城址祭祀區大型建築基址 2003 年發掘簡報》，《考古》2004 年第 7 期，第 9～24 頁。
〔註156〕中國社會科學院考古研究所山西隊、山西省考古研究所、臨汾市文物局：《山西襄汾縣陶寺中期城址大型建築 IIFJT1 基址 2004～2005 年發掘簡報》，《考古》2007 年第 4 期，第 3～25 頁。

〔註158〕等，接連收穫了一系列震動海內外的重大發現，使該文化在關涉中國古代文明起源研究當中所具有的核心地位更趨穩固並重新引起了學術界的關注。於是，相關研究又再次跟進，對於陶寺文化的解讀逐步入第三個階段，這也是我們目前仍處於其中的一個階段。作爲對於前一時期學術轉向趨勢的一種合理回應，這一階段的突出特點正在於新理論與新技術的大量運用，兩者相輔相成，彼此促進，使得目前關於陶寺問題的討論愈益趨向多元化。

一、聚落考古

在這紛繁複雜的表象背後，我們認爲首先值得予以關注的一點是，通過對於特定聚落內外結構的探佚以求獲知當時當地社會組成信息的工作方法，正式從此前的理論願景走向了學術實踐，相應地，聚落考古學如今已成爲陶寺田野作業中所遵從的主要技術規範。2002 年，陶寺遺址又被確定爲「中華文明探源工程預研究」下的子課題「聚落反映社會結構」的專題之一〔註159〕，由是，以聚落結構爲突破口以圖再現當時的社會變遷過程，遂成爲學者們戮力鑽研的重點方向，從宏觀角度來看，這也正是我國考古學從對於文化特徵的描述向史前社會變化機制的探索轉變的趨勢日趨明朗的一種反映〔註160〕。

作爲當地田野工作的實際指揮者，何駑認爲，陶寺是中國歷史上早期城市化的重要里程碑，這不僅表現在中期城址規模宏大，更重要的是，就目前已知的城內各單位的佈局來看，體現出了明確的規劃意識。首先，兩湖地區的古城雖然起源時間更早，其中亦可大致確定出貴族居住區，但與城內其它區域之間仍未見有明確邊界，何氏認爲這實際上是當時政治集團的權力相對較弱的一種表現，而除了陶寺之外，在中國史前城垣興建的第二波浪潮中紛紛湧現的北方各城址，或由於考古工作的局限性，對其內部

〔註157〕中國社會科學院考古研究所山西隊、山西省考古研究所、臨汾市文物局：《陶寺城址發現陶寺文化中期墓葬》，《考古》2003 年第 9 期，第 3～6 頁。

〔註158〕王曉毅、嚴志斌：《陶寺中期墓地被盜墓葬搶救性發掘紀要》，《中原文物》2006 年第 5 期，第 4～7 頁。

〔註159〕申維辰：《陶寺文化對我國文明起源研究的意義》，《人民日報》2004 年 4 月 9 日「學術動態」版。

〔註160〕俞偉超：《序言》，載中國歷史博物館考古部編：《當代國外考古學理論與方法》，三秦出版社 1991 年版，第 1～10 頁。

佈局多不甚了了，其中有一些面積甚小，可能在當時也不過是村落一級的居民點，自然也就沒有進行內部規劃的必要。與之相對，陶寺城址在這些方面卻給了我們耳目一新的感覺，何駑指認，城內明顯可見的諸多空白地帶在數千年前事實上發揮著重要的隔離作用，一方面使得各功能區相對獨立，但更重要的是，將貴族與平民的起居生活從空間上區分開來，諸如手工業作坊以及普通民居等都被有意識地集中到了遠離宮殿區的城角一帶。對照早先在長江中游地區的發現，何駑認為，這種改變自然可以被看作是陶寺政治集團擁有較石家河貴族更大更有力的管制權力的體現，是政治權力在空間結構上的直接表達。同時，比較此後具備更發達城市形態的二里頭、偃師商城等案例，何氏又以階級矛盾尚未獲得充分發展為由解釋陶寺人為何僅用空白地帶而非高聳的城牆來進行內部分隔。與這些起到隔離作用的空白地帶相對應，陶寺城內同樣發現了中國史前城址中唯一的路網體系，根據地質專家的意見，這也就是現今已因水土流失等原因而下陷為溝壑的趙王溝、中梁溝等處，何駑以為這些路溝有可能正是陶寺文化早中期城址的中軸線，雖然數量有限，但畢竟可以被看作是城市路網系統的開始，並為此後的二里頭、偃師以及洹北商城等所繼承。對於中國古代城市的發展同樣起到垂先示範作用的還有陶寺人對於專業祭祀區域，也就是通稱的「鬼神區」所作出的安排，在這一由垣牆圍護起來的獨立區域中，既有為貴族享用的墓地，又有祭祀中心，被何氏稱作「王」一級的貴族墓葬與可能具備觀象授時功能的祭祀建築遺址遙遙相對，實開後世歷史中寢廟規劃思想之先河。陶寺城址的進步性除了體現在上述政治與意識形態諸方面之外，同樣也在經濟活動中得到了反映，這就是位於早期城址東南，又被圈入中期城垣之內的，由大量密集窖穴所組成的倉儲區，作為一個具備專職功能的區域，這片約 1000 平方米的地面與貴族居住區一樣，周匝也被空白地帶隔離了起來，就何氏而言，陶寺政治集團本著儲備與再分配等目的而做出如此重要的經濟安排，可以被理解為是國家社會的一個表現。就其內部結構分化形勢來看，可以講，陶寺已經達到了中國史前城址建設的最高峰〔註 161〕。

稍後，高江濤與劉莉也從聚落形態入手，分別探討了龍山時代當地的社

〔註 161〕何駑：《陶寺：中國早期城市化的重要里程碑》，《中國文物報》2004 年 9 月 3 日第 7 版。

會發展情況，但得出的結論卻不相同，這可能部分地歸因於學者之間在「酋邦」與「國家」這類概念上長期存在著的理解方面的差異。

高江濤從內外兩個方面來觀察陶寺聚落的發展情況。對內，就是高氏所謂的「微觀聚落形態」，觀察對象主要限於陶寺城址內部的各個功能模塊，經過歷時性的分析，高江濤以為，城垣內所見到的各主要遺址都表現出明顯的等級化、功能分區化以及嚴密的規劃性等特徵，這些現象指示出當地的社會分化已經達到了較高的一個層次，社會組織與內部結構也比較完備與成熟，體現出早期都城的特徵。與上面針對陶寺城址的分析相對，高氏同時進行了宏觀層面上的聚落形態研究，按照他的理解，在這一層面上，聚落形態的內涵包括兩個主要內容，即聚落之間的關係以及聚落群之間的關係，二者之間存在著層次上的差別。對於前者而言，高江濤提出了一個新概念：「組聚落」，其實這個概念與我們通常所講到的聚落群沒有什麼本質的區別，只是高氏特別強調了構成組聚落的各聚落之間應該存在一定的內在關係。比這個概念再高一個層次，由多個組聚落又可以構成一個所謂的「區聚落」，也就是聚落群的群團。高氏認為，符合這兩類概念的對象除了彼此之間應保持有某種內在聯繫之外，還應該具有兩類特徵：其一，它們都是屬於同一支考古學文化的；再者，彼此之間存在有一定程度的等級分化事實。就這三條原則來看，在內容上，它們互有重疊，因為高氏並沒有講明他所謂的「內在關係」究竟指的是什麼，也就是說這是一種比較含混的說辭。隸屬於同一支考古學文化，這種現象所能傳達出的最直接的社會信息，就是在當時，這些聚落或聚落群之間曾經發生過經常性的貨物交換，存在著一個或數個標準化的手工業，尤其是陶器生產中心，該聚落群或各個相關聚落群都不同程度地受惠於這一交換與分配系統，因此它們才能表現為同一種考古學文化。對於所謂等級分化來講，遠在龍山時代之前，黃河流域各地的聚落在規模上就存在著等級的分化，而手工業生產的標準化傾向以及與之配套的交換與分配系統的建立必將進一步促成等級分化格局的形成，手工業中心或是地區內的分配中心由於有必要在本地處理較其它聚落更繁雜的事務，因此必然帶來人口的集聚，這其中既需要專業的管理人員，同樣也需要招徠更多的勞工去承擔各項力役，因此等級分化會隨著生業部門專業化的發展而發展。所以，屬於同一支考古學文化不僅與聚落之間發生等級分化這兩件事情彼此之間存在著密切的關係，而且它們本身所表達的內容正是各社區之間的「內在關係」，或許還可以說是這種

「內在關係」的主要內涵，因為我們沒有在高文接下去的論述中見到有關於這種關係內其它範疇的論述。結合陶寺的情況來看，高江濤以為，陶寺城址及其周邊的一些聚落就可以被看作是一個組聚落，而整個臨汾盆地這一時期的社區格局則可以被理解為是一個區聚落，也就是一個分佈於擁有明顯自然邊界的較大地理單元內的聚落群。所以我們可以看出，組聚落、區聚落等等仍然只是聚落群而已，所謂對於內在關係的強調其實也本是聚落群這一通用名詞的應有之義，因此，組聚落與區聚落只是研究者在對具體材料進行整理的過程中所表現出的一種中間思維過程，這種區分併沒有與任何社會學經驗發生聯繫的必要或可能性。

在組聚落這一層次上，高江濤將陶寺分作三個等級，陶寺城址當然是絕對的中心，不過因為在晚期當地可能發生了某種形式的社會動蕩，城址與宮殿建築遭到毀棄，也不再見到類似於早、中期那樣體現出王者氣象的大型墓葬，因此高氏推斷，到了這一階段，陶寺的都邑地位已經喪失，進而淪落為一個面積仍相當可觀的大型聚落，接替陶寺地位的則是位置更偏南的方城——南石遺址。該遺址興起時間較陶寺為遲，大約到了當地文化發展的中期階段，方城的這處社區才開始顯著擴大自己的影響力，有的地方甚至連中期遺存也很難發現，因此有可能直至晚期，這處遺址才達到了它最繁榮的階段。與陶寺的情況類似，在方城——南石周邊，高氏也揀選出了一些規模更小的遺址，並將之與前者劃歸為同更早階段的陶寺並峙的另一個組聚落。至於這兩個組聚落之間的關係，高江濤傾向於其間存在著時代先後的差別。

就整個臨汾區聚落的情況來看，從仰韶文化時期一直到陶寺興起的龍山時代晚期，聚落的絕對數目基本保持著增長的趨勢。雖然陶寺文化時期該值略小於廟底溝二期文化，但考慮到諸如陶寺城址這類超大規模聚落都是在龍山時代晚期興起的，因此可以認為，在該階段，聚落的集中以及規模的擴增還是相當明顯的一種趨勢。

綜合考察陶寺城址內外乃至整個盆地內這一時期的聚落分佈與歷時性變動，高江濤認為，可以得出這樣幾點認識：

首先，無論是就陶寺城址內的諸多現象，例如功能分區、不同建築之間在規模及用材質量等方面的明顯差異，墓地所顯現出的金字塔形結構，或是陶寺組聚落的總體情況來看，等級分化都是顯而易見的，這表明當時的階層分化已經發展到了十分嚴重的地步。我們知道，在經典作家的筆下，「階級」

與「階層」是兩個既有聯繫又有區別的概念，簡單地來講，階層劃分以階級劃分爲基礎，階層存在的前提在於不同社會階級的存在，它是對於同一階級內部不同分層狀態的更進一步的詳細描述，因爲「幾乎在每一個階級內部又有一些特殊的階層」〔註162〕。在這個意義上，階層一語的含義類似於文化人類學中常用的「等級」（Rank）一詞，因此，等級社會通常都可以被視作是階級社會，自然也屬於一種複雜社會〔註163〕。所以高江濤由聚落形態分析所作出的上述判斷，實際上向讀者傳達出了這樣一個信息，也就是說，在當時，陶寺的階級分化已經十分嚴重了，如果結合前述何駑對於陶寺城垣以內不同功能區之間未見以有形的城牆相互隔離這種現象所作出的解釋，或許可以認爲，當地人雖然已經生活在一個階級社會之中，但各階級之間的矛盾在將來尚有繼續發展的空間，未曾發展到不可調和的地步。此外，令人費解的是，爲什麼高氏以爲根據組聚落內部各社區之間的分化現象，就可以推斷出強制性權力機構可能已經出現的事實，在我們看來，這其中尚有進行理論細化的必要。

再者，高江濤指出，王者的雛形在當地已經出現，某些佔有特殊地位的家族的族長借助於宗教祭祀以及戰爭事業的發展而逐步攫取了對於公共事務的領導權，從而實現了將族權、神權以及軍權三者集於一身的目的，而這三者同樣也是中國古代王權的主要內涵，因此可以認爲這一時期王者的形象已經初步凸顯了出來。作爲這一事件得以發生的組織基礎，早先的部落或部落聯盟也就轉變爲了國家，當然，高江濤在這個問題的陳述上還是比較保守的，因此稱陶寺所見爲一個尚處在雛形階段的國家形態，可見他即便認定當地社會在發展階段上已經跨越了「國家」這一門檻，也對其業已實現的複雜化水平評價不高。這種具有中國特色的早期國家或許可以稱之爲「邦國」，陶寺就可以被看作是這類政體的代表，換言之，在高氏看來，關於陶寺的問題已經不宜於再置於原始社會的框架下來認識了，當時的人們早已生活在文明社會之中了。

不過從高江濤所列出的「邦國」類政體所應具備的特徵來看，至少其中有一些項目，若單憑目前所知的聚落考古調查數據，恐怕還不能就其有無或

〔註162〕中共中央馬克思恩格斯列寧斯大林著作編譯局編：《馬克思恩格斯選集》第1卷，人民出版社 1995 年 6 月第 2 版，第 273 頁。
〔註163〕陳國強主編：《簡明文化人類學詞典》，浙江人民出版社 1990 年 8 月第 1 版，第 476 頁。

具體的發展程度做出較爲準確的判斷。譬如關於官僚機構的那部分規定就很難落實：一者，什麼樣的官僚機構才是所謂處於「雛形」階段的機構；再者，高氏提及的邦國對於當地社會的政治統治能力較弱，這一點也很難通過他所敘述的那些表現在聚落結構方面的現象得到較爲直觀的體現。相反地，陶寺城垣暗示出的統一性的籌劃，內部佈局與功能區劃的完善，大型夯土建築包括城垣在內所體現出的工程量與可觀的勞動投入，以及跨越城牆之外，在以陶寺這樣的超大型聚落爲中心的幾十公里範圍內都不存在其它任何大型聚落，中型聚落也很少，且規模有限，可能對應於村落一級社區的小型聚落占絕大多數，這些爲高文反覆強調的考古現象，實際上都在向我們傳達出陶寺貴族集團對於周邊地區不容忽視的控制能力，這至少可以部分地解釋毗連陶寺的地區大型聚落零存在的現實，而且高氏確實也承認作爲城址的陶寺在當時的聚落群內部佔據著唯我獨尊的絕對核心地位，因此我們從文中的語境就很難體會到高氏在形容當地政治形勢時使用了諸如「較弱的」、「不太穩固的」這些措辭所試圖表達的具體意念。

至於高氏提到接受邦國實際管制的地域範圍都比較有限，這一點倒很可能是事實，因爲在國家起源的過程中總是要經歷一個小國寡民的階段，但這類政體規模成長過程的客觀存在並不能成爲單方面判讀政治發展水平的藉口。與此同時，受制於自然地理條件的限制，例如由於坐落在高原東南邊緣的陷落盆地這類爲高山環拱的低凹地形之內，陶寺政體的控制範圍就未能超越於盆地之外，似乎也不宜於被解讀爲當時政治控制能力較弱的可信表徵之一。因爲我們知道，限制條件總會存在的，只是種類不同罷了，在陶寺這裏可能是盆地、河谷與高山，在地勢更形開闊的豫東或淮北一帶可能就是共存的其它同類政體，區別只是前者主要來自於自然界，而構成後者的更多的還是社會因素。仍然是在晉南這片土地上，司馬遷回顧諸侯初立的情形時就明白指出：「齊、晉、秦、楚其在成周微甚，封或百里或五十里」〔註164〕，籍談在回應周王索貢的要求時又就本國形勢抱怨道：「晉居深山，戎狄之與鄰」，長期以來，因爲地理閉塞，晉國上不能沾濡來自天子的威福，下又要與周邊文化相異的諸多部落周旋，哪能跋山涉水向王室進貢呢？因此他奉勸周王不要以其它諸侯的標準來比附晉國，收回這類不

〔註164〕（漢）司馬遷撰：《史記》，中華書局 1959 年 9 月第 1 版，第 509 頁。

近情理的要求〔註165〕。類似的情形也可以在古代世界其它早期文明中見到，法恩（John V. A. Fine）指出，從小亞細亞直到意大利，散落在山陬海隅間的各希臘城邦最大的特點正是小國寡民。除了雅典與斯巴達這樣較大者外，其它城邦的面積多介於 80 至 1300 平方公里之間，即最小者的政治控制能力尚無法完全覆蓋一塊長、寬各 10 公里的土地，可以想像，山谷海濱這樣狹促的地域自然很難容納較多的人口，雅典算是其中的佼佼者了，但在公元前 8 世紀的時候那裏也只是擁有 10000 左右的居民而已，而絕大部分城邦若以成年男性公民計算人數也不過介於 2000 至 10000 之間〔註166〕。古代希臘這種小邦林立的政治格局與半島上多數地區地勢崎嶇破碎有著密切的關係，雖然這裏最高的山峰也要比亞洲大陸上的低矮不少，但由於山勢特別陡峭，致使在當時的條件下於各處盆地之間翻山越嶺進行溝通就成爲一件得不償失的苦差，因此希臘城邦的控制地域很少見有突破自己所盤踞著的一個個相互隔絕的地理小單元的，與亞洲大國不同，它們與外界聯繫的主要渠道是借助於各地深入內陸的曲折海灣〔註167〕。同樣地，即便在許多曾經稱霸古代世界的大帝國那裏，統治者依然明確意識到了自然邊界的存在，漢文帝在給匈奴單于的書信中特意申明，兩國當以長城爲界，「長城以北，引弓之國，受命單于」，與之相對，也希望單于不要再覬覦關內的土地，並強調這是漢政府一以貫之的大政方針。如果確實因爲北方草原地帶地僻天寒，需要漢地的物資，可仍照前例，由漢朝定期向匈奴供給，但不要縱馬入寇，以免妨礙農時〔註168〕。在以後的歷史發展進程中，其間雖有反覆，但沿長城一線基本成爲以農業立國的漢文明與北方諸游牧政權之間的自然邊界。表面上看起來這是由於雙方軍事實力強弱的變化所引起的，實質上更主要的還在於兩地的主要生業基礎不同，從而導致任何一方在突入對方內陸之後，總是很快就明白了這樣一個道理：「裂其地不足

〔註165〕楊伯峻編著：《春秋左傳注》（修訂本），中華書局 1990 年 5 月第 2 版，第 1371 頁。

〔註166〕Yale Ferguson, "Chiefdoms to City-states: the Greek Experience", in Timothy Earle, ed. *Chiefdoms*: *Power, Economy, and Ideology*, Cambridge: Cambridge University Press, 1991, pp. 169～192.

〔註167〕馬克垚主編：《世界文明史》（上），北京大學出版社 2004 年 1 月第 1 版，第 187～188 頁。

〔註168〕（漢）司馬遷撰：《史記》，中華書局 1959 年 9 月第 1 版，第 2902～2903 頁。

以肥國，得其眾不足以勁兵」〔註169〕，也就是從自身以往的政治經驗出發，對眼前的陌生環境缺乏一種有效的管理與榨取機制，反倒可能因為新行政區的拓展以及配套官僚機構的相繼建立而需要中央政府為之輸送給養，從而造成統治集團對於突破自然邊界進行擴張一事興趣寡然。

因此，某一政體的具體規模，或其是否曾長期局促於自然邊界之內這些現象，並不能成為判斷該社會政治發展水平的直接證據，換言之，即令我們認可高氏關於臨汾區聚落的劃分方式，也不能因其未曾突破臨汾盆地的地理局限而對當地社會的政治發展水平擅加評價。進一步來講，與其說陶寺宏觀聚落群之所以表現出這樣的特徵，是由於受到了來自地理環境方面的限制，不若更準確地說，在這裏真正起著限製作用的是當時人們所能掌握的交通與通訊技術。這種來自技術發展水平方面的限制，使得任何試圖維持一個不適當規模的超大政體的設想與實踐最終都只能以失敗而告終，這其中最常見的形式就是早先一個較大的政體分裂為數個規模更小同時也更符合當時交通手段所能達到的水平的政體。只有當政體規模做了適當縮減之後，落後且低效率的交通手段與昂貴的通訊費用之間才有可能實現某種平衡，也才使得政治集團的理想有了轉變為軍事行動現實的可行性。所以很自然地，研究者通常都會發現，在早期那些曇花一現的超越於這個時代的大政體崩潰之後，構成各地區性集團之間的許多邊界恰是那些自古以來就存在著的難以逾越的高山深壑、大江大河或完全不同的生態環境以及建立在此基礎上的大異其趣的各類生計模式之間本已存在的界線。這些限制終有一日當然也會遭到突破，但在我們現在正在討論的這個時代顯然還不具備實現的可能性，因為當時社會的主要生計活動，種植業與畜牧業，仍然毫無例外地嚴重依賴於特定的自然條件，並且只有在與後者保持高度契合的情況下才能像懷特理解的那樣獲得對於太陽能的最大限度的斂取。我們以為，如果從這種角度來進行思考的話，或許可以在理解當地政體發展水平這類問題時排除掉一些不必要的干擾性因素，也就是說，我們不僅要考察陶寺是否曾經跨越盆地地形的限制來進行擴張，更要考慮這樣一些問題，即在當時的條件下，這一社會為什麼要擴張，他們有從事這類軍事冒險活動的必要麼？技術條件允許麼？對於後面這些問題的回答或許還是更有意義的。況且，考古學文化的範圍與當時政體的實際

〔註169〕　（漢）司馬遷撰：《史記》，中華書局 1959 年 9 月第 1 版，第 1734 頁。

控制範圍很難實現準確的對應。前者更直接的社會意義在於標定出涉及到某套器物組合的物流活動的區域邊界，而不同社區的人們採用這些器物的實際初衷可能是極其多樣化的。這裏面尤其值得考慮的一個因素是，他們是否同時生活在相似的生態環境背景之下，因爲基於前文提到的自然條件在這個時代對於人類行爲所具備的顯而易見的限製作用，如果生態條件相似，則極有可能導致人們最終採取類似的生業模式，而生產內容以及生產組織方式的相似將會決定兩個不同社會中大部分行爲模式的高度雷同，但這些人仍然可能生活在不同的政治權威的控制之下。所以高江濤將這一時期的政治疆域與陶寺文化的分佈界限聯繫起來實際上是不合適的，因爲我們不能僅僅根據某些手工業產品的流通範圍來圈定某一政體實際控制地域的廣狹，尤其是當研究者本人已然認定這是一個由都鄙二元體系所構成的擁有王者的國家的時候，對於該類判斷方法的有效性就更沒有理由抱以較高的期望了。總之，在我們看來，所謂「跨地域」以及是否屬於同一支考古學文化，這些高文中反覆提及的內容似乎不應被過多地引入他那些涉及到「組聚落」或「區聚落」的分析中去，若再進一步用這些內容去識別當時的政治發展情況那就顯得更不合適了。至於高氏所設想的那種「較爲統一的中央集權統治」，距離我們現在關心的主題實在是有些遙不可及，因此根本不宜於將之拿來與他根據聚落形態而得出的判斷，即陶寺這樣一個剛剛跨入國家社會門檻的政體相比，兩者之間談不上有什麼可比性。況且「跨地域」與否，正如上文辨析的那樣，也不是中央集權統治所必須達成的一個政治目標，恰恰相反，許多號稱東西萬餘里的大國往往都以適當分權而非集權爲最合理同時也是最現實的地緣政治策略〔註170〕〔註171〕。

與高江濤的分析方式相仿，劉莉也對陶寺遺址的聚落形態產生了濃厚的興趣，並就社區內的空間佈局、墓葬形態等內容所反映的社會關係，以及陶寺地區的聚落群構成情況與史前複雜社會的興起與衰落等問題分別進行了探討。在田野材料方面，劉莉顯然很難再爲我們提供更多新鮮的信息，但在對於現有材料的分析中，劉氏的一些意見還是比較有啓發意義的。鑒於陶寺城

〔註170〕楊聖敏：《〈資治通鑑〉突厥迴紇史料校注》，社會科學文獻出版社 2012 年 12 月第 1 版，第 208、237～238 頁。

〔註171〕高江濤：《陶寺遺址聚落形態的初步考察》，《中原文物》2007 年第 3 期，第 13～20 頁。

址宏大的規模，劉氏認同何駑早先的提法，即當時來到此地參與營建作業的勞動力其中有一部分可能不是本地人，而是來自與陶寺有關的其它一些社區。這些外地人被從自己的居所徵召而來進行勞役，自然就會留下一些臨時性的生活遺蹟，當時對於這類流動人口的組織方式很可能類似於我們如今在城市的建築工地附近見到的那些簡易工棚，所以現而今在部分夯土城牆內見到的露天臨時竈址，以及伴出的動物骨骼、殘碎陶罐與炭末等很可能向我們展示了當時建築工人群體的生活信息。不過何駑的分析似乎更進一步，他認為，發現於夯土牆內的碎裂的人骨很可能是工人自墓地取土所帶來的，而這種粗野的對待本地亡者的行為，除了可以像上面提到的那處竈址一樣說明工人群體的來源成分比較複雜之外，更暗示出了外來務工人員與本地居民之間的對立關係。造成這種緊張關係的除了繁重的勞役本身之外，更重要的是，按照何駑的理解，這些外來人口與陶寺人之間缺乏天然的血緣聯繫，他們很可能來自其它一些完全不同的族群，因此也就沒有必要對於陶寺的亡者表現出任何程度上的尊重。對於聚落建築過程中的這類現象，如果站在政治發展水平方面去看待，這等於告訴了我們陶寺政體當時已經具備了較強的組織與控制能力，以至於當地的政治精英們可以徵調那些與本社區毫無血緣關係的外來者為之提供勞役，而這些內容在何駑看來，完全不是酋邦時代所應有的，這種對於血緣紐帶的超越，對於地緣性與行政性的強調，都只能由發展水平更高的組織形式，即國家機構來實現。如果再聯繫何文中與陶寺對舉的來自石家河古城的資料，我們不難看出，血緣性與地緣性在何駑那裏就是與酋邦以及國家這兩類人類政治生活方式之間的區別聯繫在一起的。石家河古城的建築活動雖然也可能徵集有來自外地的勞工，但由於這些勞工來源地的社區與石家河本身存在著某種「遠親關係」，因此這種跨區域的勞務輸送模式就應該是屬於酋邦的，與之相對，那些以破壞務工地墓葬為能事的勞動者，很可能是遭到了強迫才不得不背井離鄉來為陶寺這裏與自己原本沒有親緣關係的陌生人提供服務的，所以這種營造活動自然只能發生於國家時代〔註172〕。劉莉對於這類將是否突破血緣關係與酋邦向國家的轉變聯繫起來的分析思路不置可否，雖然關於酋邦的具體含義，不同的學者之間尚存在有不小的分歧，但在厄爾那個頗為簡略的定義中顯然並不包含對於血緣性或地緣性等內容的

〔註172〕何駑：《陶寺城址南牆夯土層中人骨說明的問題》，《中國文物報》2002 年 3 月 8 日第 7 版。

特別規定〔註173〕，因此在劉氏看來，作爲酋邦，陶寺政體依然能夠徵調來自外地的勞動者，而無論這些外來務工人員與自己的血緣關係如何〔註174〕。

同樣地，遵循著人類學界關於酋邦問題的經典分析思路，劉氏在考察陶寺城址的興起機制時對於生產專業化問題尤爲關注。發現於城垣內的陶窯以及城外大崮堆山的採石場等都被認爲在推動當地社區發展成爲區域中心的過程中起到了重要的積極作用〔註175〕，此外，雖然在她看來，陶寺墓地中發現的那件銅鈴因爲出土於缺乏其它隨葬品的小墓中而喪失了對於社會身份的指示意義，但劉氏仍然強調臨汾盆地是個資源相對富集的地區，尤其是附近的山區，那裏就出產中原地區相對缺乏的銅、鉛等礦藏，而這些物資在不久的將來即將成爲以二里頭爲代表的中國早期國家政權積極尋覓的目標，因爲它們都是鑄造青銅器所不可或缺的原料〔註176〕。與在西坡和王灣見到的情況相似，陶寺上層社會在爲其成員籌辦喪葬活動時也要用到朱砂，這同樣屬於一種在北方地區較爲稀缺的自然資源，陶寺的位置靠近出產朱砂的秦嶺山脈，這可能也是一條比較有利的區位優勢〔註177〕。而這顯然有別於國內學術界的通行觀點，錢耀鵬在這個問題上所做的表述可以被看作是頗具代表性的，反映了相當一部分國內研究者的意見，即雖然不能排除經濟因素在其中所起的作用，但無論是對於史前時代，還是商、周等早期王朝，乃至晚近歷史中出現的一個個統一的帝國，首先被列入築城計劃考慮範圍的肯定是該地所具備的政治或軍事價值，而非那些與經濟相關的事務，如果這裏恰好又是一國的都城，那麼這種偏頗現象通常還會表現得更加明顯〔註178〕。雙方在這類問題上所持有的不同立場或許部分地來源於各自服膺的學術體

〔註173〕 Timothy K. Earle, "The Evolution of Chiefdoms", in Timothy K. Earle, ed. *Chiefdoms: Power, Economy, and Ideology*, New York: Cambridge University Press, 1991, pp. 1～15.

〔註174〕 〔澳〕劉莉：《中國新石器時代：邁向早期國家之路》，陳星燦、喬玉、馬蕭林等譯，文物出版社 2007 年 11 月第 1 版，第 104 頁。

〔註175〕 〔澳〕劉莉：《中國新石器時代：邁向早期國家之路》，陳星燦、喬玉、馬蕭林等譯，文物出版社 2007 年 11 月第 1 版，第 101～102 頁。

〔註176〕 〔澳〕劉莉：《中國新石器時代：邁向早期國家之路》，陳星燦、喬玉、馬蕭林等譯，文物出版社 2007 年 11 月第 1 版，第 98～101 頁。

〔註177〕 〔澳〕劉莉：《中國新石器時代：邁向早期國家之路》，陳星燦、喬玉、馬蕭林等譯，文物出版社 2007 年 11 月第 1 版，第 76～78 頁。

〔註178〕 錢耀鵬：《試論史前城址的社會歷史意義》，《西北大學學報》（哲學社會科學版）2002 年第 2 期，第 91～95 頁。

系有著不盡一致的研究傳統，在西方，尤其是對於成文歷史極其短暫的美國而言，考古活動缺乏與歷史研究相聯繫的可能性，從手鏟下掘得的材料多數也只能放在以印第安人爲觀察對象的人類學的框架下去進行解釋，因此生態環境對於人類行爲的限製作用、手工業產品的生產、分銷所具備的社會意義等初民研究中最常見到的主題自然也就成爲了美國考古學傳統的熱門話題。而中國的情況卻與之大相徑庭，同樣是用來解釋田野材料，遠東的同行們有著汗牛充棟的古典文獻可資利用，所以在中國的考古學論文中經常可以讀到從傳說時代直至早期帝國的取自各種歷史檔案中的古代知識分子的語錄，而這些語錄的主要內容則是撰述者關於政治事件或社會思潮的評議，其中偶或包含一些涉及到經濟事務的議論，但這裏面又有一些是出於當時學者個人的理想設計，與往古以來的實際情況多少總要有些出入〔註 179〕，即便不考慮這類因素，在敘述的詳細程度上顯然也無法與早期殖民者留下的傳記或當代民族志記載相比。因此我們有理由做出這樣的推測，或許不是出於偶然，古典文獻在經濟與軍事或政治兩類因素之間如何分野，中國考古學對於史前社會運動過程，譬如這裏提到的包括早期城市在內的聚落變遷模式的解釋便怎樣分野。

面積達數萬平方米的墓葬區是陶寺聚落結構內的有機組成部分，也是目前所能見到的中原地區龍山時代規模最大的墓地遺址，因此對於該處墓地的分析自然就成爲聚落考古研究中的一項重要內容。劉氏對這一問題的闡述中，有兩點是值得關注的：其一，她認爲從大墓中出土的鼉鼓及琮等玉器來看，陶寺上層集團與盆地以外的各支人群，尤其是東部或東南部沿海地帶的那些社區保持著經常性的聯絡，以便從後者那裏獲取關於宗教儀軌操作的知識，同時也進口諸如鼉皮這樣的奢侈品原料。劉氏指稱，陶寺貴族的這類行爲普遍存在於世界各地前國家社會的上層集團之中，其目的主要有三：一者，加強外部聯繫，鞏固已有的聯盟關係，並試圖構建區域內或跨區域的權力機構；再者，藉以形成對於較弱小集團的吸引力並將之納爲自己的附庸；最後，顯示該群體與本地普通社區成員之間的區別，強調社會身份的等級差異〔註

〔註 179〕 徐旭生：《井田新解並論周朝前期士農不分的含意》，《歷史研究》1961 年第 4 期，第 53～65 頁。

〔註 180〕 〔澳〕劉莉：《中國新石器時代：邁向早期國家之路》，陳星燦、喬玉、馬蕭林等譯，文物出版社 2007 年 11 月第 1 版，第 142～143 頁。

180〕；其二，根據大、中、小各類墓葬在整片墓地中的分佈情況可以推知，絕大部分獲准葬於此處的人在生前彼此之間都應該保有某種血緣關係，儘管他們可能屬於不同的家族，但這仍然表明了等級分化過程在當時無疑主要是在各個血緣團體內部發生的〔註181〕，也就是說，中國社會早期的等級制度明顯是以血緣關係爲基礎的，而且就新石器時代黃河流域的情況來看，這的確是一項淵源有自的傳統〔註182〕。

模仿倫福儒早先提出的劃分方式，劉莉認爲，「集體取向」與「個人取向」這樣一些術語不僅可以用來形容不同酋邦社會的整體性特徵，同樣也在我們現在分析的新石器時代墓葬活動中，尤其是與墓祭有關的行爲中得到了反映。具體表現是，受崇拜的亡靈由某一較爲模糊的團體逐漸趨於清晰，並最終固定於某些世襲享有較高社會等級的個人身上，相應地，祭祀活動的組織者其構成情況也趨向單一，早先那些本該屬於集體共同舉辦的活動現在都改由各受祭者的後裔自行籌辦，作爲這種轉變過程的當然結果，這類祭祀行爲的受益者自然也就局限於該社區內的個別人群，劉氏認爲在晚期發展階段，得以享受祖先神靈護祐的主要是那些世代產生高貴者的家庭與家族。與倫福儒的意見相近，墓葬活動中那些表現出更明顯集體取向的行爲被與更早的相對平等的社會聯繫了起來，而個人主義的抬頭則被看作是對於龍山時代晚期社會等級化現實的一種回應。不過劉氏承認，她的這種劃分方式中尚有許多需要進一步細化的內容，兩種類型之間目前還找不出截然對立的區別，即便是在同一類型內部，具體情況也相當蕪雜，譬如陽山墓地的情況在這裏就顯得有些另類，雖然有理由相信那裏當時仍然屬於一個較爲平等的社會，但卻已經可以見到一些針對個別亡靈的專門的祭祀行爲的遺蹟〔註183〕。

我們以爲，促成墓祭儀式發生一系列轉變的，除了源自社會結構方面的因素之外，社區絕對規模的擴大也應該是一個值得考慮的方面。眾所週知的事實是，從仰韶到龍山，中原地區發生了明顯的聚落集聚過程，可以想見在這一過程中必然伴隨著人口的跨地域流動，這就使得龍山晚期的聚落，特別

〔註181〕〔澳〕劉莉：《中國新石器時代：邁向早期國家之路》，陳星燦、喬玉、馬蕭林等譯，文物出版社 2007 年 11 月第 1 版，第 124～126 頁。

〔註182〕〔澳〕劉莉：《中國新石器時代：邁向早期國家之路》，陳星燦、喬玉、馬蕭林等譯，文物出版社 2007 年 11 月第 1 版，第 141 頁。

〔註183〕〔澳〕劉莉：《中國新石器時代：邁向早期國家之路》，陳星燦、喬玉、馬蕭林等譯，文物出版社 2007 年 11 月第 1 版，第 141～142 頁。

是某一地域內的中心聚落其間的血緣構成情況不可避免地趨向多元化，前述陶寺城垣建築過程中可能出現的那些外來務工者正是在這樣一個大的時代背景之下才離別故土來到這座超大型中心聚落的。

張雅軍等人的研究結果顯示，陶寺人骨材料中不見南島語系、苗瑤語系或高加索等人群標誌性的單倍型，仍以北方人群常見的一些單倍群為主，因此可以認為，構成陶寺居民主體的當是中國北方的人群。不過必須指出的是，中、晚期與早期頭骨在形態特徵方面仍然表現出了許多不一致之處，即令在早期人群內部，由顱骨形態所反映出的人種類型儘管顯示出較明確的指向性，但似乎也並不單純。在此基礎上，張氏等人還特別提示研究者注意中期IIM22 在葬俗上所表現出的一些與眾不同之處，這或許指示出該墓墓主與晚期小墓及灰坑中見到的那些人骨反映出的個體有著不盡一致的來源，當然，由於送檢材料保存狀況較差，準確的結果只能等待將來對基因序列進行更詳細的分析之後才有望得出〔註184〕。

在這種情況下，自然不能奢望像水泉那樣以整個社區為行為主體的墓祭活動經常性地發生了，因為這已經是一個「各親其親，各子其子」的社區了，墓穴之間小規模群聚現象的發生反映出的應該正是父系家庭或家族勢力的崛起，而且更為關鍵的是，在各支依據父系原則進行計算的血親群體之間還發生著關乎社會等級的劇烈分化。這樣一來，越俎代庖式地使用同一種規格的祭儀去祭奠別人的祖先不僅是不合時宜的，甚至還可能因為牽涉到對於公認的等級尊卑界限的衝撞而引起糾紛，乃至使行為主體遭受到某種形式的懲罰。因此，正如劉莉指出的那樣，到了這個時候，絕大部分儀式的組織者其身份很可能已經從社區一類的大集體裂解為家庭或家族這樣內部血緣關係仍比較清楚的小團體了。因為墓祭的一個主要目的正是為了表達對於亡者的哀思，溝通陰陽兩界，故此這種行為的發生必然體現出一定的排他性。首先要遭到排除的就是那些在血脈傳承中被邊緣化或者自身血緣關係就不甚清楚的成員，換言之，社會能在多大範圍的一個群體內繼續提供對於清晰而密切的血緣關係的有效辨識，那麼針對絕大部分特定祖先的祭祀行為就只能在多大的一個範圍內發生。因此可以想見，隨著等級時代的到來，社區規模的擴大，以及血緣構成情況的複雜化，特別是考慮到外來人口的移入，墓區內部的隔

〔註184〕張雅軍、何駑、張帆：《陶寺中晚期人骨的種系分析》，《人類學學報》2009年第 4 期，第 363～371 頁。

離與差別化對待以及與祖先崇拜有關的祭祀行爲所顯現出的針對性必然會愈加熾烈。

　　不過我們必須意識到這是一個相對複雜的過程，內中至少同時發生著兩類運動，其中一種正是這裏講到的，即血緣隔閡感的興起以及在社會心理中漸趨成爲一個越來越敏感的因素，與此同時還發生著另外一個看似逆反的過程，即某些家族的祖先不僅像其它祖先一樣在亡故之後升格爲神，而且更進一步榮升爲可以左右整個社區禍福的所有亡靈中的主神，其地位在其它諸靈之上，正如他們現在仍在世的子孫的地位高於他人一樣。既然這樣的主神所具有的法力可以波及整個社區，自然也應該允許出身於其它血緣團體的人對其進行祭祀以祈求福祐，但這種由所謂「外人」舉辦的祭祀活動其組織方案可能與近親尤其是亡者的直系後裔舉辦的類似活動不同。也就是說，針對某些佔據著特殊地位的個人在當時的社會中同時存在著發生於私人層面以及公共層面上的祭儀，在前者那裏，亡者與生者之間最重要的關係是由血脈的實際或想像中的傳承所構建的，而對於後者來講，這些亡靈只是一些更抽象的代表了整個社區的具備超自然力量的文化符號，甚至有可能演化成爲所有社區成員集體身份的一種象徵或標識。

　　按照利奇的說法，克欽人平時很少從家畜身上獲得肉食，唯一開戒的機會要等到包含著獻祭環節的宗教慶典舉辦時才有，儘管當時可能正是一年中青黃不接的時節，但祖先神的需求，實際上也是社區中最窮困的那些成員的需求實在是刻不容緩，因此多數克欽社區要在 9 月初籌辦一場重要的祭典，這也是年度常規祭典中最神聖的一種了。祭祀活動將前後延續數日，而且寨子中的每一戶人家都有責任參與，操辦的順序是，各家先向自己的祖先獻祭，在這裏有必要指出的是，雖然夫婦雙方通常都被看作是一棟家屋的「主人」，但祖先神的來源群體仍然僅限於以丈夫的世系計算〔註 185〕。這一步完成之後，祭祀的對象就從平民百姓轉向政治人物，同時儀式場地也發生了轉移，從各戶家中轉到了專門用來舉辦各類公共活動的位於村口的一片聖域，當地稱爲「能尙」，並且在獻祭的過程中要嚴格遵循由小及大，由卑至尊的順序，即先祭祀各村頭人的祖先，然後一定要以更豐盛的祭品獻給山官的祖先。整場活動中最奢侈的環節發生在最後一天晚上，要以一整頭小豬作爲眞正的祭

〔註185〕〔英〕埃德蒙·利奇：《緬甸高地諸政治體系——對克欽社會結構的一項研究》，楊春宇、周歆紅譯，商務印書館 2012 年 6 月第 1 版，第 147 頁。

品獻給地神，之所以顯得有些特別，在於這裏的小豬會被埋進坑裏而不是像在之前的儀式中出現的那些牲畜一樣，在完成象徵性的表演之後，仍然會作爲食品爲參與者所分享，而且在向地神獻祭的場合中，除了山官與祭司之外其它人不允許參加，也就是說都被排除了〔註186〕。山官之所以被認爲是主持這類儀式的最佳人選實際上是基於這樣一種邏輯，正如人類生活於其中的等級社會一樣，神的世界同樣是以等級制的原則組織起來的，要想接觸到高級的、法力更強大的神靈，必須像覲見山官那樣，先試著去接觸一些政治級別較低的人物並說服他們去爲自己打通門路，這樣才有機會見到更高級的領袖。所以同樣地，要想向主宰萬物興衰的大神詩迪祈福，就首先需要能夠接近級別低一些的神，諸如「木代」，而後者也絕非人人皆可窺瞻的，人們需要以「烏瑪納」這樣的神爲引薦者或者說中間人，烏瑪納則是山官的官家世系的始祖。因此順理成章地，只有作爲這支高貴血脈最純潔的繼承人的幼子山官才有資格行祭並以此爲整個社區求來豐饒與富足，作爲回報，追隨者們需要向山官奉上類似於畜腿這樣的儀式性禮物〔註187〕，甚至還要應山官之需爲其提供無償的勞動與貢賦〔註188〕。

　　山官的特殊地位借助於許多在一般克欽人那裏很少見到的經久耐用的儀式性物品或建築構件體現出來，其中就包括環繞墳墓的深渠，這條在整片墓地中獨一無二的永久性建築工程的存在，保證了即便在竹木製作的臨時性祭祀設施傾頹之後，人們仍然可以一望即知身處高位者的魂靈安葬於何處〔註189〕。對於更富有的一些山官群體來講，似乎本地這種土辦法已不足以彰顯其實際擁有的地區影響力，於是，他們設法雇傭來自中國的能工巧匠依照域外文化的風格裝飾自己的墳墓〔註190〕。而這些舉動對於一般克欽人來講完全不具備實現的可能性，首先，他們沒有山官那樣的經濟能力，再者，等級制度

〔註186〕〔英〕埃德蒙・利奇：《緬甸高地諸政治體系——對克欽社會結構的一項研究》，楊春宇、周歆紅譯，商務印書館2012年6月第1版，第221～223頁。

〔註187〕〔英〕埃德蒙・利奇：《緬甸高地諸政治體系——對克欽社會結構的一項研究》，楊春宇、周歆紅譯，商務印書館2012年6月第1版，第225頁。

〔註188〕〔英〕埃德蒙・利奇：《緬甸高地諸政治體系——對克欽社會結構的一項研究》，楊春宇、周歆紅譯，商務印書館2012年6月第1版，第159～160頁。

〔註189〕〔英〕埃德蒙・利奇：《緬甸高地諸政治體系——對克欽社會結構的一項研究》，楊春宇、周歆紅譯，商務印書館2012年6月第1版，第157～158頁。

〔註190〕〔英〕埃德蒙・利奇：《緬甸高地諸政治體系——對克欽社會結構的一項研究》，楊春宇、周歆紅譯，商務印書館2012年6月第1版，第158、286頁。

不允許其擅自營造一些標誌性的建築物；最後，平民的文化也使得他們缺乏突破這類制度約束的衝動。因爲通常情況下，平民家戶的世系只能上溯至一位很晚近的祖先，家中所祭祀的可能就是某位生者的爺爺一輩的亡靈，這種祖先神完全不能與山官世系的始祖相比，前者的法力很小，所能享有的祭品也很微薄，又經常因爲難副子孫的祈求而遭到後者的責怪甚至是詈罵，就像現實世界中他們的後裔所處的地位一樣，這些出身平民的祖先神也根本無法享受類似於烏瑪納一樣的格外的尊敬，在這種文化習慣的長期薰陶下，平民們也就沒有必要像山官那樣想方設法爲家庭成員的墳墓謀求什麼永久性的標誌物了〔註191〕。因此我們可以看出，山官在經濟上對於屬民進行剝削的事實是與他們的政治權力緊密結合在一起的，而後者又需要宗教理念爲之提供某種精神與文化方面的支持，從而使得這一切看起來是合情合理的，並且從很古遠的時代開始就一直是這樣了。

以上所述就是整個祭祀活動的興辦過程，值得注意的是，雖然社區居民共同參與了對於山官祖先的祭祀，但當地居民的實際構成情況卻往往是比較複雜的。在一個「格通」（kahtawng）（即村寨）中同時存在有 6 個或 6 個以上的父系世系這種事情一點兒也不新鮮，其中的一個世系地位是最高的，寨子的頭人就出身於這個世系並被認爲「擁有」整座村莊，但村民們之間通常並不屬於同一個氏族，因此如果他們彼此之間存在有親屬關係的話，那麼這種親屬關係的主要內涵應該指的是姻親。在「格通」這一層級之上則是規模更大的「馬惹」（mare），利奇將之譯作「村寨群」，相當於考古學範疇內的聚落群，幾個居地毗連的寨子有的時候會自認爲屬於同一個政治實體，這種情況下它們就組成了一個馬惹。在馬惹中，各村寨之間的關係類似於單個村寨中各世系群之間的關係，它們彼此之間同樣要分出高下尊卑，而且各村頭人也並不總是屬於同一個氏族，在有些極端情況下，世代於同一片土地上繁衍生息，朝夕相處的人甚至都不能被看作是同一個民族。但是當這些村民偶而在外地相遇的時候，對於地域的共同的忠誠感就會超越各世系之間可能長期存在著的隔閡，他們都以某地區的「布尼」（bu ni）即「村民」自稱，並認可該地爲自己的「布嘎」（bu ga）即「家鄉」。在許多情況下，正如上文所述，同居於一地的布尼會共同參與對

〔註191〕〔英〕埃德蒙‧利奇：《緬甸高地諸政治體系──對克欽社會結構的一項研究》，楊春宇、周歆紅譯，商務印書館 2012 年 6 月第 1 版，第 134、156～158、200、202、224 頁。

於地神的祭祀，而不必計較彼此之間的血緣差別究竟有多大〔註192〕。

　　就像朱乃誠已然指出的那樣，無論是對於一個極小的社會團體，譬如某個家戶，或是這個時代已經見到的那種大型的複雜社會，包括墓祭行爲在內的宗教體系總是能爲整個集體繼續作爲一個邊界清晰，與其它同類團體有別的客觀實在來參與社會運動過程提供積極有力的支持〔註193〕。因此克欽人的案例啓示我們，即便在一個「貨力爲己」的社會內部〔註194〕，在「神不歆非類，民不祀非族」這樣的輿論大背景之下〔註195〕，仍然有一些「祖先」，不僅涉及到那些傳說中的人物，也包括一些在某段歷史時空內客觀存在過的生命個體，能夠突破血緣關係的隔離從而成爲整個族群普遍崇奉與祭祀的對象。那麼什麼樣的人才能獲此殊榮呢？禮書中給出了詳盡的評價標準：「夫聖王之制祭祀也，法施於民則祀之，以死勤事則祀之，以勞定國則祀之，能禦大菑則祀之，能捍大患則祀之」，一言以蔽之，「此皆有功烈於民者也」。也就是說，只有曾爲整個集體做出過某種貢獻的人，才有資格享受來自全體人民的不含血緣成見的崇拜，相反地，如果不能滿足這樣的條件，則祭祀群體仍然還應限定在家族範圍之內，外人不宜參與。根據上述標準，能接受這類祭祀的對象不僅包括堯、舜這樣傳賢不傳子的領袖，同樣也有「禹、湯、文、武」這些「小康」之世的政治精英，甚至還可以遠溯至漫浸在傳說時代的炎、黃二帝〔註196〕。可知，這是一項淵源有自的古老傳統，無論是對於劉莉所劃分的發生於集體層面上的祖先崇拜，還是個人取向的祭奠行爲，某些個人都有可能因爲曾經做出過特殊的貢獻而爲後人所緬懷，特別是對於一個等級社會來講，這些個人，也就是這些文化符號的存在還成爲一種鞏固社會團結的有力

〔註192〕〔英〕埃德蒙・利奇：《緬甸高地諸政治體系——對克欽社會結構的一項研究》，楊春宇、周歆紅譯，商務印書館 2012 年 6 月第 1 版，第 100、102～103、154、159～160、163、172 頁。

〔註193〕Yun Kuen Lee & Naicheng Zhu,（2002）, "Social Integration of Religion and Ritual in Prehistoric China",*Antiquity*, 76, 715～723. Retrieved October 22, 2013, from http://www.thefreelibrary.com/Social+integration+of+religion+and+ritual+in+prehistoric+China.-a092286561

〔註194〕（漢）鄭玄注，（唐）孔穎達疏：《禮記正義》，十三經注疏整理委員會整理，北京大學出版社 2000 年 12 月第 1 版，第 771 頁。

〔註195〕楊伯峻編著：《春秋左傳注》（修訂本），中華書局 1990 年 5 月第 2 版，第 334 頁。

〔註196〕（漢）鄭玄注，（唐）孔穎達疏：《禮記正義》，十三經注疏整理委員會整理，北京大學出版社 2000 年 12 月第 1 版，第 1524 頁。

武器。在這種情況下，作為一項行之有效的政治策略，類似的公共祭祀行為不僅沒有遭到新時代的淘汰，而且還很有可能得到了來自於政治集團的積極支持與鼓勵，而亡靈親族集團以外的人之所以願意參與這類祭祀，一個重要的前提恰在於行為人相信這類祖先神是尤為高貴的，也是特殊的，他們的法力可以為整個社區，當然也包括自己所屬的那個小團體帶來某種利益。

在陶寺，這個可能是同時代中原地區最複雜的政體中，我們就可以很明顯地體察到這類跡象，最突出的一點就表現在墓地中，某些家族世代壟斷著若干具備特殊意義的喪葬儀仗，而在稍後的歷史時期內，無論是現在已經掌握的考古事實，還是古代文獻中的傳述，兩方面的材料都指明，這些稀缺的器物長期以來都被中原地區的貴族集團公認為是最高政治權力的象徵。因此陶寺的個別大墓，尤其是數座集中於一處顯現出世代傳承意味的甲種大型墓隨葬有不見於其它墓穴，甚至包括其它大型墓內的一些權力符號，這類現象很可能指示出，對於權力的繼承資格不僅局限在這一家族的男性成員群體之內，而且這一小撮人在處理與其它貴族家庭之間的關係時，甚至還可以動用這樣的權力去減殺其它貴族的喪葬規格藉以貶低其家族在政治序列中佔據著的階位。也就是說，如果我們認可第一階段發掘者的意見，即墓地與居住址兩者相始終，那麼就墓地中這類壟斷現象來看，可知對於陶寺時代的生人而言，在不同的家族或其它形式的血緣團體之間同樣發生著等級的分化，一如劉莉所見到的那些發生於一般家庭和擴展家庭內部的地位分化〔註197〕。既然某一個家族對於喪葬儀仗的壟斷能夠為整個社區所承認，那麼就意味著他們在政治上所享有的最高權威同樣是不容他人染指的。在陶寺，當時沒有可與之比肩的來自於其它家族內的競爭者，包括營造乙種大型墓的那些可以想見地位已然相當顯赫的貴族，也不得不在面對這類敏感的政治問題時表現得尤為小心謹慎〔註198〕。若此，則這樣的家族其政治權威覆蓋於整個社區，包括那些可能的外來人口在內都承認其統治，同樣地，我們也知道「政治統治到處都是以執行某種社會職能為基礎，而且政治統治只有在它執行了它的這種社會職能時才能持續下去」，因此最合理的推論是，這樣的家族，特別是其中

〔註197〕〔澳〕劉莉：《中國新石器時代：邁向早期國家之路》，陳星燦、喬玉、馬蕭林等譯，文物出版社 2007 年 11 月第 1 版，第 125 頁。

〔註198〕高煒、高天麟、張岱海：《關於陶寺墓地的幾個問題》，《考古》1983 年第 6 期，第 531～536 頁。

那些對於最高政治地位享有繼承權的個體，如果要繼續維護對於整個社區的統治，這一點體現於他們在魂歸彼岸時可以世代獨享某些高級的有著政治意義的隨葬品，那麼就必須繼續承擔某些具有公益性的社會職能。而且意料之中的是，與政治權力的覆蓋範圍相符，這種公共職能或者用更顯白的語言來講，就是政府提供的公共服務其受益面也應該擴及整個社區。當然，我們這樣講絕不意味著社區內的每個人都可以因此享受到無差別的對待，差別甚至是某種形式的歧視或排斥肯定是有的，這些現象在任何社會中都不可避免地存在著，但可以肯定的是，社區內的每個人，包括外來人口與非自由人等，毫無例外地也都可以感受到來自於這種公共服務，或曰交由特定政治集團執行的社會職能的影響，這種影響是促成政治集團的統治獲得「某種合理性」的根本〔註199〕。在中國古代的政治評價體系中，這也是進階為政治精英的必由之途，正如禮書中對於「天下為家」時代的一干政治家所作出的總結性評判一樣：「此六君子者，未有不謹於禮者也。以著其義，以考其信，著有過，刑仁、講讓，示民有常。如有不由此者，在執者去，眾以為殃」，這就是「小康」之世的政治遊戲規則。古代知識分子在解釋「小康」一語的含義時講到，所謂「小康」就是「小安」，之所以僅能達到這樣的水平而較「大同」為劣，正是因為在這樣一個時代中，政治集團不得不「行禮自衛」，唯其如此方能做到「不去執位」，「不為眾所殃」〔註200〕。可以看出，既然政治集團為整個社區提供了公共服務，那麼作為當然的回報，這種家族的祖先，至少是其中的一部分祖先就有資格像前文中提到的那些古往以來的聖人一樣享受到來自於其它血緣團體的特別的崇敬，而且作為在當時的條件下一種顯而易見的有利於政治穩定的手段，在高位者不但不會因為血緣的隔閡而加以阻止，反倒要積極鼓勵所有的社區成員盡可能地參與到這類以特定祖先為對象的公共祭祀活動中去，只不過雙方在祭祀活動中所扮演的角色，佔據的地位乃至行祭的具體場合等有所不同罷了。

其實正如前文所述，類似這樣的事情在酋邦或國家的早期階段完全可以想見是普遍存在著的，酋長或國王的祖先終有一日會成為眾祖先中的主神，

〔註199〕〔德〕恩格斯：《反杜林論》，中共中央馬克思恩格斯列寧斯大林著作編譯局譯，人民出版社 1999 年 12 月第 3 版，第 187 頁。

〔註200〕（漢）鄭玄注，（唐）孔穎達疏：《禮記正義》，十三經注疏整理委員會整理，北京大學出版社 2000 年 12 月第 1 版，第 771～772 頁。

並憑藉著自己恩威並施的神力獲得來自整個社區進獻的祭品。在很多情況下，這既是一種可以為官民共享的精神娛樂活動，同時也可以藉此平均財富，彌合社區內各利益集團之間的分歧，正如在克欽人那裏見到的一樣。因此，劉莉根據墓區結構之間表現出的差異為新石器時代祖先崇拜儀式的變化過程所擬就的 3 項特徵中，首先，即便在祖先崇拜的實際對象這個問題上發生了從集體到個人的轉變，也不能由此認定，祭祀活動的受益者的範圍同樣地會發生從集體到諸如家族、家庭一類的小集團的轉變，也就是說，在等級社會中，這類祭祀活動的受益者仍然可能來自於整個社區。但作為對於等級化現實的一種回應，各個家族，乃至同一個家族中的不同個體所能從神靈那裏接受到的護祐與祝福卻是不等量的，有些人或家族會成為為神所特別青睞者，因為他們被理解為是祭祀對象現存的最親近的後裔。再者，劉書中所使用的「儀式的舉行者」這種提法，不能被認為是一種足夠清晰的表述。就像我們已經瞭解到的那樣，在對於山官或是「禹、湯、文、武」這樣的祖先進行祭祀的時候，實際參與者並不僅限於這類祖先的獲得承認了的直系後裔，包括旁系、姻親乃至同一社區內的其它平民也都可以甚至是有義務參加到這樣的活動中來，他們在儀式中承擔著各不相同的角色，試問這樣的人他們算不算「舉行者」呢？因此，從這個角度來看，「舉行者」一詞存在有語義模糊的地方，或許換作「主持者」則指向性就會更明確一些。最後，我們也並不能證明接受崇拜的祖先在這一過程中一定存在著從「複數」到「單數」，也就是說從祖先集團到祖先個體的轉變。因為在平等社會中接受崇拜的也可能只是某一個祖先，而不必然是一群祖先。關於這一點，單純依靠考古材料很難完成證明過程，很顯然，我們不可能單憑一個空無一物的燒土坑來復原儀式舉行時參與者的詳細的心理活動，他們的實際祭祀對象可能也只是某一位祖先神而已，只不過所有在場者都被認為是源自於這位始祖，且自從那個想像中的極古遠的時間起點開始，所有傳自這位始祖的各支血脈彼此之間的地位就都是平等的，因此公共祭祀行為的結果自然就是各支子孫獲得了來自於祖先神的無差等的關愛與護祐。如果是這樣的話，那麼即便是在像水泉一類的相對平等的社區中，也沒有必要規定祖先神必須是以某種集體的形式出現在人們對於社區起源的共同追憶當中。也就是說，從大燒土坑那不偏不倚的位置我們所能知道的，當然，這也只是眾多合理推想中的一種而已，最多不過是這種祭祀行為涉及到東西兩片墓區中的所有亡靈，但至於說所有這些亡靈作為一個集體是不是即為直接的受祭者，那我們就不得而知了，也有可能正如在

貢勞克欽人那裏見到的一樣，眞正接受崇拜的並不是這些彼此地位平等的亡靈，而是居於所有這些平等者之上的一位終極的始祖。同樣地，在與此對立的等級制社會中，受到祭祀的可能仍然是這位超級大神，但變化的確是發生了，只不過變化不是發生在神本身上，而是他的各支子孫的地位不再平等了，各支世系之中必有一最高貴者，未來的祭祀只能交由這支血脈的子孫來主持，其它的人雖然可能被排擠出了儀式的中心舞臺，但仍有希望從貴族們的祭禮中分得一杯羹，也可能是某些實在的祭品，諸如畜肉之類的，或者是被告知己經代爲禱告了，這就像在貢薩克欽人對於作爲烏瑪納的孟納的祭祀中所表現出來的那樣〔註201〕。

綜上所述，祖先崇拜的對象是否一定發生由集體到個體的轉變，一者這難以通過考古材料來證實，但更重要的是，沒有跡象顯示這種轉變必然與從相對平等到等級制度的社會結構方面的變化聯繫在一起。而且即便在等級社會中，也仍然會有發生於集體層面上的針對個別祖先的祭祀行爲，活動的參與者並不總是限定於某一家庭或家族這樣的小圈子之內，相應地，作爲集體活動最合理的後果，神靈的賜福也會降落到所有參與其間並爲此付出勞動或貢獻了祭品的社區成員頭上，得到護祐的也絕不僅僅只是神的那些血緣最親近的後裔。這種信念無疑是那個時代鞏固社會團結，促進政治穩定並擴大統治集團影響力的有效手段，所以它們會得到培植、鼓勵而不應該受到壓制，故此劉莉所想像的那種「順理成章」的事情其實缺乏發生的合理基礎，無論是考古材料、歷史文獻或民族志報告都很難爲之提供明確有力的支持。這樣看來，劉書在這裏只說對了一點，即根據對於墓地佈局變化趨勢的分析來看，隨著等級化時代的到來，社區成員之間在溝通神靈的能力方面確實不再享有平等的地位了〔註202〕。

與高江濤一樣，在完成了對於單個聚落，包括居住址與墓區的分析之後，劉氏將關注的目光轉向了以陶寺爲首的整個聚落群，通過對於當地聚落之間關係的探討以期解釋中原地區複雜社會的發展與衰落。按照劉氏的意見，面積超過 20 萬平方米，或發現有夯土城牆的遺址可被當作中心聚落來看待，依照其

〔註201〕〔英〕埃德蒙·利奇：《緬甸高地諸政治體系——對克欽社會結構的一項研究》，楊春宇、周歆紅譯，商務印書館 2012 年 6 月第 1 版，第 163、225～226、264、268 頁。
〔註202〕〔澳〕劉莉：《中國新石器時代：邁向早期國家之路》，陳星燦、喬玉、馬蕭林等譯，文物出版社 2007 年 11 月第 1 版，第 142 頁。

規模大小又可將之分作 3 類：逾 200 萬平方米者爲超大型遺址，逾 70 萬平方米者爲大型遺址，不足此數者爲中型遺址。據此標準可以將整個黃河流域現今已發現的聚落遺址分作 14 組，其中分佈於中原地區的有 6 組。再者，參考卡內羅關於封閉環境對於早期社會複雜化過程的影響的論述，可以將中原地區的這些聚落群分作 3 大類，依次爲：封閉型、半封閉型以及非封閉型聚落群。

根據以上兩個劃分體系，陶寺首先被定義爲形成於封閉地理環境中的由大、中型聚落圍拱的超大型遺址聚落群。在這個聚落群正式形成以前，臨汾盆地的聚落數量自仰韶文化晚期以來即已經歷了一次明顯的增長過程，並在龍山時代晚期日益趨向集中，直至這座築有城垣的超大型聚落在汾、澮匯流地區興起。在此之後，當地遺址的數量較前一階段大爲減少，但在整個陶寺文化時期，也就是陶寺作爲該地區超大型中心聚落存在的時段內，雖略有波動，該數值仍然基本保持在一個比較穩定的水平之上。進一步的下滑發生於稍後的二里頭文化時期，這種頹勢不僅表現在遺址數量方面，而且也同樣在單個遺址的絕對規模上得到了體現，這可能顯示出當伊洛地區的複雜社會終於取得後來居上的地位之後，陶寺本地的政治結構受到了某種形式的衝擊，從而表現爲人口的大量流失。可以想見，其社會發展水平也已從巔峰滑落，因此就整個新石器時代而言，龍山時代晚期，也就是通常所講的陶寺文化代表了臨汾盆地社會複雜化程度最高的歷史時期。根據聚落考古的調查資料，這一時期又可以分作前後兩個階段。在前一階段，陶寺是統攝臨汾盆地絕大部分地區的主要中心，餘下的都是環繞在它周圍的次要中心以及一般的村落，當地的貴族集團可能統治著超過 3000 平方公里的地域。而在下一個階段，雖然從聚落等級來判斷，社會複雜化的趨勢並未減弱，但前此那種較爲單一的地區政治格局似乎已不復存在，距陶寺 20 公里之外，塔兒山的南側又興起了一座面積逾 200 萬平方米的超大型聚落，即現在所講的方城——南石遺址，與此同時，陶寺的城垣雖已傾頹，但其規模仍然相當可觀。因此在這一階段，以盆地內的主要地理屏障爲界，共存著一南一北兩座對峙的中心聚落，據劉莉推測，兩者之間的政治關係應以競爭與對抗爲主，陶寺晚期見到的一些可能因爲有計劃的暴力行爲而產生的遺存可以作爲支持這一說法的證據〔註203〕。總之，按照劉莉的理解，從當地聚落群歷時性變遷來分析，陶寺早期，

〔註203〕〔澳〕劉莉：《中國新石器時代：邁向早期國家之路》，陳星燦、喬玉、馬蕭林等譯，文物出版社 2007 年 11 月第 1 版，第 155～161 頁。

臨汾盆地的大部分地區共同受制於一個單一的政治中心，而在晚期，當地這種相對統一的政治格局不復存在，代之而起的是兩支相互對抗的政治勢力，除了陶寺繼續控制著盆地的北半部之外，南部地區則由新興起的方城——南石集團控制，兩者之間表現出競爭型的地緣政治關係。再根據聚落層級來判斷，無論是早期還是晚期，當地所曾達到的最高的政治發展水平都可以歸類為新進化論學者所提倡的酋邦，而且代表了龍山時代中原地區最複雜的政治體系。但這裏高度複雜化的酋邦卻並未能繼續向著更高的階段演進，隨著豫西地區二里頭早期國家的崛起，晉南地區成為二里頭國家擴張的北緣，當地的政治複雜化進程也就戛然而止。

在對於這個問題的理解上，我們可以很明顯地看出，高江濤與劉莉的表述有兩點不同：首先，在高氏那裏，方城——南石的崛起意味著陶寺的衰落，也就是後者喪失了所謂都邑地位，考古學上所判定的陶寺文化的中心轉移到了塔兒山以南。換言之，這兩座超大型聚落所代表的政治實體實際上是一前一後的替代關係，而不是劉莉所理解的那種一南一北的對峙共存關係。再者，關於當地政治發展水平的判斷，高江濤顯然將論述的重點放在了陶寺遺址上，對於後起的方城——南石遺址，雖然被高氏理解為晚期的地區中心，但論述較少。這種不均衡的現象可能部分地應歸因於當地現有田野工作的局限性〔註204〕，不過更深層次的原因或許在於高文雖以聚落考古立論，並就聚落層級的絕對數目做出了與劉莉一致的判斷，但在牽涉到政治發展水平的具體分析中，高氏所仰仗的主要材料仍然是來自於中心聚落內出土的豐富的文化遺存，並借助於歷史時期的類似證據來解讀其中所蘊含的社會文化信息。與劉書比較，高氏的分析止步於根據聚落規模劃分聚落層級，而沒有將特定的聚落層級數目與早期政治社會的各個發展階段聯繫起來，而劉莉做到了這一點，因此劉書中的分析鏈條看起來就顯得更完整一些，似乎實現了從整理考古現象到闡述社會過程的轉化，也就是考古學界孜孜以求的「透物見人」這樣一個目標。

高江濤之所以沒有在這個問題上繼續糾纏下去，或許正如他自己在文後注釋中所表現出的無奈那樣，根據聚落規模而劃分層級實際上是件因人而異的事情，在進行操作時難以排除其中人為因素的干擾，有其不夠科學的地方，

〔註204〕中國社會科學院考古研究所山西工作隊、山西省臨汾行署文化局：《山西曲沃縣方城遺址發掘簡報》，《考古》1988年第4期，第289〜294頁。

但作爲聚落考古研究中不可或缺的一個環節，又必須在文中爲其闢出一定的篇幅，否則將使自己的論述顯得「更不合理」從而難以爲繼〔註205〕。既然聚落分級本身就因爲包含有太多主觀成分而難以在不同的學者之間取得共識，那麼接下來再將這種分析活動的結果與某些依據局部材料而歸納出的經驗事實，譬如簡單酋邦、複雜酋邦與國家政體各自應顯現出具備怎樣特徵的聚落體系對應起來又有什麼意義呢？這樣做難道不會暗藏著導致原有誤差被繼續放大的危險麼？確乎如此，那麼還有什麼必要來進行類似的操作，即借助於聚落層級去識別政治發展水平呢？正如有的學者就此提出的質疑那樣，劉莉從厄爾等人那裏採借而來的這種分析方法，貌似科學，實則內中缺乏必然的邏輯聯繫。換言之，有什麼理由使我們必須要堅持國家至少應具備 4 個層級的聚落，這樣一種明顯缺乏靈活性的教條化的標準呢？在中國局部地區所開展的區域系統調查，以及明顯是描述國家社會事件的歷史文獻中的某些記載都對類似方法的有效性構成了挑戰，因此厄爾等人的意見是否能與中國歷史發展的實際相符，就成爲所有希望借鑒域外理論的研究者首先必須認眞考慮的一個問題。再者，就技術細節而言，關於聚落層級的劃分不僅在針對同一研究對象的不同學者那裏容易釀成糾紛，即令在同一作者針對不同區域材料所做的分析中竟也難以始終如一。這一點在劉書中就有很明顯的體現，各處的聚落層級只具有局地意義，彼此之間則缺乏可比性。

更爲嚴重的是，我們隱約可以感覺到，在劉莉的分析中存在著一種先入爲主的意識，即將中國考古學習稱的「龍山時代」與「酋邦」這樣一類前國家時代的政治組織方式對應起來，而從夏代以來的歷史則被認爲是屬於國家社會的。這種對中國考古學傳統解釋方式進行適當改造，以圖儘量消弭長期以來存在於國內學術圈與新進化論關於人類政治社會演進過程的學說之間的隔閡的做法很可能繼承自張光直早先的見解〔註206〕。不過劉氏在處理具體材料的過程中似乎顯得過於墨守成規了，這一點最明顯地表現在她對於龍山時期日照地區聚落材料的分析中。儘管在此前的分析中，劉書頻繁引用源出於厄爾等人的關於聚落等級層次與社會組織發展水平兩者之間對應關係的意

〔註205〕 高江濤：《陶寺遺址聚落形態的初步考察》，《中原文物》2007 年第 3 期，第 13～20 頁。

〔註206〕 〔美〕張光直：《中國青銅時代》，生活‧讀書‧新知三聯書店 1983 年 9 月第 1 版，第 52 頁。

見，並聲稱這種研究方法已經在世界各地得到了許多應用，普遍獲得了令人
滿意的良好效果。包括陶寺在內，黃河流域龍山時代的聚落材料普遍都是按
照這一意見處理的，唯一的例外正在於山東日照，那裏在劉氏所認定的應該
屬於酋邦的龍山時代就已經表現出了四級聚落等級，並且遺址的等級規模分
佈曲線確實也已經十分接近於對數常態線了〔註207〕，而這種局面正出現於約
翰遜所研究的伊朗西南部第一個國家級社會興起的時期。劉氏雖然承認約翰
遜等人的研究爲後續的分析活動「提供了有意義的結果」，並且明確表示要將
這兩類成法，即聚落等級與等級規模分析應用於自己當前的研究活動之中〔註
208〕，然而我們看到的事實卻是，當日照聚落群在這兩個方面都達到既定標準
的時候，卻最終仍然未能獲得像蘇錫納平原上的早期政體一樣的對待，即未
被明確承認爲是一個國家社會。對於這一明顯的矛盾之處，劉氏在結論部分
不得不就此彌縫到，日照地區在這一時期的發展水平雖然很高，但可能只是
代表著一種介於複雜酋邦與國家之間的中間類型的社會，或者是當時該地區
兩個最大的聚落之間沒有共存關係，當然劉氏承認，這些判斷還只能寄希望
於將來的發掘活動去驗證〔註209〕。也就是說，這些內容只是她的一種假想，
況且在我們看來，實在是沒有必要在複雜酋邦與國家之間再人爲地添置什麼
「中間類型」了。因爲我們知道，雖然關於酋邦的定義自提出之日起便一直
在經歷著不斷的改造過程，迄今未見有趨於停息的跡象，但酋邦是國家社會
的前身這一點卻是獲得了學術界普遍承認的，劉氏顯然也表示認可〔註210〕。
既然如此，如果在酋邦與國家兩者之間還有著存在這樣或那樣的所謂「中間
類型」的可能性的話，那麼這種提法不啻於推翻了前述學術界的共識，即酋
邦不是國家的直接前身，而某種神秘的「中間類型」才是！這不是等於與劉
氏前面的論述自相矛盾了麼？再者，即便是有這種中間類型，我們又該如何
稱呼它們呢？是爲了表明它們比複雜酋邦更複雜而呼之爲「超複雜酋邦」，還

〔註207〕〔澳〕劉莉：《中國新石器時代：邁向早期國家之路》，陳星燦、喬玉、馬蕭
　　　　林等譯，文物出版社2007年11月第1版，第182頁。
〔註208〕〔澳〕劉莉：《中國新石器時代：邁向早期國家之路》，陳星燦、喬玉、馬蕭
　　　　林等譯，文物出版社2007年11月第1版，第147頁。
〔註209〕〔澳〕劉莉：《中國新石器時代：邁向早期國家之路》，陳星燦、喬玉、馬蕭
　　　　林等譯，文物出版社2007年11月第1版，第221頁。
〔註210〕〔澳〕劉莉：《中國新石器時代：邁向早期國家之路》，陳星燦、喬玉、馬蕭
　　　　林等譯，文物出版社2007年11月第1版，第11～12頁。

是爲了表示它們與更形發達的國家形態相比仍顯得比較簡單而名之爲「簡單國家」或「早期國家」呢？在我們看來，這種所謂的創新活動除了讓現今已足夠混亂的不同概念之間的鏖戰更形膠著之外，對於推進研究工作的深入開展毫無助益。因爲很明顯，一個酋邦再複雜，它仍然只是酋邦，同樣地，一個國家再簡單，它也仍然是國家，我們承認從酋邦到國家的演化是一種漸進式的過程並不意味著要刻意地去模糊兩者之間的區別。

總之，劉書在對中國新石器時代考古材料，當然包括陶寺，進行分析的過程中最顯著的不足之處正在於以源於其它學者的現有理論或認識框架去驅迫田野材料，而非我們所迫切希望觀瞻的那種眞正地由對於材料的深入分析而提煉出具備個人特色的理論或補益原有理論認識。這種問題還可以細分爲兩個方面：其一，她在引進國外理論的過程中固守聚落層級與社會組織形態之間的對應關係，因此造成在其所劃分的各地聚落層級之間缺乏可比性。其二，與此同時，她又堅持中國考古學界的一般意見，即二里頭文化應該代表著中國早期歷史階段第一個國家級水平的社會，因此，在此之前的社會無論如今已知的考古材料所顯示出的社會複雜程度如何，都只能被歸入前國家的範疇之內。因爲要同時艱難地墨守於中、外雙方的標準，而這兩個標準本身就嚴重缺乏進行簡單對接的可能性，中國的田野工作者很少關注域外材料，這是眾所週知的事實，而約翰遜與厄爾等人也未能在關於中國材料的解釋上取得過任何值得關注的見解，正如我們在前文中提到的塞維斯那裏見到的情形一樣，可以毫不誇張地講，至少在處理中國材料時，塞氏一敗塗地，不當乃至錯誤之處遠不止我們已經指出的那麼多。所以我們最終看到，左右逢源的結果使得劉氏只是在這樣兩個問題上表現出了一些新意，即啓用源自於戰後新進化論的「酋邦」一詞替代了國內學者慣用的出自古典進化論的「部落聯盟」、「軍事民主制」等提法，此外，在二里頭的田野材料與傳說中的夏王朝兩者之間的關係問題上採取了迴避與曖昧的態度，即不再公開堅持二里頭是夏人的遺存。這些改造充其量只能算作是一類局部的外科手術而已，我們認爲並沒有觸及到中國考古學既有解釋體系的筋骨。造成這種換湯不換藥式的尷尬局面的原因，可能部分地在於劉氏的初衷雖然是試圖幫助中國考古學構建其所缺乏的中程理論，但在實際操作的過程中我們於大部分篇章所能見到的只是她用一種中程理論替換掉了另一種中程理論，所有的爭論只是在各種處於相似水平上的中程理論之間發生的。而且導致問題更趨嚴重的是，劉書自始至終也沒有形成進行理論辨析的習慣，無論

是對於「酋邦」還是「國家」而言，劉莉只是在不得不談到這些問題時，極其簡略地告知讀者這樣的事實，即關於這些概念在不同的學者之間一直以來存在著很大的分歧，然後就以不容置疑的口吻逕自聲明到，「本書」將採用哪家的定義或「我們」將採用哪一派的理論，但卻從未就自己關於這些統攝全局的重要概念的甄別與選擇過程作出過任何解釋。這樣造成的一個結果就是，如果我們僅僅依靠閱讀劉書的話，首先沒有機會瞭解到其它學者關於酋邦社會的理解，再者更不可能明白，爲什麼厄爾或賴特的定義就是這其中值得選擇的。我們認爲這類做法很容易給讀者造成一種錯誤的印象，即理論問題是不值得重視的，它們只是根據作者個人的需要對各位研究者早先的理論體系進行簡單的切割與重組就可以了，而我們知道這種看法是不符合事實的，否則也就不可能先後會有這麼多學者對於這類定義問題進行連篇累牘的探討了。正因爲劉氏沒有充分地開展對於理論糾紛的梳理，這才造成了她在審讀包括陶寺在內的豐富的中國材料時，只是在一堆由西方學者早已構建起來的中程理論圈子裏打轉，而我們清楚地知道同質替換是不可能在舊有體系內催生出新的因素的，相反地，如果我們希望實現這一點的話，就應該回到劉氏一直以來對其抱有警戒心理的「高級理論模式」中去〔註211〕。當然，我們絕不是反對建設什麼中程理論，其實這同樣也是本文的目標，我們只是認爲只有站在一個更高，有的時候顯得有些抽象的理論模式中俯視其它與具體材料結合在一起的中程理論的時候，才有望批判性地借鑒其中積極的因素，並在處理自己所面對的材料時能夠擁有更大的進行創造性研究的自由度。這種自由度絕不可能是依靠源自伊朗西南部或其它什麼地方的局地研究經驗所能給予的，有關於這些內容，我們在前文中就酋邦所做的那部分總結性文字中已經較詳細地談過了。總之，造成上述種種不足之處的根由在於，這些分析方法並沒有觸及到問題的實質，從而也就未能向我們解釋出政治社會因何而興起又爲何而不斷演進的原理來〔註212〕。

除了這些方法論層面上的問題之外，劉莉在根據當地聚落形態演變試圖復原陶寺史前政治史的過程中還存在有一些解釋不到位的現象，也就是說，在現有的考古材料與劉氏的陶寺史之間仍有不容忽視的缺環。譬如，若臨汾盆地的政治格局果如劉書所言，在陶寺文化晚期逐漸走向了分裂與

〔註211〕〔澳〕劉莉：《中國新石器時代：邁向早期國家之路》，陳星燦、喬玉、馬蕭林等譯，文物出版社2007年11月第1版，第13頁。
〔註212〕王震中：《國家形成的標誌之管見——兼與「四級聚落等級的國家論」商榷》，《歷史研究》2010年第6期，第12～17頁。

對抗，那爲什麼陶寺與方城——南石兩座相互拮抗的中心聚落卻都沒有營造當時主要的防禦性設施即城垣呢？我們知道，陶寺原來是有城垣的，先有小城，後來又興建了一座規模空前的大城，並在大城南側建築有作爲附屬區域的小城，從而初步形成了一個較同時代其它遺址遠爲複雜的城市體系。而這個時候根據劉莉的研究，盤踞在這座超級大城中的陶寺貴族集團，他們的政治地位應該是最穩固的，因爲在此前後，整個盆地的大部分地區都處在陶寺上層社會的控制之下，還沒有發現可與之分庭抗禮的另外一處政治中心，然而就是在這種似乎天下太平的繁榮歲月裏，陶寺的政治集團卻耗費了大量的精力壘築了一層層的城垣。不過這些宏偉的夯土工程看起來並未能發揮其應有的價值，方城——南石作爲另一處近在咫尺的挑戰者仍然以不可阻擋之勢崛起了，與此同時，陶寺原有的城垣也遭到了破壞，並且在城內多處發現有顯示出社會動亂的跡象。儘管如此，失去了城圈維護的陶寺依然作爲一處超大型聚落存在著，可動蕩過後，當地人卻好像永遠失去了對於城防工事的信心，自此不再築城，與之相對，本地新興的政治勢力方城——南石也沒有修築城垣。於是在劉莉所認爲的這個以軍事對抗爲主調的時代，陶寺與方城——南石這樣兩座僅以一山相隔的地區中心竟都以不設防的姿態坦然共存著，這實在是令人費解。而且就考古工作者在方城一帶所開展的調查與試掘來看，陶寺似乎成爲了當時軍事衝突的主要戰場，因爲並沒有在方城——南石遺址中見到與之類似的顯示出曾經遭到過蓄意破壞的跡象，這或許與發掘面積過小有關，但無疑增加了我們解讀兩者之間關係時所面臨的難度。此外，陶寺晚期雖然有許多大型建築與等級較高的墓葬遭到了破壞，但整個聚落的規模並未因可能發生的暴力事件而受到影響，這說明當地的人口數量仍相當可觀，似乎並沒有發生本地居民大規模外流的事件，這從周邊其它社區的規模仍然較陶寺遠爲渺小也可以得到證明。而且這些次一級的社區與陶寺晚期聚落仍然以類似於早期那樣的三級聚落體系結合在一起，可知雙方之間早已存在的那種有機的社會聯繫同樣沒有因爲這樣的動亂而遭受到實質性的破壞，陶寺仍然是塔兒山北側最大的中心聚落，按照劉莉的說法，這一時期它或許依然控制有逾1600平方公里的區域。所有這一切都使我們相信，在陶寺，那裏仍然存在著一個運轉有序的政治核心，它並沒有因爲短暫的動亂而遭到徹底顛覆。歷年來的田野發掘工作似乎也支持這種推斷，譬如在陶寺晚期，聚落內部

可能還存在有面積廣達數千平方米的大型夯土建築〔註213〕，墓葬的規模雖然遜於早、中期，但仍時常見有玉琮一類器物出土，灰坑內亦填埋有曾用於占卜的豬肩胛骨〔註214〕，這些現象都有利於我們猜想，陶寺的社區生活並沒有因為政治分裂格局的形成而陷於某種混亂無序的狀態。至於說晚期政治集團內部是否曾根據政治形勢的變動而作出過適當的調整，從而導致當地的政治機構按照一種稍異於此前的新的方式運轉，根據目前所能掌握的材料尚無法就類似問題做出較明確的判斷。與之形成對比的是，新崛起的政治中心方城──南石不僅如上文所述未曾像陶寺當初那樣壘築城垣，而且在這裏也沒有發現整個龍山時代比較典型的可以透露出社會分化信息的遺跡或遺物，至於方城遺址與周邊眾多所謂次級中心以及村落之間的關係，除了雙方在規模上表現出這種顯而易見的巨大差距之外，研究者尚無法就此給出任何更詳細的描述。這種局面的確是比較尷尬的，因為如果像劉莉或高江濤所理解的那樣，方城遺址確實是以政治新秀的面目出現，並且與陶寺進行著如劉書所推測的那種軍事對抗的話，那麼可以想見，當地的政治結構有著充足的理由表現出與陶寺類似的一系列特徵，我們的意思是說，它至少也應該是一個等級化的社會，況且這與劉氏根據塔兒山南側的聚落層級所做出的推斷，即與陶寺一樣，以方城──南石為中心的聚落群應該代表著一個複雜酋邦正相吻合，但在這裏我們卻沒有發現貴族生活應有的遺跡，沒有見到可以指示出政治中心存在的具體證據〔註215〕〔註216〕。因此目前已知的考古事實並不能與劉氏根據聚落分析所得出的結論實現完美地契合，此間仍有一些類似於上面這些問題一樣需要研究者進一步予以細化的地方。

　　或許正如部分學者已然指出的那樣，聚落考古學作為一種研究方法難免

〔註213〕中國社會科學院考古研究所山西隊、山西省考古研究所、臨汾市文物局：《山西襄汾縣陶寺城址發現陶寺文化中期大型夯土建築基址》，《考古》2008年第3期，第3～6頁。

〔註214〕中國社會科學院考古研究所山西工作隊、臨汾地區文化局：《山西襄汾縣陶寺遺址發掘簡報》，《考古》1980年第1期，第18～31頁。

〔註215〕中國社會科學院考古研究所山西工作隊、山西省臨汾行署文化局：《山西曲沃縣方城遺址發掘簡報》，《考古》1988年第4期，第289～294頁。

〔註216〕山西省考古研究所：《山西翼城南石遺址調查、試掘報告》，載山西省考古研究所、山西省考古學會編《三晉考古》（第2輯），山西人民出版社1996年10月第1版，第245～258頁。

有其局限性，為了儘量克服這種局限性對於研究工作的干擾，應將其與對社會形態的全方位把握結合起來，在繼續保持對於聚落層級關注的同時，也要兼顧對於社區組織、宗教意識形態、權力結構的演化等內容的考察，而要完成對於這些內容的考察，就需要深入聚落內部，對當地出土的一些具備特殊意義的遺存或遺物進行結合地域文化傳統的解讀〔註 217〕。這種主張類似于吉爾伯特·賴爾所講的「深描」（Thick Description），我們不能因為面前這幾個男孩都在做著眨眼這同一個動作而忽略其間可能存在著的巨大差別，要知道促成他們各自眨眼的動機並不一致。同樣地，陶寺是否表現出 3 級聚落等級或有著類似於瑪雅以及伊朗西南部的其它考古學特徵，這些只是促使我們朝著特定方向開展思考的線索而不應成為限制研究者學術視野的框架，更不能單憑這些表面現象上的相似，或是因為見識到了某種方法已經在世界其它許多地區的實證研究中得到了應用這樣一個簡單的事實，而在對於該方法本身不做批判的情況下直接將之套用在本地材料上，從而得出自己的所謂結論。可以想見，因為在分析過程中有著太多地方性的因素遭到了有意或無意的忽視，這樣的結論必定在因與世界其它類似案例表現出高度一致而顯現出較強規律性的同時削足適履，泯滅了本地材料的特性，從而在細節方面留下種種難以彌合的紕漏之處〔註 218〕。必須明確的是，作為局地材料的研究者，我們的任務是對於類似的現象進行有區別地解釋，絕不應滿足於在上述框架內做一臺「現象主義」式的照相機〔註 219〕。要知道，陶寺本身有著許多獨一無二的發現，在這種情況下，越過個案來進行理論概括是不明智也是不現實的，這樣的操作只能放在個案之中來進行〔註 220〕。因此，儘管存在有不盡如人意之處，我們還是傾向於認為，或許將高氏與劉氏兩者的研究策略結合起來才是擺在後來者面前的一條較為合理的道路。

關於陶寺聚落群的構成情況，最近在何駑的領導下又進行了一次較為系

〔註 217〕王震中：《國家形成的標誌之管見——兼與「四級聚落等級的國家論」商榷》，《歷史研究》2010 年第 6 期，第 12～17 頁。

〔註 218〕〔澳〕劉莉：《中國新石器時代：邁向早期國家之路》，陳星燦、喬玉、馬蕭林等譯，文物出版社 2007 年 11 月第 1 版，第 146～147 頁。

〔註 219〕〔美〕克利福德·格爾茨：《文化的解釋》，韓莉譯，林振義校，譯林出版社 1999 年 11 月第 1 版，第 6～7 頁。

〔註 220〕〔美〕克利福德·格爾茨：《文化的解釋》，韓莉譯，林振義校，譯林出版社 1999 年 11 月第 1 版，第 33 頁。

統的調查，以塔兒山爲中心，覆蓋了陶寺周邊大約 1700 餘平方公里的範圍，發現並確定上自仰韶文化下至漢代的大小遺址共計 100 多處，其中屬於陶寺文化的有 54 處。在此基礎上，何駑建議學術界採用這批新近調查所獲得的材料，重新去認識陶寺的聚落結構以及這種結構所可能反映出的社會現實。

何氏以爲，根據這次調查的結果，可以認爲陶寺聚落群的內部結構遠較高、劉二氏所設想的複雜，以陶寺爲中心，可將所見遺址自北至南分作 3 大片區，即北區、中區與南區。作爲統攝整個聚落群的核心，陶寺遺址坐落於中區，在其周邊分佈有丁村、伯玉等 6 處中小遺址，而且何氏特別強調，在城址周邊 2 公里的範圍內未曾發現任何遺址，他認爲這種現象很可能反映出了陶寺當時已經達到了的高度的都市化水準，從而以五光十色的城市生活對鄉村居民形成了巨大的吸引力，導致周邊居民紛紛放棄原有居址而選擇城市生活。在此區以北存在有一片空白地帶，何氏推測這裏在當時可能是一片湖沼分佈區，因而未能形成定居點。再向北就又可以遇到一大片遺址密佈的區域，這就是三大片區中的北區，在北區的西北部因爲同樣的原因，即當時爲大面積水域所覆蓋而未見聚落遺址，而在北區餘下的範圍內，所見遺址又可自東向西分作 3 大群，不過只是在中間一群中才見到有像縣底這樣的大型遺址，而在北群與東群中都是以中、小型遺址爲主。與北區遙遙相對，在滏河與澮河兩岸分佈著的眾多遺址又可以劃歸爲一個片區，即南區，該區西南部或爲地表水域盤踞因此未見遺址，餘下的遺址可大致分作南、北兩群，其中北群一方無論是在遺址的規模或數量上都在整個南區佔據有壓倒性的優勢地位，南柴、方城等大型遺址也都分佈在這一群內。因此，從整體上來看，陶寺遺址群存在有 5 個聚落層級，對應著 4 層社會管理結構，其中陶寺城址規模最大，結構也最爲複雜，應爲統攝當時整個聚落群的都城，它所在的中區應該是當時整個地區的政治中心，或可稱之爲「京畿」，南、北兩區分別以一個地區性的中心聚落「邑」爲首受制於陶寺都城，其中南柴與方城兩座大型聚落可能不是同時存在的，彼此之間或有一先一後這樣的替代關係。在邑這一層級之下，存在有以中型聚落群爲代表的鄉或鎮，兩者的區別主要在於是否下轄村落一級更小的聚落，如果有的話，則爲鄉，沒有即視之爲鎮。鄉、鎮之下便是最基層的社會組織「村」，比村更小的一些微型聚落，面積多在 1 萬平方米以下，據何駑推測，更可能是當時爲承擔某項特殊功能而由政治中心設立的據點，與此前所述各級擁有固定居民的聚落不同。總之，以陶寺城

址為首，龍山時代晚期在臨汾盆地已經形成了都→邑→鄉（鎮）→村共計 4 級的行政管理體制，但是從「鎮」的存在來看，作為基層組織的村落髮育並不完善，如果再聯繫龍山時代之前臨汾當地的聚落格局，就可以看出，陶寺早期城垣的興建是一件相當突兀的事件，在此之前這一地區從未見有如此規模的大型遺址，也未見其表現出由小型聚落逐步發展並日漸坐大的跡象，這些現象在何駑看來，無疑透露出了一類重要的信息，即陶寺政治集團在當時已然具備有較強的行政組織能力，而這種能力絕然不是酋邦社會所能實現的。

根據何駑就此給出的解釋，對於酋邦而言，新的聚落格局的出現似乎是一個完全自發的過程，大聚落也是早先的小聚落經由中型聚落逐步發展而來的，這一切都可以被看作是周邊人口，包括附屬於人口的各類物資等社區構成因素在自覺自願的情況下向某一中心集聚而得的。而在國家社會，新城鎮的出現完全遵循著與此迥乎不同的形成過程，導致人文景觀最終取代自然景觀的不是此前那種略顯盲目性的人口流動，而是出於源自更高一級政治組織的行政指令。也就是說，政府根據行政事業的實際需要，對於域內所轄土地會形成一個整體規劃方案，根據這一方案，政治集團需要哪裏出現聚落，又需要在這個地方出現哪一級的聚落，只需向負責具體執行工作的下屬發佈相應的指令即可。憑藉這樣的指令，人員與所需物資等就會在層層機關的運作下向目標區域調撥，等到基本的條件具備之後，還是在政府機關的組織下，人們才開始安排生產生活，包括營造一系列的居所、手工作坊以及附屬的運輸系統等，這樣，一個新市鎮從籌劃到變為現實就在政府的一手運作下完成了，對此，何駑曾有一個形象的譬喻，國家時代包括都城在內的大小一眾聚落更像是「空降」而非自然生長的結果。在他看來，自下而上與自上而下是酋邦與國家這樣兩類具備不同政治發展水平的政體在聚落形態方面的根本區別，因此可以將之用為在聚落考古實踐中判斷社會發展階段的「試金石」。

就陶寺聚落群在早期城垣興建之後的發展過程來看，這一類彰顯國家級社會強大行政能力的特徵也得到了非常具體的體現。據何氏研究，在陶寺文化的早期階段，當地的聚落層級只有 4 級，與此對應的社會組織層次卻並非通常所理解的 4 減 1 即 3 級，而是只有都城與鎮、村兩級，雖然在規模上看，鎮與村因為存在有明顯的差距而不宜歸為一個級別，但何氏堅持認為，在當時，規模更小，人口更少的村卻並不接受來自鎮的領導，它們與鎮一樣具有類似於當今直轄市的地位，即直接歸屬於作為都城的陶寺管轄，這說明在當

時的地域政治規劃藍圖中，鎮與村落的分野尚不清晰，中央與地方的行政網絡都還處在剛剛建立的水平上，很不完善。而根據政治發展的實際需要，這一體系必將在此後的歷史發展階段中逐步獲得完善，這種逐步完善的過程為地方社區體系所帶來的一個最直觀的改變，就是中間節點的廣泛出現，也就是中型聚落不僅在數量上有所增加，而且它們真正承擔起了連接都城與地方基層組織的橋梁紐帶作用。這類遺址可以周莊為代表，該遺址位於陶寺東南20餘公里處，步行約需4小時，面積雖僅千餘平方米，但出土遺物卻相對豐富，其中又以炊器及盛器為主，何駑認為，以遺址面積衡量，這些生活用具的理論供給能力當遠遠超出本地的實際人口規模，因此顯現出了驛站一類遺址的特徵，根據該地與都城陶寺及周邊聚落的位置關係考慮，這裏可能就是當時隸屬於整個都城與地方行政聯繫網絡中的一處驛站，它由北部的八頃遺址負責管理與供給，同時又從東常據點處獲得必要的支持。隨著這類行政節點的不斷建立，陶寺貴族集團的政治觸角也得以穩步地伸向遠方，從中期開始，北區與南區的邑一級地方行政中心開始籌建，其中南區的這類地方政務中心還曾在南柴與方城之間發生過一次轉移，至此方初步形成了都、邑、鎮三級行政組織架構。在何駑看來，當地的不少村寨一級聚落也是在這一時期開始大量出現的，村落社區出現的時間明顯滯後很可能表明它們不是自然生成的，而是行政當局政治活動的結果，目的顯然是為了使上述等級化的社區管理體系更趨完善。在這些措施自上而下逐步得到落實之後，以陶寺都城為首，以縣底與南柴（方城）為膀臂的「三區四級」行政管理體制也就在龍山時代晚期的臨汾地區建立了起來，但即使是在極盛時期，陶寺政體的實際管治範圍也應未超越於盆地之外。

在這裏，何駑的意見與前述高、劉二氏展現出了明顯的分歧，那就是方城遺址無論在時期上是否有與陶寺共存的可能性，兩者之間的政治地位都不再被看作是平等的，陶寺成為了整個聚落群中自始至終的唯一的最高政治中心，方城聚落在當時可能確實擁有相當可觀的規模，但仍然被理解為最初是根據陶寺集團的行政指令設立的一處地區政務中心，因此自然是隸屬於陶寺管轄的。何氏之所以在評估兩者之間的關係時終於改弦更張，關鍵一條正如我們在上文中已經指出的那樣，在方城遺址未能發現顯示出該地曾經實行過等級化制度的相關遺存，也就是何文中所講的重要的帶有指徵性的都城遺存，其實這樣一個與其數百萬平方米的巨大體量相比顯得尤為尷尬的事實，

早在上個世紀 80 年代針對陶寺文化的第一階段發掘工作中就已經得到了證實，這一次的調查等於再次確證了方城遺址的內涵，在這種情況下，再去堅持高、劉等人的看法就顯得有些不合時宜了。不過很明顯可以看出，何駑在這個問題上仍然是有所保留的，我們知道，儘管在方城當地甚至連夯土基址也沒有發現，而這類常用來作為等級化或者更明確地說，在何駑看來就是官署一類管理機構曾經存在過的證據在許多規模更小、級別更低的聚落中都可以見到，譬如在被視為方城下屬聚落的古暑那裏就有發現，但何氏仍將方城列為一處「邑」級的管理中心，在政治地位上僅次於陶寺，並認為它與興起時間更早的南柴之間存在著相互替代的關係。

在此，我們必須意識到，除了陶寺城址之外，針對該文化其它各處遺址的發掘工作開展地還非常有限。以此次調查為例，在被認為屬於陶寺文化的 50 餘處遺址中，只有方城、丁村這樣極個別的幾個地點在早期曾做過一些發掘，其它絕大部分遺址都只是得到了確認而從未獲得發掘，即令對於方城這樣體量無朋的大遺址而言，在那裏進行的田野工作無論規模還是質量也都無法與在陶寺城址內所做的那些相提並論，也就是說，對各聚落的內部結構在現階段根本不可能給出更詳細的描述。因此完全可以想見的是，無論哪位研究者試圖利用聚落考古的方法來對整個地區的政治結構作出推測，目前除了聚落規模這樣一個較為單一的識別標準之外，還嚴重缺乏其它可與之配伍互參的有效信息，這種判斷標準趨向單一化的局面對於實際的研究工作所造成的一個最為明顯的不良後果就是，除了極個別節點例如陶寺城址的地位這類問題之外，研究者在關於地方政治關係的論述中被不適當地賦予了過多的可以自由想像的空間。加之正如前文所述，即便是在這唯一的標準上，根據規模劃定聚落等級這一類操作過程在學術界也還遠未形成一個獲得普遍認可的技術規範，這裏麵包含有不少會對最終結果產生嚴重影響的不確定的人為因素。上述兩方面的不利條件相互結合，使得目前所開展的聚落考古研究經常遭遇比較尷尬的局面，除了像方城這樣遺址的實際內涵與人們認為其在當地聚落層級與政治等級中應當佔有的顯赫地位難副之外，在不同的研究者之間也會出現一些明顯對立，卻又令旁觀者難辨是非的情況。譬如就聚落層級而言，高氏與劉氏得出的結論雖然在細節方面有些出入，但基本一致，即陶寺周邊有著 3 級聚落結構，不過在下一步推論的過程中，兩者之間卻表現出了明顯的分歧乃至對立，其中前者認為這裏在當時已經形成了一個國家級政

體，而後者卻堅持世界其它地方的許多材料都可以證明 3 級聚落結構代表的正是酋邦這樣的政治發展水平，再拿何駑的研究工作來講，他雖然在最終結論方面與高氏保持著一致，但兩者在對於聚落層級的劃分上顯然存在著巨大的差異，總之，呈現在我們面前的分野是，高氏與劉氏二人在對於宏觀聚落層級的認識方面保持著相對一致的態勢，但憑此所給出的對於政體性質的判斷卻大相逕庭，而何氏與高氏雖對該地在當時已經步入國家社會這一結論未有異議，但在聚落層級的劃分方面卻又難以取得一致。三位研究者在處理相關材料時既有重疊又有分異的局面部分地折射出了學術界在這類問題上所遭遇到的窘境，對此，一方面我們要認識到，這是任何一門仍處於起步階段的學術研究在其發展過程中不可繞過的一個時期，因此不應該誇大目前所可能面臨的困難，同時，更要做好充分的心理準備，尤其是田野考古工作與案頭研究不同，它會受到許多來自於客觀條件的限制而不太可能在短期內完全扭轉目前既定的工作方針，換言之，欲實現理想狀態下聚落考古研究的「三位一體」，即典型遺址的大規模常態化發掘、全覆蓋式的區域系統調查以及調查過程當中有針對性的試掘三項工作同時開展並在統一指揮下實現相互對接〔註221〕，在現階段的陶寺工作中仍然面臨著不少實際困難，因此可以想見的是，上述這種較為混亂的局面在可預見的將來仍會持續下去。

　　據何駑所言，在這樣一個遠較周邊其它社區複雜的體系中，除了前述承擔有各級行政工作的中心聚落之外，還有一些遺址據現在已知的資料推測，可能肩負著某一方面的特殊職能。譬如分佈在汾河主泓道二級階地上的東鄧遺址在這方面就顯得有些特別，因為這樣的地勢顯然不利於防範可能到來的洪水的侵襲，除此以外，該地的其它遺址也沒有見到以如此逼近河道的方式分佈的，這也就從一個側面反映出了東鄧聚落的營建是出於某種特殊的目的。結合該處發現的其它一些遺蹟及遺物，何氏推測，這裏在當時可能是一處水運碼頭，又因為這裏距離下靳墓地不遠，而在下靳則發現有可能屬於社會中上層成員的墓葬，綜合這兩方面的信息來看，東鄧碼頭的興起不僅不是人口自然集聚過程的結果，而且在碼頭建成並正式投入運轉之後，陶寺政府還曾向這裏派駐有專職的管理人員，而下靳那些較高等級的墓葬或許就屬於這些駐蹕碼頭的官僚。如果這一推斷不虛的話，那麼證明陶寺集團對於這一

〔註221〕王震中：《國家形成的標誌之管見——兼與「四級聚落等級的國家論」商榷》，《歷史研究》2010 年第 6 期，第 12～17 頁。

水運樞紐還是給予了相當的重視的，之所以如此，正在於陶寺城址周邊缺乏較大的可資利用的水運渠道，而通過水路運輸卻是那個時代可以想像的運力最大的運輸方式，因此對於聚集了大量人口，特別是其中還包含著許多需要進行奢侈享受的貴族以及脫離了生產的官僚集團的陶寺城市而言，迫切需要這樣一個便利於物資周轉的內河港口，按照何駑的說法，東鄧之於陶寺，其意義相當於明清時期的通州之於北京一樣不可或缺。連接通州與北京城的是通惠河，而東鄧與陶寺之間當時則可能存在著一片古湖沼區域，從而使得自東鄧接駁的貨物，其中有相當一部分是地方上繳的貢賦，可以便捷地運往都城，爲保障運輸安全，在這一帶還設立有諸如溫泉這類的小據點。除東鄧以外，類似於張纂、伯玉、古暑這樣的遺址可能代表著當時的陶器生產中心，產品多半也是爲了供應都城的需要，這其中因爲在古暑遺址發現有夯土基址，因此在當地可能還存在有負責管理手工業生產的官僚，距陶寺城址僅數公里之遙的大崮堆山則可能是一處大型的露天石器加工場。不過在新石器時代遺址中發現有陶窯與大量碎陶片並不是什麼新鮮事，因此何駑承認，關於這些遺址的作用以及它們與陶寺之間的實際關係目前還只是停留在推測階段，如果將來有望對於這幾處出土的陶器就其土質與燒製工藝等進行科學的測定以及對比分析，那麼就有可能得出最終的結論。

除了周邊可能存在著的眾多專業化的手工業聚落之外，在陶寺城垣以內，當時也可能存在著一些直接受到本地政治集團控制的從事手工業生產的家族或其它形式的社團組織，最近在城址西南部的勘探工作可以認爲在很大程度上證實了這種猜想。首先在這一區域內發現了一座面積約 1 萬平方米的小城，時代是在陶寺文化中期，也就是說它與外圍的中期大城是共存的，兩道城垣走向一致，彼此相距約 80 多米。在小城之內發現有夯土基址、房址、墓地、石灰窯、陶窯以及灰坑等遺蹟，各類生產與生活單位齊全，只是規模都比較小，所以這裏看起來就像是一個「微縮版」的陶寺城市。何駑認爲，當時在這一區域內生活著的應該是一個掌握有專業技能的陶器生產者家族，他們的工作區域與生活處所是結合在一起的，所燒製的產品也具有很強的針對性，即以黑皮低溫陶爲主，因此看起來主要是爲都城提供祭器與冥器的，所製器物可能就近供應給了在中期小城內從事的喪葬與祭祀活動使用。與之類似，在其周邊還分佈著其它一些石器與陶器的集中生產點，從總體上來看，所有這一切構成了一個井然有序的手工業作坊區，而散佈於這些工作場所及

居址之間的那些夯土基址，則為我們指示出當時可能同時存在著的一些針對
手工業技術群體的管理機關。可見所有的生產環節，甚至可能包括生產節奏
等內容都是在政府的監督與控制之下進行的，因此這裏很可能是一處官營性
質的手工業作坊區，何氏認為這開創了中國古代國家社會中工官管理手工業
並以所製產品為貴族生活及祭祀活動服務的傳統。來自政治集團的強有力的
控制除了體現在廣泛分佈的管理機構之外，還借助於手工業區內的另外一種
設施得到了彰顯，那就是包括蓄水池與人工渠道在內的所謂「水管理體系」。
據何駑觀察，這個水利管理體系的內部結構相當複雜，不僅擁有面積約 1000
平方米左右的蓄水池，還建有與之配套的管理室、閘門、主渠以及支渠等。
水源則引自城外，主要是為了解決手工業園區內的用水困難，因為從陶寺城
址內的地勢變化來看，西南部地勢最高，在地下水水位較低的情況下，陶寺
社會當時所能掌握的鑿井技術對於緩解水荒問題無能為力，加之缺乏可資利
用的地表徑流，在這種情況下也只能通過興建人工水利設施來解決類似問
題，於是也就產生了我們現在所見到的這類水管理體系。何氏特別強調，同
在二里頭城內所見的路網一樣〔註 222〕，水管理體系的存在同樣是政府強化管
理能力的一種表徵〔註 223〕。

　　何駑領導的這次田野調查有著明確的目標，而且運用了一些比較先進的勘
測技術，對於向學術界提供時新的材料進而推動關於陶寺的聚落考古以及社會
形態研究都具有顯而易見的價值。在這次田野調查的基礎上，最近兩年有關單
位又聯手對於以陶寺城址為中心的部分考古單位進行了有針對性的發掘，其中
主要涉及到城北的大型夯土基址以及城西南的手工業作坊區，充實了原有認
識，同時也有了一些新的發現。首先在陶寺城址北城牆外約 200 米的地方發現
了一處大型夯土建築基址，雖然已遭到部分破壞，但依然可以看出其平面形狀
為圓角方形，並與城牆及此前已經發掘的宮殿基址大致保持著一致的方向，建
築技術同時亦見於當地其它夯土基址，惟憾現存夯土面上未見有柱洞及其它與
該基址有關的遺蹟。此外，在該地還見有屬於陶寺文化早期的基址夯土與屬於
中期的夯土板塊，這些現象說明，有可能自該文化早期階段開始，北牆外的這

〔註 222〕許宏：《二里頭的「中國之最」》，《中國文化遺產》2009 年第 1 期，第 50～67
　　　　頁。

〔註 223〕何駑：《2010 年陶寺遺址群聚落形態考古實踐與理論收穫》，http://www.kaogu
　　　　.net.cn/html/cn/xueshuyanjiu/yanjiuxinlun/juluoyuchengshikaog/2013/1025/3367
　　　　0.html，2013 年 11 月 29 日。

一區域就已經承擔起了某種特殊的功能，因而人們有必要爲了開展公共活動而在此處連續興建大型建築。據發掘者的意見，這種特殊功能多半仍然是與宗教活動有關，因此這裏可能與位於城南的中期小城一樣也屬於一處專門開闢的「祭祀區」，從各遺蹟之間的打破關係來看，大約到了陶寺文化晚期偏晚階段，這一片建築已遭到廢棄。對於城址西南部所開展的發掘工作同樣取得了十分豐富的收穫，這片據推測與手工業生產有關的區域其內部建築結構的複雜程度很可能遠遠超出了此前的預期。在陶寺中期大城西南角，今溝西村以北發現有一處「回」字形大型建築，佔地面積超過 1300 平方米。據發掘者推測，其主體殿堂應位於北部，從主體殿堂兩側延伸出帶牆的廊廡式結構，門道則設在與主體殿堂相對的南部正中，可能分爲東、西兩條，中間夾持著一處相對獨立的夯土基礎。就目前已經掌握的發掘情況來看，該建築的結構比較複雜，時代約當陶寺文化中期，在時代相近的其它大型聚落中從未見有與之類似者，因此其具體性質與功能尚待進一步探索。不過就其所處區位來看，很可能與周邊的多種手工業生產活動有關，或許爲管理機關所在。此外在這一帶還見有牆垣遺存，在當時，這些建築於手工業區內的牆體可能是用來起到某種分隔的作用，以便政治集團對之進行封閉化的管理。而在政治集團盤踞的所謂宮殿區內同樣見有夯土牆垣遺蹟，在由這些牆垣圍護的區域內則發現多處夯土建築基址，從 200 平方米至 8000 平方米規模不等，關於這些遺蹟單位之間的關係及其在陶寺時代所可能承擔的功能尚有待於進一步的研究，目前談論宮殿區內的詳細佈局仍爲時過早〔註224〕。

二、天文考古

何駑等人身臨前線，自然便於在第一時間最大量地掌握關於陶寺發掘的各類材料，他提供的上述這些信息不僅使學術界終於得窺這座史前大城的豐富內涵，而且爲此後各項專門研究的開展準備了條件。針對第二輪發掘工作的各類重要收穫，學者們各有傾心，不過這其中最爲引人注目的還是位於中期小城內的大型祭祀遺址，因爲懷疑這座建築在當時兼具觀測天象的功能，因此吸引了不少來自於天文學領域的研究者的注意。

〔註224〕高江濤、何駑：《2012 年度陶寺遺址發掘的主要成果》，http://www.kaogu.cn/html/cn/xueshuyanjiu/yanjiuxinlun/juluoyuchengshikaog/2013/1025/33684.html，2013 年 11 月 7 日。

　　陳久金結合《尚書・堯典》、《史記・五帝本紀》以及《曆書》等古代典籍記載並彝族、白族、納西族、哈尼族等處殘存的十月太陽曆痕跡，進而認爲，這裏所見到的祭祀遺址實際上爲我們揭示了這處建築在帝堯時代可能具備的觀象曆法功能，大大便利了當代自然科學史研究者對於中國古代曆法起源階段的探索。具體而言，以現今所製復原模型爲例，其中每兩個狹縫之間代表了一個節氣，也就是說，一根土柱即爲一個節氣，則冬至與夏至之間立有 10 根柱子，自然就可以被理解爲是代表了 10 個節氣，自冬歷夏又復歸冬至一個回歸年之內，據此計算，當有 20 個節氣，其中每個節氣前後持續 18 日。雖然在實際觀測的過程中，由於建築技術以及來自於地理環境等方面的限制，只有夏至與冬至的狹縫才具備現實意義，不過陳氏認爲，這對於制定行用於上古時代的陰陽五行曆已經完全足夠了〔註225〕。

　　武家璧、陳美東等人就此補充道，在對當代觀測結果進行分析時應該考慮到黃赤交角在歷史時期所發生的改變，上溯 4000 餘年前，陶寺人在進行觀測時，冬、夏至日出方位應該可分別與 E2、E12 狹縫實現較今更好的對應效果，從而得出與當代人大不相同的觀測體驗，至於其它各縫據推測也應各具專門意義，而不是無端建造的，其中 E1 縫就可能牽涉到對於月相的觀測。就陳文中提到的建築技術方面的瑕疵，武氏等人認爲，造成各縫之間在具體形制上有所出入的原因，或與後代的破壞有關，另有一些則可能是當事人有意爲之，目的則是爲了便於在此處開展宗教活動，譬如被何駑稱之爲「迎日門」的 E11。最後，在唐堯時期是否確實使用了與後世不同的「十月曆」等問題上，武、陳等人囿於材料不足，從而表現得相當謹慎，聲稱目前還難以得出較爲確定的結論〔註226〕。

　　雖然這篇與武、陳二氏合作的研究報告曾強調到，眾多天文學史專家一致認可該遺址具備有祭天與觀象等功能，但在另一篇單獨署名的文章中，劉次沅卻對現今所進行的實地復原工作提出了質疑。因爲按照這樣的復原結果，弧形牆在弧度、各狹縫的形制與方向以及牆體的厚度等諸多方面均表現得極不規則，其間所表現出的參差不齊的狀況實難以史前時期技術水平有限

〔註225〕陳久金：《試論陶寺祭祀遺址揭示的五行曆》，《自然科學史研究》2007 年第 3 期，第 324～333 頁。
〔註226〕武家璧、陳美東、劉次沅：《陶寺觀象臺遺址的天文功能與年代》，《中國科學》（G 輯）2008 年第 9 期，第 1265～1272 頁。

這樣的理由去搪塞。更嚴重的是，仔細觀察竟發現部分狹縫的方向並不像人們想像中的那樣一致指向觀測原點，具較顯著的視寬差，在這種情況下，很難承擔起觀象或祭祀等功能。之所以出現上述種種難以解釋的牴牾之處，劉氏認為，或與該建築毀損過甚有關，當初所見到的各條狹縫都比較平淺，彼此之間的邊界也不是很清楚，因此就給復原作業帶來很大困難，以至於我們無從確知如今所進行的復原工作究竟能在多大程度上與陶寺人當時的建築設計相符〔註227〕。

　　與劉氏表現出同類疑問的還有來自國家天文臺的李勇，李文首先聲明，自己所從事的這項研究是在承認該遺址當初確為觀象設施的前提下開展的，至於4000多年前的真實情況，因現今既無保存較好的地上建築，又缺乏來自歷史檔案記載的有力支持，李文知難而退，表示不願對此深究，轉而只能採取一種「姑且承認」的曖昧態度。儘管為使後續研究能夠有所憑依，李氏做出了極大的讓步，但計算結果仍然不免令人失望，通觀各條狹縫在1年中觀測節氣的表現，誤差較小者甚少，尤為令人納罕的是，綜合實測及計算機模擬結果可知，冬、夏二至雖然仍是各節氣中觀測最為精準者，但按照李氏當初的設計，這兩個結果卻不是在同一個時代獲得的，一個在當下，另一個卻是針對古代的情況提出的，換言之，現代能觀測到的只是冬至而非夏至，陶寺時代的情況則與此相反。面對如此顯見的衝突，李氏對當初該設施能否發揮釐定節氣的功能表示了極大的懷疑，並認為限於精度方面的巨大缺陷，即便陶寺人有著類似的建築初衷，這也不太可能成為該遺址在史前時期的主要功能。進言之，建造這樣一種訛誤百出的觀象設施也從一個側面反映出了陶寺當時天文知識之貧乏，尤其是對於太陽週年運動與人類生產生活之間的關係，包括節氣的認識仍停留在極淺顯的階段，這一建築活動所體現的充其量也只不過是一類尚處於懵懂狀態的天文學實踐的衝動。與劉次沅一樣，李勇對於觀象臺的復原方案以及由部分考古學者所設想的古代觀測方式也抱持著較為保守的態度，在觀測設備、方案、對象等關鍵信息均已無存的狀況下，目前所進行的這些回溯工作，即便取得了一些近似的觀測效果，也不能將其直接等同於陶寺當初所發生的實際歷史過程。因為這些可能僅是能夠達到一定觀測目的的眾多可行手段中的一種而已，是一個雖有合理成分但卻難以證

〔註227〕劉次沅：《陶寺觀象臺遺址的天文學分析》，《天文學報》2009年第1期，第107～116頁。

實的假設，質言之，是一類或然性的解釋，如果我們對於現有材料進行重新整合的話，完全有可能得出與當前大異其趣的觀測結果。因此，統籌考慮目前考古學界與天文學界所取得的各項階段性成果，李氏認爲，比較負責任的提法應該是，這一建築在當初可能具備某種天象觀測的功能，至於所觀測的到底是不是二十四節氣這就很難說了，即便有此意味，那時的節氣體系必是相當原始的，與我們今日所知者差異很大，或許更主要的還是一些本地文化所特有的節令，以便當地人能夠按時準備某類重要祭儀，但就此觀象授時系統的運作詳情，目前尚難確知〔註228〕。

此外，武氏、李氏等人都曾各自運用不同的天文學方法核算出該建築的年代，不僅彼此差異明顯，而且無一可與考古學年代吻合。也就是說，按照當前的復原方案及設想中的觀測方式，在考古學所擬定的時間段內皆無法滿足天文學家們的最佳觀測預想，即在該建築存續時期，無論冬至抑或夏至，日出時日心皆可經過特定的狹縫中線，實際情況則是，武氏的計算結果竟與考古年代相差愈千年，對於這類實難彌合的分歧，作者只得將之歸咎於天文方法算得的年代本就誤差較大，並假想若古代觀測者一時站位不太準確，或許也能在當時基本實現千年之前的觀測效果。很明顯，武氏等人的這類說辭是難以服眾的，因爲目前的考古發掘據信已經找到了當初的觀測原點，可見陶寺人在進行此類活動時必是有所規劃的，則筆者不解，在已有基準點的情況下，古人又爲何要有意站錯或者站偏？相比之下，李勇因爲更換了計算方法，得出的結果在這個方面誤差較小，但考慮到陶寺文化中、晚期前後延續的時間可能僅有 200 年左右〔註229〕，而該建築至晚期已遭毀棄，則其誤差很可能已經超過了這一設施在歷史上實際存在的最長時限，從而不再具有現實意義。

對於這座赫然現世的大型建築遺址，不獨在天文學界尚未取得共識，其實來自於考古學者之間的質疑聲浪更大。據王曉毅報導，在考古學界與天文學界的一次聯席會議上，與會的各位考古學家多不認同古觀象臺一說，嚴文明、黃景略、葉學明等人皆認爲現階段發掘工作開展得仍相當有限，尤其是

〔註228〕李勇：《世界最早的天文觀象臺——陶寺觀象臺及其可能的觀測年代》，《自然科學史研究》2010 年第 3 期，第 259～270 頁。

〔註229〕何駑：《陶寺文化譜系研究綜論》，載解希恭主編：《襄汾陶寺遺址研究》，科學出版社 2007 年 1 月第 1 版，第 408～435 頁。

剖面工作做得不到位，因此很多問題，譬如道路、牆體與平臺三者之間的具體關係等都還講不清楚，不宜過早對之進行定性說明，趙輝更奉勸發掘者不要急於追求爆炸性新聞，而應將更多的精力投放到精益求精的實地工作中去〔註230〕。由是觀之，對於這座史前遺址具體形制及用途的討論儼然已經成為了繼族屬問題之後陶寺研究中另一個聚訟紛紜的新熱點，而較之後者，此間更有來自多學科的專家學者共同參與，可以想見，類似爭辯仍將持續一段時間，短期內無望平息。

與此相關的是，在陶寺一座隨葬品甚夥的中期大墓中出土了一件彩色漆杆，其上髹飾有黑綠相間的多條色帶，從外形來看很像測量用的標杆。何駑據此懷疑這是當初用來測定日影長短的「圭尺」，同時，據高煒稱，在 80 年代的發掘過程中，曾於一座早期中型墓內見有一根紅色木杆，其著色初衷可能與對日、火等意象的認知有關，因此可能是與圭尺配合使用的立表，而且為使這一圭表裝置在實際使用的過程中更便於操作，當初還設計了與此杆正相配伍的其它觀測組件，即出於同墓之中的 1 件玉琮與 2 件玉戚。按照何駑的理解，古人為實現良好的觀測效果，其具體操作過程可能是這樣的：正午，將該彩色圭尺平置於地面，通過觀察垂直立杆在尺面上的投影位置從而獲知此時日影長度，再以同墓中被磨去射部的玉琮充作「遊標」記錄這一位置，量取該位置與目標節令影長刻度之間的距離，即可推算出此中的時間差，這樣做可以達到預報節令的目的，另外，還可隨時利用此裝置測定當地任意一日正午時刻的到來。至於墓中出土的 2 件玉戚亦各有用場，其中單孔者可當作「景符」來使用，以便在日光微弱時確定尺面影長，而雙孔者恰好用來做垂懸，可以幫助校正立杆即「表」是否垂直。以上所述便是整個裝置基本的使用技巧。利用這一設備可以直接測量春秋分及夏至影長，其結果分別指向 33 號黑色帶與 11 號紅色帶，但此時尚無法滿足冬至日測量的需求，針對這一問題，何氏建議，可將圭尺向前方移動一次，這樣冬至日影便投落在了第 38 號色帶之內，後來何駑對於這些具體的對應關係又作了適當調整。也就是說在陶寺，除了存在有前述依靠日出方位來釐定節氣的曆法系統之外，還有在古典文獻中更常見到的圭表測量體系，後者正好可以彌補觀象臺在測定春、

〔註230〕王曉毅：《專家論證陶寺遺址大型建築基址》，《中國文物報》2004 年 12 月 31 日第 7 版。

秋兩分日期上的不足，兩類體系同時存在，相互配合，共同構成了陶寺人的觀象授時系統〔註231〕〔註232〕。

　　與古觀象臺類似，考古學者關於這根彩色漆杆用途的判斷同樣吸引了來自天文學界的注意力。其中黎耕等人利用複製的圭尺做了實地觀測，其結果滿足理論預想，日影偏差可以用黃赤交角的變化予以解釋，再結合古代文獻中的相關記載，黎氏認爲可以得出這樣三點認識：其一，《周髀算經》中關於冬、夏至影長的記載，既不是秦漢人實測，亦非出自周公之手，而是堯帝於陶寺測量所得；其二，此圭尺出於中期大墓之內，又具備觀象授時功能，則應爲專屬於王者的重要禮器。進言之，在當時，每次請出此杆用來測影時，既包含著實用目的，同時也可以被看作是對於王權的一種宣示；最後，通過計算可知，漆杆測影所獲得的日期與利用前述古觀象臺觀測日出得到的日期兩者之間可以實現大致的對應，這等於反證了祭祀區大型建築的觀象功能〔註233〕。

　　除了可以測度日影推算時日之外，陶寺圭尺據稱還可以用於地理幅員的測量，有學者認爲其中所蘊含的政治信息尤爲值得深究。對此，部分研究者指稱，因爲該圭尺的最初 10 個色段可用於測量北回歸線以北至陶寺之間的夏至影長，而移動漆杆之後，第 39 至 44 號色段又可用於測量該地以北地區的冬至影長，再根據古書所載，影長差與地理距離差之間的對應關係，可將之轉換爲兩地之間的大致距離，從而完成對於大地幅員的測量。這看似是一項技術活動，實際上昭示了堯舜二帝的「版圖雄心」，或者說表明了當時人的疆土認知範圍已遠及嶺南熱帶邊緣地區，包括現在的廣東、廣西，甚至還有越南北部一帶，也就是古書上常說的「交阯」。在當時，即中國的史前時期，中原土著不僅已經瞭解到了這些地方的實際存在，而且還曾派遣「羲叔」這樣的人遠赴千里至今嶺表地區實測當地夏至影長，同樣地，與「羲叔」相對，「和叔」則受帝堯所差前往北方進行過類似的活動，根據陶寺圭尺的測量能力，則文獻中所講到的與此事相關的「朔方」或「幽都」地當在今中蒙邊界的戈壁灘一帶。這些歷史事件的發生正可以用來解釋圭尺上第 11 號色帶即陶寺當

〔註231〕何駑：《山西襄汾陶寺城址中期王級大墓IIM22出土漆杆「圭尺」功能試探》，《自然科學史研究》2009 年第 3 期，第 261～276 頁。
〔註232〕何駑：《陶寺圭尺補正》，《自然科學史研究》2011 年第 3 期，第 278～287 頁。
〔註233〕黎耕、孫小淳：《陶寺 IIM22 漆杆與圭表測影》，《中國科技史雜誌》2010 年第 4 期，第 363～372 頁。

地夏至影長標誌之前的那段距離的存在，而做了移動調整之後，對於測量本地的多至影長又多出一段長度，這多餘的部分則被理解爲是用來對北方廣大地區進行測量的。因此，有學者主張，圭尺的存在及其操作方法實質上顯示了史前時期蝸居於汾河谷地內的陶寺貴族集團心目中的理想版圖〔註234〕。

更值得予以關注的是，這樣的一件彩繪木質器具不僅具有遙測萬里的重要功能，顯示著王者統馭萬邦的勃勃雄心，而且隨著時代的流轉，還被罩上了類似於「傳國玉璽」那樣的神聖光環，成爲一代又一代統治者藉以強調自己權力正當性的重要憑證。有學者考證，中國古書中關於夏至正午日影長度存在著兩套記載系統，分別見於《周髀算經》以及鄭玄注《周禮》等書中，兩個數值之間正好相差 1 寸，而一向被部分研究者視爲堯舜都邑的陶寺與被懷疑可能爲大禹都邑的王城崗兩地間的直線距離經過換算大約可以達到千里這樣的數量級，因此這等於正好驗證了古人早有的關於影長差 1 寸，地域相距千里這樣的一種判斷。再結合歷史上關於堯、舜、禹三代聖主通過禪讓而代有天下的傳說，可知，當政治中心從堯、舜所居的晉南轉移到了大禹佔據的豫中一帶之後，統治者又進行了一次測影活動，並以新都，即王城崗地區的影長數值取代了舊都，即早先在陶寺取得的數值。這樣的話，就在歷史上首次造成了兩個對立的日影長度值，但這絕不僅僅只是簡單的一個天文數據，這次數值更新在更深層次上代表了朝代更替與統治大權的易主。原始社會裏一根抹上了些彩漆的木杆何以具備如此深遠的象徵意義呢？關鍵在於《周禮》中早有明文，作爲王者，要在「地中」安排自己的都邑，至於這「地中」如何選定，用到的技術就是上面提到的圭表測影方法。某些研究者據此進一步推斷，「中國」一名的得來，即「中」字的由來就是對於包含玉琮遊標在內的陶寺圭表系統的象形，由此聯想開來，誰掌握了圭表，誰就掌握了測量「地中」的技術與特權，再參考禮書中關於地中的種種神秘性描述〔註235〕，可知以圭表測影之權力斷不可讓與他人，而必爲王者所壟斷，是政治集團通天的一種手段。因此，禹取代了堯、舜，王城崗取代了陶寺，也就是統治集團選定了新的「地中」，順理成章地，自然要用新數值取代舊有數據了。而此事於後世湮滅無聞，歷代天文曆算家也就搞不清楚這兩個數據到底是如何形

〔註234〕 何駑：《「中」與「中國」由來》，《中國社會科學報》2010 年 5 月 18 日第 14 版。

〔註235〕 楊天宇：《周禮譯注》，上海古籍出版社 2004 年 7 月第 1 版，第 150 頁。

成的，彼此之間又具有怎樣的瓜葛？當代學者的研究明白告訴我們，從 1.6 到 1.5，這是改朝換代的反映〔註 236〕〔註 237〕。

不過依筆者淺見，這其中恐怕仍有一些疑點是需要作出解釋的。試想，既然伴隨著都邑地理位置的變遷，無論是出於實際目的還是政治需求都有必要更換影長數據，那爲什麼當陶寺人遷至臨汾盆地時又要刻意保持祖先們在垣曲盆地測得的舊影長呢？持上述觀點者認爲，這是通過恪遵古制銶達對於祖先的尊重，同時鞏固自己的正統地位〔註 238〕。如果是這樣的話，難道前面講到的大禹就沒有必要採用類似手段去獲取這種政治宣傳效果了麼？大禹爲什麼要理直氣壯地拋棄帝堯時代早就樹立起來的這一傳統呢？對於這樣的疑問，部分學者試圖從不同考古學文化之間的相互關係角度來作出解釋，譬如認爲陶寺文化的源頭是垣曲盆地的廟底溝二期文化，所以陶寺人在來到臨汾之後仍然保留了垣曲的測量數據是說得通的，因爲畢竟兩者之間還可以勉強算得上有著某種繼承性。而與之相對，王灣三期文化與陶寺之間的往來並不密切，也就是說兩者之間並不存在垣曲與陶寺那樣的承繼關係，從而使得大禹從帝舜手中接受此圭尺的可能性微乎其微，於是禹就自己動手在豫中地區重新測量了當地的日影長度，並以之作爲「地中」的新標準〔註 239〕。然而對於這樣的解釋，筆者卻不敢苟同，首先，嚴格講起來，這種提法本身就很成問題，須知，廟底溝二期也罷，陶寺也罷，當初都是根據陶器類型之間的差異來區分出的考古學文化，而一定的考古學文化實際上很難與一定的人群或某一政體嚴格地對應起來〔註 240〕。再者，如果循此說法，當統治集團之間有著某種繼承關係時，圭尺以及舊有的測量數據就被保存，反之，則遭到更換的話，那麼從東漢至唐代爲什麼記載中的冬、夏至影長沒有發生變化呢！這其中不知江山幾度易主呢！甚至還有像北魏這樣的少數民族政權。但黎耕卻明確告訴我們，當時無論是南朝還是北朝所用的曆法究其實質內容仍然是魏

〔註 236〕徐鳳先、何駑：《「日影千里差一寸」觀念起源新解》，《自然科學史研究》2011 年第 2 期，第 151～169 頁。

〔註 237〕何駑：《山西襄汾陶寺城址中期王級大墓 IIM22 出土漆杆「圭尺」功能試探》，《自然科學史研究》2009 年第 3 期，第 261～276 頁。

〔註 238〕何駑：《陶寺圭尺補正》，《自然科學史研究》2011 年第 3 期，第 278～287 頁。

〔註 239〕徐鳳先、何駑：《「日影千里差一寸」觀念起源新解》，《自然科學史研究》2011 年第 2 期，第 151～169 頁。

〔註 240〕〔加〕布魯斯・G・特里格：《時間與傳統》，陳淳譯，中國人民大學出版社 2011 年 4 月第 1 版，第 145～146 頁。

明帝時頒行的《景初曆》，而《景初曆》中關於影長的記載卻與東漢時的數據完全相同。試問此間的統治者爲何不像大禹那樣標新立異地重選「地中」並以新影長替換舊值呢？此時的王者爲什麼不「逐中」呢？對此，又有論者以爲，這類保守的表現是爲了恪遵古制，以凸顯自己的正統地位。可是到了唐代，這些數值就又發生了變化，難道唐朝統治者就不需要恪遵古制以圖彰顯自己的正統性了麼？其實按照上述學者的解釋思路，李淵與李世民父子才是最有理由恪遵古制的呢！因爲我們知道，唐代不僅在制度與文化等諸多方面承襲了隋朝〔註241〕〔註242〕〔註243〕〔註244〕，甚至楊、李兩家皇室本就是親戚關係，這種親密關係豈是廟底溝二期與陶寺可比！但李唐王朝不僅毫無顧忌地改動了自東漢以來傳承不輟的冬、夏二至影長數據，而且有唐一代還數次頒行新曆，廢止舊曆，對於如此頻繁的更動又該做何解釋呢？

所以我們可以很清楚地看到，在上述對於圭尺測影系統的政治意義所做的解釋中的確存在有前後矛盾之處，以至於改與不改這兩個數據竟都能講出道理來，都能表明自己的正統性，那還有什麼所謂「古制」可遵呢？又有什麼必要去跨越千年追索這方寸之間的差距呢？而且很遺憾，在實際論證的過程中，部分作品中還常見有斷章取義的嫌疑。譬如對上述東漢以後影長數值長期保持不變的現象進行解釋時，有考古學者引述自然科學工作者的研究成果，認爲這並不是單純地由技術原因所造成的，其中還包含著當時人的宇宙觀。對於這裏提到的「宇宙觀」，前者以爲，就是董仲舒在對策中提到的「道之大原出於天，天不變，道亦不變」〔註245〕，並聲稱這種作爲思想基礎的意識形態可以上溯至陶寺文化〔註246〕。然而我們卻發現，後者自己對於「宇宙觀」一語其實另有定義，根本不是這裏講的什麼天不天，道不道的王權法統思想，而是古人對於宇宙模型的認知，即以《周髀算經》爲代表的蓋天說與

〔註241〕史念海：《唐代長安外郭城街道及里坊的變遷》，《中國歷史地理論叢》1994年第 1 期，第 1～39 頁。

〔註242〕吳楓、關大虹：《封駁制度與唐初政治》，《歷史教學》1982 年第 11 期，第 6～10 頁。

〔註243〕胡戟：《唐代度量衡與畝里制度》，《西北大學學報》（哲學社會科學版）1980年第 4 期，第 34～41 頁。

〔註244〕王素：《敦煌儒典與隋唐主流文化——兼談隋唐主流文化的「南朝化」問題》，《故宮博物院院刊》2005 年第 1 期，第 131～140 頁。

〔註245〕（漢）班固撰：《漢書》，中華書局 1962 年 6 月第 1 版，第 2518～2519 頁。

〔註246〕何駑：《陶寺圭尺補正》，《自然科學史研究》2011 年第 3 期，第 278～287 頁。

以《周禮》爲代表的渾天說〔註 247〕，換言之，來自於不同領域內的兩位研究者利用這一術語所指稱的，其實並不是一回事。再拿董仲舒上面的那句話來講，確實，在董氏的政治哲學中「天」是一個極爲重要的概念，按照賴美琴的理解，董說中「天」的屬性包含兩個方面，其一，天是運動著的物質，因而有四時變化，雨雪風雷，這裏的天富於樸素的唯物主義色彩；其二，天又像人一樣，具備意志與感情，是世界萬物的最高主宰，能夠警醒愚頑，懲惡獎善，因而是一種神秘的力量〔註 248〕。可見，董氏的天是一個相當抽象的概念，同樣地，與之緊密關聯著的「道」也不宜做形而下的解釋。在回答「三王之教所祖不同」這類問題時，董仲舒明確提到，諸如部分研究者一貫樂於將之視爲神聖不可侵犯的「曆法」這樣具體而微的社會內容，其實是完全可以因地制宜予以變革的。換言之，「正朔」、「服色」這些細枝末節的東西變與不變都無損道的實質，所謂「王者有改制之名，亡變道之實」。因此，帝舜雖然改了堯的曆法，又改了先前關於車馬、祭牲、服裝顏色等方面的制度，但董仲舒依然認爲「禹繼舜，舜繼堯，三聖相受而守一道」。可見，圭尺以及與之相關的測量方法根本不屬於爲古代官方儒學家們認可的「道」的核心內容，所以時下部分研究者對此所做的解釋，在我們看來，似有過度解釋之嫌，即人爲地將過多的重大意義附會到了陶寺那根彩色漆杆之上。這裏再補充一點，其實就連「道」這個神聖概念也不是不可以因時因地而變的。所謂「繼治世者其道同，繼亂世者其道變」，因此在董仲舒看來，漢承秦亂之後，就應當對「道」的內容有所損益〔註 249〕。既然連「道」這樣治國安民的大經大倫都可以改變，遑論區區兩個日影數據！總之，前述部分學者對於這一問題的理解，只能被看作是一類當代意識主導下產生的解釋，與古人關於「道」等政治概念的理解相去甚遠。也就是說，無論大禹是採用 1.5 還是 1.6 尺來作爲夏至影長的數據，這都跟統治集團在法理上的正當性沒有什麼直接的關係。

部分研究者的論述中之所以出現上述不當之處，在我們看來，問題主要出在兩個方面：

首先，作者本人對於相關歷史文獻掌握得不夠，缺乏對於同時期各類記

〔註 247〕黎耕、孫小淳：《漢唐之際的表影測量與渾蓋轉變》，《中國科技史雜誌》2009 年第 1 期，第 120～131 頁。

〔註 248〕賴美琴：《董仲舒政治哲學闡析》，《復旦學報》（社會科學版）2000 年第 6 期，第 90～95 頁。

〔註 249〕（漢）班固撰：《漢書》，中華書局 1962 年 6 月第 1 版，第 2518～2519 頁。

載的全面把握，因此在具體操作的過程中，往往顧此而失彼，甚至言及原始文獻中根本不曾涉及的內容。這一點在部分涉足這一領域的自然科學工作者的著作中表現得尤爲突出，譬如，有研究者聲稱，在古代中國的類似測量活動中，因長度不足而採用所謂翻杆、移杆等操作方法者屢見不鮮，遂引《周禮·大司徒》中關於測日影度地中的那段著名記載以爲證據。然而徵諸原文，不僅類似操作方式於經文中無存，且遍尋漢唐兩朝三位注疏家的批語也從來不曾言及有用這類方法進行測量的。經、注兩處反覆申述的只是「尺有五寸」的「土圭」，若在地中之南，則日影短於圭長，在北，則長於土圭，這樣幾經反覆直至日影與圭等長，則知地中所在。也就是說測定地中才是《大司徒》中這段話的主旨，也是據以設計土圭測影方案的根據，爲達到這一目的，可想而知，必須使土圭長度保持一定，才便於判斷哪裏是地中。本著這一初衷，則完全沒有必要進行當代研究者所主張的那類翻杆操作，這就是禮書中爲何不言移動土圭的原因〔註250〕。現在看來，竟有論者將之引爲古人早有「移杆」操作的證據，實是令人費解！如果說這類做法尚屬較爲隱蔽者的話，那麼此中有一些張冠李戴式的錯誤就可謂是「明火執仗」了。例如，有研究者試圖援引清代《欽定書經圖解》中的日影觀測插圖以爲例證，聲稱因爲圖中所用圭尺明顯短於冬至時日影長度，因而有必要進行移杆以滿足測量需要。可該頁插畫一角明白刊印有「夏至致日圖」五字，當知該圖表現的是夏至測影活動，原本就與冬至無關，也沒有涉及冬至時是否需要移動圭尺的圖畫內容，試問憑什麼依此推斷古人在另一個場景中的具體活動？對於這樣燦若列眉的交代，撰述者竟熟視無睹，不加揀擇地將之引入文中〔註251〕。

其實類似問題在部分考古學者的作品中同樣有所表現。例如某些研究者主張，由於這一時期豫中與晉南地區的考古學文化之間缺乏聯繫，於是推導出禹自堯、舜那裏接受圭尺的可能性不大，也就是說，豫中政權是自造了圭尺而後又自行測影。至於文獻方面的證據，則舉之以《論語·堯曰》一篇中的記載，其中堯曾告誡繼位的舜：「天之曆數在爾躬，允執其中」，持此論者以「中」爲圭尺，並指稱此物自堯傳至舜，然而是篇明確記載，日後在禹繼

〔註250〕 （漢）鄭玄注，（唐）賈公彥疏：《周禮注疏》，十三經注疏整理委員會整理，
　　　　　北京大學出版社 2000 年 12 月第 1 版，第 295～298 頁。
〔註251〕 黎耕、孫小淳：《陶寺 IIM22 漆杆與圭表測影》，《中國科技史雜誌》2010 年
　　　　　第 4 期，第 363～372 頁。

位的時候，「舜亦以命禹」，也就是說舜對於禹講了同樣的話﹝註 252﹞，這樣依照前說對於「中」字的理解，禹也應該從舜手中接受了「中」即圭尺，這不是與前述根據考古學文化之間的關係所作出的判斷正相牴觸麼！再根據楊伯峻對於《論語》文內各處所見「中」字含義的統計，最常見的用法是作為方位詞，具體到《堯曰》篇這句話來講，這裏的「中」指的就是我們現在講的「正道」，即處理事情的合理允當的方式，各篇中均未見有以該字為某器物名稱的用法﹝註 253﹞。同時按照楊氏對於經典的解釋，所謂「天之曆數」指的也不是某項具體的曆法觀測活動，而是一個較為抽象的概念，即「天命」。這是帝堯在囑託自己的繼位者應承續天命，永行正道，否則，「四海困窮，天祿永終」，可知，這裏的「天」並不是掛滿日月星辰的自然之天，而是類似於董仲舒闡述天道觀時所講到的有意志之天﹝註 254﹞。退一步來講，即令「中」字的造字初衷確如部分學者主張的那樣，是對於上述圭尺測影方式的象形，但在歷史發展的過程中，字義也總是處在不斷變化之中的，有本義、引申義又有比喻義等，在此情況下，又如何能夠僅憑「允執其中」一語進而斷定堯舜之間有傳承圭尺一物的事實呢？須知，「中」字的起源是一回事，「中」字在此語境中的具體含義又是另外一回事，我們總不至於因某人以「辛」或「辜」為姓，便必定要指稱其人至今仍為罪人吧﹝註 255﹞！

再者，從論述邏輯上來講，有研究者一開始就沒有搞清楚邏輯判斷中「必要條件」與「充分條件」兩者之間的根本區別，因此才頻頻失態。譬如，日光透過玉戚上的圓孔可以形成一個較周圍明晰的光斑從而有利於在測影活動中讀取影長數值，但該器物有此功能並不等於它在當初就一定會因此功能而被用於這一場合之中。舉例而言，鞋盒子也可以用來盛裝食品，作為容器之一種，它自然可以發揮這類功用，但除了萬不得已之外，又有誰會捧著鞋盒子吃飯呢？難道我們能夠以鞋盒子可以用來盛飯，就認定其當初一定是用來盛飯的麼？同樣地，玉戚可用於測量不能證明其一定被用於測量，實際上以漆杆、玉琮、玉戚，甚至包括那根發現於早期墓葬中的木杆所組成的這套測影裝置及其具體使用方式，首先就是出自當代人的設計，是研究者對於陳列

﹝註 252﹞ 楊伯峻：《論語譯注》，中華書局 1980 年 12 月第 2 版，第 207 頁。
﹝註 253﹞ 楊伯峻：《論語譯注》，中華書局 1980 年 12 月第 2 版，第 219～220 頁。
﹝註 254﹞ 楊伯峻：《論語譯注》，中華書局 1980 年 12 月第 2 版，第 207 頁。
﹝註 255﹞ 《漢語大字典》編輯委員會編：《漢語大字典》，湖北辭書出版社、四川辭書出版社 1990 年 10 月第 1 版，第 4036～4037 頁。

於面前的數件器物依其形制特徵進行功能組合的一個結果，而且我們完全可以想到的是，仍然是這幾樣什物，如果換一種思路，就可以組裝成為另一架設備或幾架設備，投入到與此大不相同的其它場合中去使用。除了那件單孔的玉戚之外，據稱當時此處還發現有一件雙孔的玉戚，因為有兩個孔，自然不利於發揮像單孔玉戚那樣的功能，於是有論者就認為它可以用來作幫助校正立表是否垂直的垂懸。這件雙孔玉戚當然可以用作垂懸，因為器物表面有孔可用於懸弔，可我們知道，如果僅僅是為了實現這一功能，那麼當初只需要在玉面上鑽出一個孔就可以了，可這柄玉戚上分明有兩個孔，試問那另外一個孔又有什麼存在的必要呢？更進一步來想，如果這件測影工具確如某些學者所言，除了測影與進行大地幅員測量之外，更具備著標識王權的禮器性質，那麼對於這樣一件重器，為什麼與之配伍的設備看起來都有點廢物利用的味道呢？譬如，遊標是由玉琮改造而來的，而景符與垂懸則是借用玉戚來充當的。對此，持上說者辯稱，玉琮磨掉射部是為了不妨礙實際操作，然而我們知道，琮在陶寺當地出土的本來就不多，況且有射無射的都有，並不是只有這座墓中的才沒有射部，那麼對於其它墓中那些無射的玉琮又該做何解釋呢？須知，在那裏可並沒有見到什麼圭尺一類的測量工具。同樣地，當地見到的戚、鉞一類器物上多有鑽孔現象，有單孔，雙孔，更有多孔的，也不是只在這座所謂的中期「王級」大墓中才見到了鑽孔的實物〔註256〕。如果我們將視野放得更開闊一些，就會發現在其它部分玉文化更形發達的考古學文化中同樣存在著類似的工藝傳統〔註257〕，或許陶寺的這類加工方式還有接受外地影響的可能性，難道我們能僅憑戚身小孔可使日光透過從而形成光斑就判定它是用來做景符的麼？似乎所有穿了孔的玉戚與玉鉞都有這樣的功能呢！當然，從發掘現場的情形來看，彩色漆杆與玉琮及玉戚放的位置比較接近，但與之接近的亦絕不止此二物，裝在箭箙內的骨鏃以及木弓等也都放在漆杆的旁邊〔註258〕，因此向有論者懷疑此漆杆可能也是一張弓〔註259〕。這樣

〔註256〕 高煒：《陶寺文化玉器及相關問題》，載解希恭主編：《襄汾陶寺遺址研究》2007年1月第1版，第466～477頁。

〔註257〕 張明華：《良渚玉戚研究》，《考古》1989年第7期，第624～635頁。

〔註258〕 中國社會科學院考古研究所山西隊、山西省考古研究所、臨汾市文物局：《陶寺城址發現陶寺文化中期墓葬》，《考古》2003年第9期，第3～6頁。

〔註259〕 何駑：《山西襄汾陶寺城址中期王級大墓 IIM22 出土漆杆「圭尺」功能試探》，《自然科學史研究》2009年第3期，第261～276頁。

看來，即便是考慮到了考古存在背景關係，也不宜遽斷此物爲測量日影的圭尺，在此基礎上，至於其是否具備王權象徵意味就更難論證了。對於這一點，其實上文中提到的李勇等人看得很清楚，所以在正式開始運用天文學方法展開計算之前，他反覆申說，後續研究的前提是「姑且承認」這一史前遺址具備觀象功能，也就是說李文探討的是該建築當初作爲古觀象臺的必要條件，而非充分條件〔註 260〕。因爲正如前述許多考古學家已然指出的那樣，中期小城內的那處大型建築遺址當初到底是不是觀象臺還有待開展更深入細緻的田野工作，目前尚難遽斷，而對於這條彩色漆杆來講，要明辨其在陶寺時代的具體用途及含義，恐怕難度還會更大。

對於上面提到的這兩類問題，如果從一個更廣闊的視角來看，這兩者之間又是存在有密切關聯的，它們共同導源於這樣一種更爲根本的認識或者說學術趨勢，那就是考古活動是用來證經補史的，考古研究是爲狹義的歷史研究服務的，是附生於後者肌體之上的一個分枝，是後者範疇內的一門實用技術而已。這一點在針對前文字時代的田野實踐中表現得更加明顯，即以陶寺而論，之所以有這麼多研究者總是樂於將當地的某些發現與天象觀測活動聯繫在一起，一個重要的原因正在於，古人留下的文獻上就是這麼講的！而且更「可貴」的是，與其它以轉述口吻撰就的記載不同，這篇文獻明白無誤地將自身所錄與傳說中的帝堯直接聯繫了起來，堂而皇之地使這位古帝成爲通篇文獻中最大的主角，這就是眾所週知的《尚書·堯曰》篇，在這篇文獻中，恰有相當一部分是用來敘述所謂帝堯時代開展的天象觀測活動的。在此姑且不論是篇文獻的具體形成過程有多麼曲折複雜，單以如今所見文本而論，帝堯時代所從事的類似活動也不能與陶寺的發現及部分學者所做的解釋實現很好的契合。因爲文中講到的天象觀測活動，其主要內容是對於特定星象的觀測，並利用這種單一的方法來確定一年當中的兩分兩至，而陶寺與此有關的兩大發現，即祭祀區大型建築以及彩色漆杆等實際上都是以太陽爲核心對象，即根據日出方位與日影來進行操作的觀測設施或設備。況且只有在兩者相互配合的情況下，更準確地說，是在圭尺測影系統的幫助下才能完成古觀象臺所欠缺的對於春、秋二分節令的測定。當然，在文獻中也提到了與太陽有關的活動，但主要不是出於觀測目的，而是古人借由特定的儀軌以求表達

〔註 260〕李勇：《世界最早的天文觀象臺——陶寺觀象臺及其可能的觀測年代》，《自然科學史研究》2010 年第 3 期，第 259～270 頁。

對於造化萬物的太陽的崇敬之情，更多的還是一種宗教活動〔註261〕。誠如此處所辨，兩者之間的差別是如此明顯，但部分研究者或因對歷史文獻掌握得不到位，竟仍能爲之穿鑿附會。譬如有論者曾提出過這樣的觀點，即雖然憑藉對於日出方位的觀測以定節令爲《堯典》原文所不載，但也必定是在歷史上發生過的，且其起源較之另外各類觀測方式更爲古遠。原因在於，首先，太昊是最早的帝王；再者，文獻中有關於太昊以「規」爲神器的說法；最後，《考工記》在解釋「規」的用法時又將之與太陽的升落聯繫了起來〔註262〕。對於這樣一種理解，我們應該認識到，首先，這裏的主角是太昊而不是帝堯，現在通行的看法是太昊、少昊的居地當在東方沿海一帶，其西部邊界至於安徽及河南東部，而不是陶寺所在的晉南地區〔註263〕；其二，太昊是不是最早的帝王，此事實難考證，按照徐旭生的意見，太昊與伏羲合爲一體這是齊、魯等地的學者們進行加工的結果，不足憑信〔註264〕；第三，太昊以「規」爲神器與測量日出方位定季節也沒有什麼關係。用來畫圓的「規」後來之所以與春這一季節聯繫了起來，《淮南子・時則訓》中講得很明白：「規之爲度也，轉而不復，員而不垸；優而不縱，廣大以寬；感動有理，發通有紀；優優簡簡，百怨不起。規度不失，生氣乃理。」〔註265〕也就是說，古人以圓規爲春令，正在於它可以使萬物圓全〔註266〕，而這是符合人們關於春季的理論定位的，與觀測日出等活動之間根本沒有什麼關聯；最後，《考工記》在講到「匠人建國」的時候的確提到了「規」在測影活動中的作用，但絕不是部分學者所講的這一器具在天文學上的作用就是用來觀測日出與日入之影的，因爲《考工記》這一節所講的是土木工程建設而非天文觀測，不涉及規在所謂「天文學」上的應用，更與劃定節令等事無涉。再者，當時人們也不是直接用規來

〔註261〕顧頡剛、劉起釪：《尚書校釋譯論》，中華書局2005年4月第1版，第32頁。

〔註262〕徐鳳先：《從大汶口符號文字和陶寺觀象臺探尋中國天文學起源的傳說時代》，《中國科技史雜誌》2010年第4期，第373～383頁。

〔註263〕徐旭生：《中國古史的傳說時代》（增訂本），文物出版社1985年10月新1版，第56頁。

〔註264〕徐旭生：《中國古史的傳說時代》（增訂本），文物出版社1985年10月新1版，第48～49頁。

〔註265〕（漢）劉安等撰，許匡一譯注：《淮南子全譯》，貴州人民出版社1993年3月第1版，第322頁。

〔註266〕（漢）劉安等撰，許匡一譯注：《淮南子全譯》，貴州人民出版社1993年3月第1版，第324頁。

測日影的，在此過程中眞正促成日影形成的是垂直樹立在地面上的立杆，也就是「表」，規仍然只是發揮其本來的作用就是畫圓，以便觀察杆影與圓周的交點，最終目的還是用來確立東西方位〔註267〕。因此，《淮南子》與《考工記》雖然都談到了「規」，但實際用意卻差別很大，前者是藉此具象之物的某些特徵用以闡發抽象的世界觀，後者雖涉及實物，然而講的具體內容又與前述學者的論述目標差之千里。故此可知，正是因爲首先有了這樣一篇類似於帝堯「本紀」的重要文獻，而後才有了陶寺當地的種種發現，加之部分學者對於文獻記載所做的並不準確的釋讀，所以各路研究者便養成了前述種種先入爲主的認識，即那座祭祀區的大型建築遺蹟以及墓中所見木杆當初一定是與某種天象觀測活動有關的。即便實在不得已遇到了於這一判斷不利的材料或數據，要麼是視而不見，要麼是曲意迴護，具體表現就是我們上面講到的那樣，有意或無意地混淆了「充分條件」與「必要條件」之間的分別，使得讀者在其論證過程中所見到者皆爲可雙向互證的「充要條件」。這樣一來，於論者自然是便宜了不少，可所得結論又怎能令人信服呢？

〔註267〕劉道廣、許暘、卿尚東：《圖證〈考工記〉：新注、新譯及其設計學意義》，東南大學出版社 2012 年 3 月第 1 版，第 95～96、135 頁。

第五章　陶寺文化的社會複雜化進程

　　從上文所做的梳理中我們可以看出，雖然在最近這 30 餘年來，隨著田野工作的開展，關於陶寺文化的研究取得了長足的進步，儼然已經成為中國史前史研究這座百花園中一朵引人關注的奇葩，但無可否認的是，這其中也還存在著不少亟待解決與糾正的問題。

　　大致講來，在第一階段中，學術界將過多的注意力投放到了關於該地所見材料與古史傳說中某一具體族屬的對應問題上去，試圖利用傳統的二重證據法來為這支考古學文化建立時空坐標系並判定其社會發展階段，進而將其涵納入以文獻解釋為主導的中國古代史研究的傳統框架之內。其結果是，主夏文化說者與主堯舜時代說者雖幾經鏖戰，卻兩敗俱傷，後者的慘勝絲毫也未能帶來整體研究層次的提升，而且正如前文中已然指出的那樣，這種勝利還是在放棄或者說有意迴避了對於眾多與考古事實相牴牾的同源文獻進行必要解釋的情況下才僥倖取得的，可以說是勝之不武。

　　當時顯然已經有不少學者認識到了陶寺研究所面臨的這種難以為繼的危機局面，因此在進入第二階段，也就是中間期以後，首先是早前在論戰中敗退下來的夏文化說主張者開始從對於考古發現的某些細目入手，試圖於古史族屬問題之外開闢出一片新的更具活力與發展前景的研究領域。從田野素材本身入手以提取更加原始同時也更加真實的社會歷史信息，而不是先入為主地以古人隻言片語的記載來框定學者自身的解釋思路，這本屬值得推許的現代研究策略，然而不幸的是，除了局限在技術領域內的個別實證研究之外，由於缺乏理論方面的引進與創新，在對無文字時代社會運動過程進行解釋時，國內研究者群體普遍存在著過度依賴古典進化論成說的痼疾。具體表現

在希望能在經典作家的原始著作中直接找到對於當代中國局地考古材料的完滿解釋。也就是說，將屬於理論構建這一科學研究中必要環節的工作全都推卸給早已作古，且不諳中國考古發現的摩爾根與恩格斯去完成，自己所從事的主要只是爲這些已經存在了百餘年的理論條目增添一些來自東方的實證材料而已，無疑，這屬於一種較低層次的智力勞動形式。於是我們看到，在缺乏理論自省意識的情況下，這片似乎已經在相當大的程度上超脫於古史傳說框架之外的新的研究園地，卻很快就變成了困鎖陶寺文化研究者的新桎梏，科技考古的種種新成果未能藉此成功地被轉化爲對於社會歷史信息的有效解讀。

而在最近這第三個階段中，雖然伴隨著田野材料的極大豐富以及新理論與新技術的廣泛引用，對於陶寺文化的解讀明顯呈現出多元化的趨勢，尤其是聚落考古與天文考古更成爲策動眾多學者奮進的兩架馬車。這些都屬可喜的新現象，但我們仍應注意到的是，前此階段中已經暴露出來的一些不良的研究傾向並沒有得到切實地反省，在這種情況下，因爲新技術的採用而發現的新材料也就難以獲得最爲合理的解讀。譬如在聚落考古中，對於該地聚落層級的劃分，不同的學者各執一詞，而這些層級又究竟表徵著怎樣的政治管治水平，在學術界尙難以取得共識，或許導致這類局面的還有一些客觀原因。而在天文考古活動中，則存在著若干過度解釋的問題，此外，對於這一主題而言，治古史的人因困於自然科學素養的缺乏而難辨其中計算結果之得失，不敢堅持己見，專攻天文的學者或未曾養成對於史料進行批判整理的習慣，或者本身對於某章某句的準確含義即不甚了了，從而造成任意裁剪，濫加引用的不良後果。不解其中詳情的讀者一見此文中既滿布現代科學知識的推演，又廣泛徵引古今文籍，遂以其爲不刊之論，緘默而不敢置喙，終使這類文章大行其道，殊不知此中同樣也是良莠混雜。凡此種種顯然皆不利於陶寺研究在未來的健康發展，故深爲廣大後學者足戒。

第一節　研究策略

既如上文所論，那麼爲我們所期待的研究策略又是什麼呢？要回答這個問題，首先需要明確這樣兩個概念，第一是社會複雜化，第二是陶寺文化，而這兩個概念結合起來也就是我們的論述主題，只有在明確概念的前提下，作爲研究者，我們才能有的放矢地去驅遣由考古活動所提供的各類材料。

一、社會理論：專業化與等級化

關於一個社會的複雜化過程，正如前文中已經做出的解釋那樣，它包括兩個方面的內容，即專業化與等級化。

這裏的專業化不僅指的是發生在生產領域內的技術分化，也包括政治領域內新部門的設立甚至是意識形態範疇內原有概念的細密化等等現象。它體現出的是這樣一個主題，即社會生活的具體內容在趨向多元化，在各個領域內幾乎都同時發生著專才對於通才的替代。在現實的社區生活中，無論是對於哪個階層出身的人來講，爲了能夠維持基本的生活，他都必須越來越頻繁地與社區的其它部分發生交流與聯繫。因爲有許多必要的器具、信息或知識不再像過去那樣可以由自己生產或僅僅是通過從長輩到晚輩這樣一個簡單的局限在家族內的關係網去滿足。

同樣地，我們這裏所講的等級化主要也不是指人與人之間早就存在著的基於年齡與性別等生理因素所形成的級差，對於陶寺這樣一個社會來講，等級化是一個政治術語，等級化制度的建立標誌著社區成員之間在原有的血緣關係之外成就了一類全新的交流機制。處在等級化體系內的個體，彼此之間不一定存在血緣或親緣上的關係，但他們各自明確地瞭解自己在這個制度內所佔據著的地位以及應當表現出來的合適的行爲方式。

之所以有必要在親緣群體之外建立這樣一種上下有別的制度，正在於社會已經發展到了這樣一個階段，即出現了剩餘產品，但剩餘產品的數量仍然有限以至於不足以無差別地滿足全社會所有成員的類似需求，因此就需要確立一種爲社區成員所公認的分配機制。在當時的條件下，這種分配機制必然是不不等的，但它卻是最合理的同時也是必需的，因爲面對著由生產進步，包括生產領域內的專業化所帶來的日益繁雜的管理問題，需要有一部分人作爲分工的結果來專門負責對於生產過程進行協調，以便保證此時已經是經常地涉及到多個家族乃至多個社區的其內容較此前大爲豐富了的生產活動能夠有序地進行，這就是爲什麼塞維斯認爲，在酋邦階段，史前社會的手工業生產水平往往表現出顯著的進步。其實在這一切過程的開端，不是以酋長爲首的等級制度推動了專業化的發展，恰恰相反，實際上是專業化的現實，當然首先是生產部門的專業化，使得原來那些在平等社會中主要只是負責處理親屬群體內部私事的長老們，開始在承擔著不同生產任務的各個家族或社區之間作爲表現出組織職能的管理者的角色，來

對因爲部門增多而顯得有些淩亂的公共事務進行必要的協調。當然這個新建立起來的協調機制越是能夠有效地運轉，生產活動的進行也就越是順利，生產的專業化水平就有可能在將來獲得進一步的提升。這就是經典作家所謂的上層建築對於經濟基礎的反作用，也就是塞維斯等人在酋邦中所見到的，那些質量遠超以往階段的精美手工業產品在進行集中管理的再分配體系中能夠大量湧現的原因。

所以，生產專業化會導致對於設立必要管理職位的需求，這些職位的設立會爲早先各自爲政的平等社會帶來承擔起公共事務協調職能的功能群體，由於這一群體的出現是有著明確的目的的，所以參與其中的成員之間所形成的自然是一種手段性社會關係。不過與現代產業社會明顯不同的是，當時的手段性社會關係經常是借助於血緣這樣一些完結性社會關係來實現的，並且最終演變爲可世襲的，這也部分地導致了在早期歷史階段中，這類功能群體的封閉性、狹小規模以及低效率。但不管怎樣，作爲一類爲執行某種功能而出現的群體，在其內部各成員之間必然要求建立一種人對人的支配關係，直至近現代產業社會中，功能群體仍然是依照類似的原則組織起來的，區別主要在於，因爲血親與姻親關係顯而易見的影響力，早期歷史中這類支配關係通常體現出有異於後世的全人格的特徵，即強調下級對於上級的人身依附〔註1〕。而一個這類成功的由管理者所組成的政治體系又可以保障現有的生產活動在一個更有序的狀況下運轉，甚至對之進行有目的的規劃。於是我們看到，社會生產開始朝著利好方向持續發展，專業化不斷深化，而這種首先出現在經濟領域內的新部門與新工序又總是需要已經建立起來的政治結構爲之做出相應的調整，最常見的就是同步設立新的管理機關，並在這些新機關與舊有的政治部門之間建立起有機的聯繫，這種有意識的整合過程就是發生在政治領域內的專業化。

不過社會的實際發展過程從來也不會是一條直線，當社會複雜化在政治中心成立以後持續深入進行的同時，一些因爲等級化制度的建立而逐漸顯現的弊端也在社會的肌體內部隱隱作痛。公共機關的出現尤其是出身於某些家族的成員最終被允許世代佔據享有對他人人身與勞動的支配權的高級管理職位，這些對於早期社會複雜化來講幾乎難以避免，或早或晚總會出現的情

〔註 1〕 〔日〕富永健一：《社會學原理》，嚴立賢、陳嬰嬰、楊棟樑、龐鳴譯，社會科學文獻出版社 1992 年 3 月第 1 版，第 9、191～198 頁。

況使得宣稱其初衷是爲了保障公共利益的集團開始與自己早先所由以孵育的社會逐漸脫離〔註2〕，它也與屬下任何一個被管理者一樣終於產生了獨屬於自己的特殊利益。這種特殊利益的主要內容首先是要維護政府自身的繼續存在，進而維護政府中某些個人的地位與利益繼續存在甚至是進一步擴大，而這種在社會總產品中要求瓜分更大份額的企圖，必然會加劇管理者與被管理者之間的摩擦，於是爲了應對日趨嚴重的動蕩局勢，政府被迫在社會治安領域內投入更多的精力與資源從而有可能忽視對於生產活動的協調與管理。其結果就是，政治精英集團這種對於已獲得的等級與特權的過分強調，會在超過一定程度時在社會生產領域內產生一系列的負面效應，而這顯然是與政府最初是爲了能夠通過對於已經分化了的生產程序進行積極協調，進而促進社會生產的發展這樣一個根本初衷相悖的〔註3〕。無論是搜刮更多的財富，鎮壓來自於被管理者群體的反抗，還是缺乏對於生產活動的足夠關切，所有這一切都會惡化政府與民眾之間的關係，最終的結果就是作爲管理者的政府徹底完成了與自己產生於其中的社會的分離過程，如今它已經成爲了一種自居於社會之上且與社會漸行漸遠的相異化的力量〔註4〕。這一切開始的根源，表面上看起來是出自某些政治精英的貪欲，的確在所有我們能夠看到的歷史檔案中，除了來自外界的難以抗拒的軍事征服或自然災害之外，政權崩潰的前兆總是嚴重的腐敗與糜費，大量的社會產品被強制徵繳然後又輕易地浪費掉，但從更爲根本的角度來看，政治精英們之所以有能力借助於現有管理結構從而將自己那種錯誤的決策付諸實施並被宣佈爲是代表著整個社會的普遍利益〔註5〕，原因在於功能群體所藉以建立的這種等級化的組織方式實際上僅僅只具備形式上的合理性〔註6〕，而對於政治經驗仍然處於嚴重缺乏狀態下的早期政體來講，濃厚的人治色彩又使得這種形式上的合理性很

〔註2〕 施治生、郭方主編：《古代民主與共和制度》，中國社會科學出版社1998年12月第1版，第19～20頁。
〔註3〕 〔美〕喬納森・H・特納：《社會宏觀動力學：探求人類組織的理論》，林聚任、葛忠明等譯，北京大學出版社2006年12月第1版，第27～28頁。
〔註4〕 中共中央馬克思恩格斯列寧斯大林著作編譯局編：《馬克思恩格斯選集》第4卷，人民出版社1995年6月第2版，第170頁。
〔註5〕 中共中央馬克思恩格斯列寧斯大林著作編譯局編：《馬克思恩格斯選集》第1卷，人民出版社1995年6月第2版，第84～85頁。
〔註6〕 〔日〕富永健一：《社會學原理》，嚴立賢、陳嬰嬰、楊棟樑、龐鳴譯，社會科學文獻出版社1992年3月第1版，第195～196頁。

容易蛻化爲一紙具文〔註 7〕。這就是像酋邦這樣人類歷史上第一種等級化的政體爲什麼總是表現出驟興驟滅式的循環，決策失誤是導致酋邦崩潰的一類重要且普遍的原因，而酋邦之所以總是在一個地區內反覆出現，則表明了由於分工的發展，這樣一類協調中心又是正在經歷複雜化進程的社會所必需的。對於某個地區來講，這種局面很可能會一直持續下去，直至政治集團終於在對社會生產進行過度調控與調控不足這兩個極端之間覓到一個可以兼顧各方利益的平衡點爲止〔註 8〕。

這裏所講的是社會複雜化的一般過程，當然，可以對這一過程產生影響的絕不僅僅限於經濟活動，諸如戰爭、宗教等因素都可以對複雜化的進程，特別是等級制度的發展產生影響〔註 9〕。不過相對於這些經常是來自於當地社會之外的因素而言，我們認爲，還是前述首先發生於生產領域內的分化才是理解社會複雜化進程所以興起的關鍵環節。

二、考古材料：裝飾性組件與實用性組件

除了社會複雜化以外，另一個需要專門辨析的概念是陶寺文化。之所以有這個必要，主要還是因爲這支文化是借助於考古活動而非文獻記載才得以呈現在我們面前的，而按照田野工作者一般的理解，文化與社會、族群甚至是政體這樣一干概念實際上可以被看作是同義詞。而在具體操作的過程中，研究人員經常處理的大宗材料又是陶器，所以對於一個尚處在無文字時代的社會來講，他們所採取的陶器生產工序與地方化的技術特徵就構成了我們如今所講的考古學文化的基本內容。

雖然無可否認的是，與器物相關的生產、消費及使用環節中其行爲主體都是人，因此籠統地來講，今日出土的人工製品可以反映出往昔製作、消費及持有該物品的人的一些情況，但這其中的關係實際上仍然是非常複雜且難以簡單判定的。因爲我們知道，無論是否涉及到作爲一般等價物的貨幣，消費者在購置或換取自己所需的產品時，總有多種因素會進入他的考慮範圍之

〔註 7〕 （清）孫詒讓撰：《墨子閒詁》，孫啓治點校，中華書局 2001 年 4 月第 1 版，第 74～98 頁。

〔註 8〕 〔美〕喬納森·H·特納：《社會宏觀動力學：探求人類組織的理論》，林聚任、葛忠明等譯，北京大學出版社 2006 年 12 月第 1 版，第 28 頁。

〔註 9〕 施治生、徐建新主編：《古代國家的等級制度》，中國社會科學出版社 2003 年 3 月第 1 版，第 2、4～5 頁。

內，陶質與器形這兩個在考古報告書對於器物的描述中最常用到的主要標準也只不過是這許多因素中的兩種而已，而且還不總是最主要的兩種。完全可以想見的是，對於一個通過墓葬可以直接體會得到的身無長物的普通陶寺居民來講，在獲取由他人提供的陶器等產品時，價格可能才是他最關心的因素，同時也就在很大程度上左右著他最終的購買行為。這類行為在當時必定是頻繁地大量地發生著的，因為對於陶寺這樣一個社會來講，很顯然，希望各種家居什物都由自己來完成全部生產過程是不現實的，那種情形只能出現在發展水平遠遠低於龍山時代的某些還未發生階級分化的平等社會中。同時考古材料也為我們的這種判斷提供了直接的證據，當我們可以對於像釜竈或扁壺這樣在當地大量出土的日用器物分辨出數量有限的幾種不同形式時，本身就說明了這類器物在當時是由某些專業化的生產單位進行集中製造的，只有專業化的生產才能向我們提供這類表現出標準化特徵的器物。因此在不同代際之間，同一類陶器形式的演變可以標識出時間的前後，告訴我們生產者之間的替換或是新工藝與新的審美趣味的出現，但卻很難反映出政治與意識形態等上層建築領域內的變動，甚至也標識不出更大的社會階段的演進。

　　這種困局對於通常是由平民使用的技術含量與藝術水準都不高的日常器物來講尤其嚴重。譬如釜竈這種被看作是考古學上所講的陶寺文化的標誌的炊具，實際上直至漢代仍然流行於某些地區並被複製為冥器陪葬於墓穴之中〔註10〕，這些器物之所以未能對於時代變遷做出積極的反應，原因只是在於它們本無需對此做出反應。像扁壺一樣，作為一類實用器物，釜竈的主要功能是滿足人們日常生活中炊煮食物的需要，而要滿足消費者的這類需要則只要滿足基本的一些結構要求就可以了。至於說表面有沒有某種紋飾，這些都是次要的，除非這種兼具裝飾功能的紋飾同時也可以改善炊煮效果，正如前文中已然指出的那樣，能夠改善炊煮效果才是釜竈最終被鬲所取代的根本原因。也就是說，導致日常器物之間發生代際更新的根由與其像許多研究者那樣必要自形而上的政治結構與族屬變動中覓得，不如首先關注形而下的一些技術指標。

　　我們知道，器物的背後總是站立著它的主人，也就是當初保有它或使用它的人，同時我們又知道，在當時，並不是社區內的每個人都有參與政治活動的資格，而政治局勢的每次波動也不一定會波及當地的所有居民，更不用

〔註10〕　《釜竈》，《黑龍江民族叢刊》2006年第6期，第38頁。

說影響他們所用的每件日常器物了。正如上文指出的那樣，對於這些主要消費群體鎖定於普通居民的器物來講，成本是製造過程中首先應該得到考慮的重要因素，在控製成本的前提下，除了保證製成品能夠滿足未來使用者的基本需要之外，任何其它不必要的裝飾性行為都會被認為是在浪費勞動時間，也就是會帶來成本的增加，從而削弱自己的產品在交易活動中的競爭力。因為基於成本而形成的價格才是一個經濟拮据的平民在選購同類器物時最為關注的因素，所以考古活動中發現最多的陶器總是盡可能表現得十分素樸，這不是因為審美情趣而是目標群體消費能力的限制所致。就拿陶寺來講，在屬於同一時期的大型墓葬中我們就可以發現不少通體塗飾著繁縟裝飾圖案的陶器，但它們顯然不屬於占人口最大多數的平民所有，而且數量也很少，不占當時社會產品的主流，儘管這些器物可能代表了那個時代比較先進的工藝。

從分別屬於貴族與平民所用的兩類器物中，我們可以知道，包括陶器在內，每一種器物本身都同時體現著兩個方面的內容，其一是實用性，再者是裝飾性。

顧名思義，前者是為了保證器物能夠滿足人們關於炊煮、盛儲、運輸、砧墊等使用需求，這種需求會規定某類器物的基本結構與必要的選材標準。譬如扁壺，無論在陶寺文化存在的時期內，其具體形式發生過怎樣的變化，它總是需要一個鼓起的腹部以便盡可能多地容納井水，另一側器身扁平便於貼附背部不致滑滾，同時口不能太大，以防揹運期間發生溢濺，這種器物後來的形態逐漸發生改變那也是為了能夠更好地實現小規模運水這種非常現實的功能。很明顯，從扁壺形式自早及晚的變化中，我們看不出有來自政治或意識形體領域內某種勢力的干擾，形制的改變完全是通過對於使用經驗的積纍與回饋而實現的技術進步的結果。扁壺形態的改變可能會使得背水時效率更高，但至於較之此前未做改進時究竟能高出多少，恐怕很難計算出來，這樣也就沒有辦法知道這種器形的改變會對使用者所從事的生產活動造成怎樣具體的影響了。與此同時，這種對於器形所做出的微調既不會導致勞動時間的顯著增長，也不會引起對於設立新的加工環節的需要，也就是說對於生產者來講，這種改變同樣不會對於現有的工序即分工格局產生本質的影響。這樣，綜合生產者與使用者兩個方面來看，扁壺形態的這些改變雖然是可覺察的，但並不能對於當時社會的複雜化進程產生值得關注的影響。反過來講，社會複雜化水平在此期間是否發生陞降，同樣也難以促動人們產生對於某種

新型扁壺的追求，尤其是對於扁壺的主要消費群體也就是那些平民而言，完全可以想見的是，只要未曾跌碎，家裏的老式扁壺就會一直使用下去，根本沒有更換的必要。同樣地，使用夾砂陶來製作炊具，也是因爲這種材質更具耐受溫度驟變的性能罷了，因此無論是早期的釜竈還是晚期的鬲都青睞於採選這類材料製造。所以我們可以看出，由實用性而規定的那部分器物特徵，它們對於政治與意識形態等上層結構領域內的變遷是不敏感的，這使得它們在反映社會複雜化進程方面的價值大打折扣。

與此相反，裝飾性因素卻可以爲我們提供很多關於這個話題的信息。在這裏首先需要聲明的是，在我們看來，對於任意一件器物而言，它的整個形態除了由實用目的即實用性來規定的部分以外，其餘所有的表現形式就都可以被看作是裝飾性的了，也就是說，凡是不能用爲達成某種形而下的實用目的來解釋的構件，就都應該被理解爲是裝飾性的。雖然不能對於工作效率產生積極的影響，但這類因素的存在，尤其是在一個相對較長的時期內於同一個地區大量出現，同樣有著值得關注的理由，這種理由使得人們寧願花費更多的看起來沒有實效的無用功來按照一種固定的格式去規劃產品外觀。在我們看來，相對於陶器中的那些實用性因素，由裝飾性而得出的那部分產品形式的確是需要研究者爲之傾注更多注意力的，這是因爲它與我們的論題有著更爲密切的聯繫。首先，在裝飾性上達到更高水平的器物通常都會對於製造技術提出更苛刻的要求，而這種要求非通過專業化生產則難以滿足，其中既涉及到在製作該器物的流程中於不同工種的技師之間形成更多同時也更嚴格的分工關係，又因爲製作成本相對高昂，也就是會消耗更多的勞動時間，從而使得參與其中的勞動者難以脫身再去從事其它謀生活動，因此必然會要求在公共管理機構的協調下由社會上其它一些生產部門來爲之提供必需的生活資料，這樣就會在不同的生產部門之間促成更大規模的分工關係的發生。實際上，分工是簡單協作的進一步發展〔註11〕，而有序的穩定的協作關係必然是在公共權力的主持下才得以普遍實現的，這就對於公共權力的管治水平提出了更高的要求，肩負這一職責的政治集團被要求提供用以維繫社會各部門的更有效的整合手段，而整合手段的更新正標誌著社會複雜化水平的提升，這也是前文中已然提到的，新進化論者藉以劃分人類社會演進階段的標準。

〔註11〕 中共中央馬克思恩格斯列寧斯大林著作編譯局編譯：《馬克思恩格斯全集》第32卷，人民出版社1998年1月第2版，第301頁。

此外，裝飾性因素因爲擺脫了實用功能的限制，因而可以更多、更自由地體現出設計者的主觀意願，而能夠左右設計者思維的又是最終的消費群體。作爲一類奢侈品，擁有繁複裝飾性組件的器物通常都只會在富有者階層中流通與使用，又因爲在人類早期等級制社會中並不存在不貴而富的現象，所以，使用奢侈品的富有者同時也就是地方政治活動的主導者。其中的某些奢侈品因爲可以傳達出獲得普遍認可的特殊信息，譬如，對於地位與身份做出聲明或充當政治信物等，從而自所有其它奢侈品中脫穎而出成爲現實政治秩序的象徵。隨著管理機關內部的進一步分化，從事政治活動的出身於精英集團的各成員之間在等級方面的差異更趨明確，作爲這種現象的最直接的物化形式，那些具備政治象徵意味的不同奢侈品之間也就產生了與之類似的貴賤之別。最終的結果是，物與持有物的人一樣也形成了一種金字塔形的等級制結構，而且這種等級制一旦形成就總是表現出強烈的保守性，即便下層政治精英實際上擁有購置更高級別象徵物品的經濟能力，僭越者也會因爲這種犯規行爲而遭受來自於高層的打壓，這種自成系統的政治象徵物在中國的傳統文化中就被稱作是禮器。正如這裏講到的那樣，禮器最初是從局限在上層社會內部流通的奢侈品中脫胎而來的，但當所有禮器被比照政治結構最終組合爲一種表現出明顯等級色彩的使用制度之後，那麼它就會在奢侈品這個更大的社會產品門類下逐漸形成一個具備自身運行特徵的亞系統。雖然在此後的歷史過程中，禮器群體中的具體內容與各自的象徵意義同樣會經歷更新換代的過程，但這種過程就不是僅用經濟因素單純可以解釋的了的，所以更準確地講，禮器制度需要同時滿足地方政治習慣與實際生產成本兩個方面的要求，這一制度的後續發展也是在來自於兩個領域內的各種因素相互鬥爭與妥協的過程中實現的。

在樹立了兩者之間的這種區別之後，我們現在終於可以回答早先提出的那個問題了，即什麼是陶寺文化，或者說在所有這些發現於當地的遺物與遺蹟中，哪些對象才能代表陶寺人的文化？很明顯，答案應該是後者而非前者。也就是說，如果史前史的研究只能通過對器物形態的解讀來復原社會歷史過程的話，那麼其中的裝飾性因素才是研究者首先應予以關注的對象，因爲正如我們上文中解釋的那樣，主要基於實用性考慮而出現在器物形態之中的那一部分結構，由於要受到普遍的自然科學與工程技術方面的客觀限制，所以既可以在同一時期內的許多其它文化中見到，甚至可能跨越漫長的歷史時期

與社會發展階段而持續存在下去。它們的形式之所以總是傾向於表現出這樣僵化、保守的特徵，正在於自然規律是不以人的意志爲轉移的，而爲了能夠更好地去實現既定的實用功能，這是類似結構或器物本身被製造的首要目的，它們就只能嚴格依循著這樣的規律，除非人類知識得到了擴充，即在原有基礎上認識到了新的更多的規律，或者是掌握了對於某種新材料的開採與攻治技術，這個時候器物形態才有發生新舊演替的可能。這是在時間維度上可能發生的變化，不過可以想見的是，這種變化在世界各地的前工業社會中不可能會頻繁地發生，兩次具備歷史意義的變化彼此之間的時間間隔極其漫長，與在政治、宗教等上層建築甚至是大部分經濟生活方式等領域內所發生著的規模或大或小的種種改變完全沒有保持同步的可能性。雖然經濟基礎決定著上層建築，但我們應該注意的是，生產力或經濟基礎這樣的概念包含的內容非常豐富，由具體技術所規定的產品形式只是其中的一種因素，況且政治結構等上層建築領域內的變革同樣可以對社會生產產生反作用，有的時候這種反作用竟然是如此強大，譬如歐亞草原帶南側的許多農業社會所經常面臨的來自於北方高原地區的軍事征服，這種外力對於社會生產造成的破壞是眾所週知的，它們會使得本已相當緩慢的技術革新的速率大大延遲。因爲很明顯，軍事征服往往會造成人口的顯著減少，從而大大減輕了定居農業社會的食物生產壓力，再加上熟練工匠被擄掠或徵發，這些因素都不利於新技術進而由新技術所規定的實用性的新器形的出現。此外，如果從空間範圍的角度來考慮，我們在對於器物形態各組件進行區分的過程中所使用的「實用性」這一概念，部分地與斯圖爾德所提倡的「文化內核」、利奇講的「世俗」或「技術」等說法有著重疊或相似的指涉內容〔註 12〕，類似的區分思路同樣體現在格雷布納與埃里奇等人對社會文化的跨地域傳播過程所開展的嚴密考察中〔註 13〕。這些現在已經被視爲人類學經典的研究活動無一例外都證明了，在對於類似環境的適應過程中，器物形態中的實用性組件總是容易表現出高度的相似性，而遠隔萬里的兩個社會中表現出來的這類相似性因爲所面臨的環境條件與已經實現了的技術成就不相上下，因此很難就其間是否發生過某種形式

〔註 12〕〔英〕埃德蒙・R・利奇：《緬甸高地諸政治體系——對克欽社會結構的一項研究》，楊春宇、周歆紅譯，商務印書館 2012 年 6 月第 1 版，第 31～35 頁。

〔註 13〕〔日〕克內克特・彼得：《文化傳播主義》，載〔日〕綾部恒雄編：《文化人類學的十五種理論》，中國社會科學院日本研究所社會文化室譯，國際文化出版公司 1988 年 6 月第 1 版，第 12～23 頁。

的跨地域交流或互動做出令人信服的判斷，所以如果從空間傳播這個角度來講，器物形態中的那些實用性組件同樣不宜於被作爲某一社會或者是族群的識別標準。

　　總之，根據歷時性與共時性兩個方面的研究成果，我們都主張更多地採納體現於器形之中的裝飾性因素而非爲實現某一技術性功能才出現的實用性因素，來作爲解讀類似於陶寺這樣一支前文獻時代文化的切入點。只有從這個角度入手，我們才有可能探知什麼是屬於陶寺人所有的文化，什麼是我們在當地才能發現的一套裏挾著眾多象徵符號的解釋體系，人們用它來爲自己的行爲進行辯護，確定內在自身與外在自然的關係，這樣一個象徵——解釋體系，而不是遍見於廣大時空範圍內的一些技術特徵，才是陶寺文化的主要內容。

第二節　實證分析

　　在釐清了概念問題之後，我們接下來的分析就將循著「專業化」與「等級化」兩條線索來進行，而已經得到解釋的關於器物形態中「實用性」組件與「裝飾性」組件之間的區分，則會成爲在對各類實證材料就社會複雜化問題的說明能力進行判斷時所採納的常規標準。

一、專業化

　　首先，就專業化來講，這個概念應該包括兩個方面的內容，即被管理者的專業化與管理者的專業化，也就是說，社會生產以及政治領域內同時都發生有專業化現象，當然，後者發生分化的目的是爲了能夠更好地適應最早發生於前者那裏的類似現象。

　　對於實際的生產過程而言，又有著兩類專業化，一種是本部門內部生產工序的分解，另一種是部門之間的分工，其中前者以後者爲基礎，同時又會促進後者的發展。雖然這兩種專業化都有著悠久的歷史，但在近代產業社會到來之前，部門內部的專業化並不發達，長期以來都是以部門之間的分工爲主要表現形式的〔註14〕。

　　這樣兩類分工在陶寺可能都是存在的。譬如在早期大型墓葬中陳列的繪

〔註14〕中共中央馬克思恩格斯列寧斯大林著作編譯局編譯：《馬克思恩格斯全集》第32卷，人民出版社1998年1月第2版，第301～307頁。

有蟠龍紋圖案的陶盤，從燒製技術來看，顯然是專門為喪葬活動準備的，燒製素面的陶坯是一道工序，繪畫特定的圖案則是另一道工序，作為出土數量稀少的權力象徵物，政治集團很可能會對生產過程進行直接的干涉，從而保證這類特殊產品只能在一個狹小的範圍內流通，並根據政府的指令被用於特殊的場合。因此在這種情況下，有了政治勢力的保障，各自具備一技之長的工匠就會被組織進同一個生產流程中，他們彼此之間就表現為最終凝結在同一種產品內部的各個工藝環節的對立而非各種產品的對立，直至完成最後一步修飾工作之前，這種特殊的陶盤都不會進入消費領域。這裏體現出來的就是生產領域內的第二種分工形式，我們相信，在被此前的研究者稱為禮器的許多產品的製造過程中很可能都存在著這種分工，只是在當時，負責組織這類分工的是政府而不是社會資本。但無論如何，這類分工的存在都表明了技術發展的進步與已經實現了的較高水平，它使得專業化的管理職位的存在更形必要。最近發現於大城西南角的指示著複雜結構的大型建築基址因為與眾多手工業作坊臨近，有可能就是當時擔負有類似職能的管理機構的遺存〔註15〕，也就是說勞動工序的分解同時也促進了政治領域內的複雜化。

　　至於出現在不同勞動部門之間的社會分工，可以在更多的產品中得到體現，不僅僅局限於技術較複雜的禮器，而且起源的時間也比另外一種分工更古老，對此無需贅列更多的例子。我們只是要指出這樣一點，是關於食品生產方面的，雖然當時已經發生了城鄉之間的分化，但程度還很有限〔註16〕，修築城垣或是為了防範敵對勢力的侵擾，或是為了堵防某種自然災害〔註17〕，總之主要還是一種政治行為，所以當時的城市是為統治集團服務的，是一個管理制度遠較鄉村地區嚴苛的政治據點，不可能為那些遷移而來的庶民們提供什麼具有都市化色彩的便利生活設施〔註18〕，相反地，城卻是政治壓迫的象徵。但城畢竟還是要交由被壓迫者去築造的，從這個意義上講，高大

〔註15〕 高江濤、何駑：《2012 年度陶寺遺址發掘的主要成果》，http://www.kaogu.net.cn/html/cn/xueshuyanjiu/yanjiuxinlun/juluoyuchengshikaog/2013/1025/33684.html，2013 年 11 月 29 日。

〔註16〕 趙岡：《從宏觀角度看中國的城市史》，《歷史研究》1993 年第 1 期，第 3～16 頁。

〔註17〕 〔澳〕劉莉：《中國新石器時代：邁向早期國家之路》，陳星燦、喬玉、馬蕭林等譯，文物出版社 2007 年 11 月第 1 版，第 104、228 頁。

〔註18〕 何駑：《2010 年陶寺遺址群聚落形態考古實踐與理論收穫》，http://www.kaogu.net.cn/html/cn/xueshuyanjiu/yanjiuxinlun/juluoyuchengshikaog/2013/1025/33670.html，2013 年 11 月 29 日。

的城垣與任何一樣手工業品相仿，它們都需要爲此成立專門的不事農牧的組織，這就要求農業部門在此期間爲所有這些勞動人口提供基本的生活資料，其中最重要的就是食品。所以城的修造使我們看到了發生於更大範圍內的社會分工的情況，即手工業與農業的分離，而這種分離又不能被簡單地等同於在更早的階段中自然發生的那種分離，因爲它有一個顯著的特點，即在政府的主導下才發生的。因此政治組織要爲這種分工所帶來的社會後果負責，於是包括農產品在內的各種生活資料被徵集起來用以支付工酬，陶寺的城垣一步步擴大，而且現在在原有中期城垣的基礎上，又發現了屬於同一時期的內外多道城垣，這表明陶寺貴族們的政治控制能力的確是增強了，這一點與農業產量的增長實際上是互爲因果的關係，只要在一定合理的範圍內，一個更強大的政府總是能夠更加有效地組織包括農業活動在內的各類社會生產事業的開展。在早、中期一直得到延用的倉儲區是政府具備物資集中調配能力的具體體現，值得注意的是，這些儲存設施是建造在早期城垣之外的〔註 19〕，這種位置顯然不利於盤踞在城中的政治集團對之加以監管，並且也會增加安保工作的難度，同時在這一地帶內分佈的還有居民區〔註 20〕、陶窯等手工業單位〔註 21〕以及大面積的墓地等〔註 22〕，而這些內容有許多在中期城垣的建造過程中也都被擴入城內。

造成包括城區面積擴容、農業產量增長等一系列利好局面出現的原因或許還與更多外來人口遷入臨汾盆地有關〔註 23〕，這一點從前述通過人骨檢測所得出的關於族屬成分較複雜的判斷那裏也可以得到支持〔註 24〕。在這裏需要做一點說明的是，我們的主張是一貫的，即作爲當時臨汾盆地的政治中心，陶寺城

〔註 19〕 張渭蓮：《中國早期國家的崩潰——以陶寺和二里頭爲例》，http://www.xianqin .org/blog/archives/1904.html，2013 年 11 月 30 日。

〔註 20〕 中國社會科學院考古研究所山西隊、山西臨汾行署文化局：《山西襄汾縣陶寺遺址 II 區居住址 1999～2000 年發掘簡報》，《考古》2003 年第 3 期，第 3～17 頁。

〔註 21〕 山西省考古研究所：《陶寺遺址陶窯發掘簡報》，《文物季刊》1999 年第 2 期，第 3～10 頁。

〔註 22〕 中國社會科學院考古研究所山西工作隊、臨汾地區文化局：《1978——1980 年山西襄汾陶寺墓地發掘簡報》，《考古》1983 年第 1 期，第 30～42 頁。

〔註 23〕 〔澳〕劉莉：《中國新石器時代：邁向早期國家之路》，陳星燦、喬玉、馬蕭林等譯，文物出版社 2007 年 11 月第 1 版，第 159～160 頁。

〔註 24〕 張雅軍、何駑、張帆：《陶寺中晚期人骨的種系分析》，《人類學學報》2009 年第 4 期，第 363～371 頁。

垣的建造與城內的一些佈局情況雖然可能是在政治集團的主持下完成的，但這絕不構成對於這座城邑同時擔負著的經濟功能的任何否定，因為沒有能夠脫離經濟背景而獨立存在的政治體系〔註25〕，陶寺城址中那些同時生產日用器俱如釜竈或扁壺的窯址也可以證明這一點〔註26〕。結合周邊居民點中的發現，我們有理由懷疑，作為政治中心的陶寺與那些散佈於整個臨汾盆地各處的眾多更小的社區一樣，都有著自己的日用品加工業，至於其它聚落在當時是否被要求完成向陶寺貢獻實用性陶器的義務，這一點就目前所掌握的材料來看仍然很難做出判斷〔註27〕。相反地，作為對於政治效忠行為的一種回報，陶寺的貴族們所掌握的技術優勢卻可能同時被用來為地方精英集團提供有等差的服務，譬如向其饋贈富於裝飾性因素的做工精良的彩繪陶器或玉石器等，以便幫助他們樹立在本地社區中的地位。至於這些地方精英是否與陶寺本地的貴族具有相同的起源，這一點則難以獲得來自於考古材料的積極支持，而且我們也並不認為這與目前討論的社會複雜化問題有著太多的聯繫〔註28〕〔註29〕。

作為對於社會生產專業化的一種回應，政治領域內也在發生著相應的分工與分化現象。在陶寺城邑發展的早期階段上就已經可以看出發生在貴族集團內部的分化了〔註30〕，這種分化趨勢到了中期就更加明顯〔註31〕〔註32〕，

〔註25〕〔德〕恩格斯：《反杜林論》，中共中央馬克思恩格斯列寧斯大林著作編譯局譯，人民出版社1999年12月第3版，第190～191頁。
〔註26〕山西省考古研究所：《陶寺遺址陶窯發掘簡報》，《文物季刊》1999年第2期，第3～10頁。
〔註27〕何駑：《2010年陶寺遺址群聚落形態考古實踐與理論收穫》，http://www.kaogu.net.cn/html/cn/xueshuyanjiu/yanjiuxinlun/juluoyuchengshikaog/2013/1025/33670.html，2013年11月29日。
〔註28〕下靳考古隊：《山西臨汾下靳墓地發掘簡報》，《文物》1998年第12期，第4～13頁。
〔註29〕山西省臨汾行署文化局、中國社會科學院考古研究所山西工作隊：《山西臨汾下靳村陶寺文化墓地發掘報告》，《考古學報》1999年第4期，第459～486頁。
〔註30〕龐小霞、高江濤：《試論中國早期宮城的形成及初步發展》，《考古與文物》2009年第5期，第46～51頁。
〔註31〕中國社會科學院考古研究所山西隊、山西省考古研究所、臨汾市文物局：《山西襄汾縣陶寺城址發現陶寺文化中期大型夯土建築基址》，《考古》2008年第3期，第3～6頁。
〔註32〕高江濤、何駑：《2012年度陶寺遺址發掘的主要成果》，http://www.kaogu.net.cn/html/cn/xueshuyanjiu/yanjiuxinlun/juluoyuchengshikaog/2013/1025/33684.html，2013年11月29日。

在宮殿區內同期並存的數個大小不等的夯土建築基址有可能意味著政治決策活動內部也已經形成了某種分工關係，不同的管理環節被劃歸不同的機關來完成，相互毗連的高等級建築物之間在形制方面所表現出來的差別，可能正是為了適應各自所承擔的不同政治功能，這說明陶寺社會的複雜化水平在中期有了進一步的提升，政府所具備的協調與管理職能同時是針對內、外兩個方面的〔註33〕。雖然有學者主張，在稍晚的階段中當地可能曾經發生過較具規模的暴力事件，不過這種動盪局勢即便是有，似乎也只是暫時的，生產領域內的專業化依然可以得到許多材料的證實，同時管理機關在動亂過後也仍然存在。當然，晚期夯土建築基址的存在並不能直接說明統治集團內部在此期間沒有發生過某些調整甚至是革命，但這種僅限於某一階級內部個別成員之間的權力鬥爭顯然沒有對於社會複雜化進程造成本質上的干擾，所以總體上來說，直至晚期，陶寺聚落仍然是當地一處具備中心地位的社區。雖然中期宏大的城垣與城內部分高等級建築物遭到了毀棄，也可以見到許多針對墓地的破壞行為，但在這片塔兒山北側的斜坡地帶上仍然居住著相當可觀的人口，手工業生產也沒有明顯衰退的跡象，這是當地社會複雜化水平得以維持的根本原因〔註34〕〔註35〕〔註36〕。

與陶寺的這種穩健的發展勢頭相對，這一時期在塔兒山南側興起了另一座大型聚落，即現在所講的南石——方城遺址。後者的佔地面積雖然相當廣闊，但就專業化這個角度來講基本沒有什麼值得關注的地方，其中的陶器、石器與骨器等皆以實用性日用器物為主，從所需的製造技術水平來看，它們不會對於當時的生產工序提出過高的要求。既然如此，在當地未曾發現夯土建築基址也就顯得很正常了，因為相對簡單且成熟的工藝流程並不需要來自於公共管理機

〔註33〕〔澳〕劉莉：《中國新石器時代：邁向早期國家之路》，陳星燦、喬玉、馬蕭林等譯，文物出版社 2007 年 11 月第 1 版，第 12 頁。

〔註34〕中國社會科學院考古研究所山西隊、山西省考古研究所、臨汾市文物局：《山西襄汾陶寺城址 2002 年發掘報告》，載解希恭主編：《襄汾陶寺遺址研究》，科學出版社 2007 年 1 月第 1 版，第 119～158 頁。

〔註35〕中國社會科學院考古研究所山西隊、山西省考古研究所、臨汾市文物局：《山西襄汾縣陶寺城址發現陶寺文化中期大型夯土建築基址》，《考古》2008 年第 3 期，第 3～6 頁。

〔註36〕高江濤、何駑：《2012 年度陶寺遺址發掘的主要成果》，http://www.kaogu.net.cn/html/cn/xueshuyanjiu/yanjiuxinlun/juluoyuchengshikaog/2013/1025/33684.html，2013 年 11 月 29 日。

關的協調。這種情況在數量有限的墓葬中也得到了體現，與陶寺明顯不同的是，這裏的墓葬只是散見於居住區之內，沒有形成相對集中的墓區，這些現象都使我們有理由推測，方城社區的生活缺乏積極有效的規劃，當地社會的複雜化水平應當低於陶寺。因此我們並不認為，在晚期的時候，陶寺在盆地內部政治與經濟生活中的地位受到了來自於南方大型社區的挑戰，更談不到被替代。至於說聚落等級規模曲線的問題，已經有學者指出，在前期對於聚落規模與等級進行識別的過程中就經常會受到許多人為因素的干擾，因此與夯土建築基址或墓葬一樣，那也只是僅供參考的諸標準之中的一項而已〔註37〕〔註38〕〔註39〕〔註40〕〔註41〕。自然，不可否認的是，隨著二里頭聚落群在更晚時期的崛起，陶寺的確是衰落了，從而淪落為新的以二里頭為中心的另一處世界體系的邊緣地帶〔註42〕，不過目前所掌握的田野材料尚不足以對於這一過程做出較為完滿的解釋。

二、等級化

按照我們此前所做出的分析，因協調需要而產生的公共管理機關作為一類功能群體，其內部有必要依照等級化的原則來進行組織，這樣才有利於達成一定的目的。在考古學上所講的陶寺文化存在的時段內，可以很明顯地看出，當地人一直生活在一種等級制社會體制之內，聚落等級的分析在這個方面可以提供積極有效的支持〔註43〕〔註44〕〔註45〕。另外一些材料則來自於對

〔註37〕中國社會科學院考古研究所山西工作隊、山西省臨汾行署文化局：《山西曲沃縣方城遺址發掘簡報》，《考古》1988年第4期，第289～294頁。

〔註38〕〔澳〕劉莉：《中國新石器時代：邁向早期國家之路》，陳星燦、喬玉、馬蕭林等譯，文物出版社2007年11月第1版，第158～159頁。

〔註39〕何駑：《2010年陶寺遺址群聚落形態考古實踐與理論收穫》，http://www.kaogu.net.cn/html/cn/xueshuyanjiu/yanjiuxinlun/juluoyuchengshikaog/2013/1025/33670.html，2013年11月29日。

〔註40〕王震中：《國家形成的標誌之管見——兼與「四級聚落等級的國家論」商榷》，《歷史研究》2010年第6期，第12～17頁。

〔註41〕高江濤：《陶寺遺址聚落形態的初步考察》，《中原文物》2007年第3期，第13～20頁。

〔註42〕〔澳〕劉莉：《中國新石器時代：邁向早期國家之路》，陳星燦、喬玉、馬蕭林等譯，文物出版社2007年11月第1版，第161頁。

〔註43〕高江濤：《陶寺遺址聚落形態的初步考察》，《中原文物》2007年第3期，第13～20頁。

於墓地的考察，雖然我們有理由相信，分佈於中期小城內的墓地仍然反映著金字塔形的社會結構，但由於揭露面積有限，因此最優質的材料依然得自於上個世紀 80 年代第一階段的發掘工作。

在早期的墓地中，蟠龍紋陶盤無疑顯示出了豐富的文化意蘊，並在學術圈內引起了經久不息的討論，此間除了族屬等問題實難辨明之外，關於這類器物所具備的社會政治指示意義，諸學者之間向無異詞，我們也服膺學術界的一般意見，茲不贅述〔註46〕〔註47〕。在這裏取代龍盤引起我們濃厚興趣的，是同樣見於高等級墓葬中的磬與鼓等樂器。

與龍盤相仿，早期大墓中隨葬的鼉鼓、特磬等經常被理解為是當時政治權力的象徵，早期貴族們之所以重視這類信號樂器，在於它們具備節制公共生活節奏的效力。當這些樂器奏鳴的時候，據我們推斷，不是為了或者說主要不是為了滿足貴族個人對於悅耳旋律的生理與心理等方面的享受，而是希望能夠通過這類洪大又相對單一的聲響來召集有關人等參與某種形式的公共活動〔註48〕〔註49〕〔註50〕〔註51〕〔註52〕。至於公共活動的具體內容，現在已不得而知，有可能根據內容的不同，有著不同的參與者群體，有的時候應召而來的是其它級別更低一些的貴族，有的時候也可能是普通社區成員。若論在這類群體參與的場合中是民主的成分多一些，還是專制的成分多一些，也

〔註44〕〔澳〕劉莉：《中國新石器時代：邁向早期國家之路》，陳星燦、喬玉、馬蕭林等譯，文物出版社 2007 年 11 月第 1 版，第 158 頁。

〔註45〕 何駑：《2010 年陶寺遺址群聚落形態考古實踐與理論收穫》，http://www.kaogu.net.cn/html/cn/xueshuyanjiu/yanjiuxinlun/juluoyuchengshikaog/2013/1025/33670.html，2013 年 11 月 29 日。

〔註46〕 李民：《堯舜時代與陶寺遺址》，載解希恭主編：《襄汾陶寺遺址研究》，科學出版社 2007 年 1 月第 1 版，第 234～242 頁。

〔註47〕 田昌五：《對中國文明起源的探索》，《殷都學刊》1986 年第 4 期，第 1～12 頁。

〔註48〕 項陽：《山西商以前及商代特磬的調查與測音分析》，《考古》2000 年第 11 期，第 58～64 頁。

〔註49〕〔前蘇聯〕C.A. 托卡列夫、C.Π. 托爾斯托夫主編：《澳大利亞和大洋洲各族人民》（下冊），李毅夫、陳觀勝、周為錚等譯，生活·讀書·新知三聯書店 1980 年 8 月第 1 版，第 644 頁。

〔註50〕 尼嘎：《佤族木鼓祭辭》，《民族文學研究》1994 年第 2 期，第 87～91 頁。

〔註51〕 楊伯峻編著：《春秋左傳注》（修訂本），中華書局 1990 年 5 月第 2 版，第 183 頁。

〔註52〕 Roger T. Clarke, "The Drum Language of the Tumba People", *American Journal of Sociology*, Vol. 40, No. 1, 1934, pp. 34～48.

就是說，是貴族與其它前來會合者進行某種形式的商討之後在參考眾人意見的情況下再做出決策，還是整個過程中僅僅由貴族一人以命令式的口吻發佈諭令，這就更不易做出推測了。不過完全可以想像的是，在有著其它貴族參與的場合中，很可能會發生某種形式的意見交流與互動，但是擁有鼉鼓或特磬的召集人肯定在此過程中要居於領導地位，可以對最終決議的形成產生更大的影響。如果上述推斷不謬的話，我們還可以知道，在陶寺社區的早期發展階段中，很可能同時存在著多個層級的這類召集機制，因為雖然乙種大型墓中未見有土鼓，但卻在中型墓內陪葬有這類信號樂器〔註53〕〔註54〕。這種現象可能反映出兩類問題，區別在於中型墓墓主生前擁有土鼓等信號樂器的這類行為是否獲得了大型墓墓主的許可或授權。如果不是的話，那證明當時陶寺社區內存在著多個權力中心，這些權力中心的召集對象與範圍各有不同，彼此之間存在著號召能力大小的差別，但這些權力中心之間是否就形成了類似於後世科層制政府架構中那種上下級的關係則不得而知。因為土鼓在晚期居住址的堆積中同樣可以見到〔註55〕，所以我們推測，根據出土環境來看，某些土鼓可能只是家長用來召集本家族成員的用具，與囊括整個社區的公共事務無涉，這可能是這些土鼓擁有者與早期大墓墓主人兩者之間地位與權力的差別所致。也就是說在陶寺，至少是在它的早期階段，整個社區中可能同時存在著多個父系大家族，每個家族都有自己的家長，家長之間的這類地位與權力方面的差別反映出的正是不同家族之間在這些方面的差別，而這些家族之間是否存在制度化了的政治隸屬關係則很難確知，很有可能只是一種基於現實利益而形成的簡單的效忠關係，至於彼此之間的血緣關係則更難於判斷了。反過來講，如果這類器物是特意班賜給地位較低的貴族作為某種形式的政治信物來使用的話，那麼在班賜者與領受者之間則存在著明確的政治隸屬關係，後者根據前者的指示專職地來負責某項政務，而班賜的威望物品則是保障其權力獲得被管理對象認可的重要信物。在這種情況下，與上一

〔註53〕高煒、高天麟、張岱海：《關於陶寺墓地的幾個問題》，《考古》1983 年第 6 期，第 531～536 頁。

〔註54〕高天麟：《黃河流域新石器時代的陶鼓辨析》，《考古學報》1991 年第 2 期，第 125～140 頁。

〔註55〕中國社會科學院考古研究所山西隊、山西省考古研究所、臨汾市文物局：《山西襄汾陶寺城址 2002 年發掘報告》，載解希恭主編：《襄汾陶寺遺址研究》，科學出版社 2007 年 1 月第 1 版，第 119～158 頁。

種情況明顯不同的是，領受者只是整個一體化的政治結構中的一個分枝，他從屬於這個以大貴族爲頂點的體現出某些集權化色彩的系統，但在第一種情況下，這類用以發佈號令的樂器可能只是各家家長自行製作的，或是自本家族祖先那裏繼承而來的，無論實際發生的是哪一類情況，在這類地位較低的貴族獲得信號樂器同時也就是獲得政治權力的過程中，我們看不到來自於地位更高的出身於其它家族的政治集團的影響。而且憑此樂器，他所能發佈號令的範圍也僅限於自己的家族之內而已，被管理者都是自己的族眾，這一群體內所發生的事件都由他自行處理，與其它家族無涉，無論後者的地位是否較自己爲高或是勢力更大，因爲他的權力是從自己的祖先那裏繼承而來的，而不是借助於某種形式的班賜行爲得自於大貴族們的授權。當然，即便是在第一種情況下，勢力較小的家族可能仍需向高等級的貴族們提供某些服務，所涉內容可能是勞役也可能是實物，無論具體形式如何，這種情況下的政治系統的統合程度必定低於第二種情形。因此我們看到，在陶寺社區，各種權力象徵物的實際持有情況仍然是相當複雜的，這在蟠龍紋陶盤、鼉鼓、特磬、土鼓等早期階段中包含有最豐富文化信息的遺物中都有所體現。最高等級的大型墓葬中的陳設內容並非完全一致，其中，土鼓的情況已如上述，此外，有的墓中隨葬的鼉鼓數倍於其它同等級墓葬，而有的墓室中則根本未見，特磬也與之類似，首先並非每座甲種大型墓葬都隨葬有這種笨重粗糙的大石磬，而且在左近的露天石器製作場中也可見到這類樂器的蹤影〔註 56〕〔註 57〕〔註 58〕，這些相互交錯的現象都爲我們判讀陶寺社區當時的權力結構帶來了不小的障礙。如果確如學術界現在流行的觀點那樣，認爲甲種大型墓的墓主人是出自同一個家族的世襲佔有領袖職位的數代人的話，那麼爲什麼會在最爲敏感的政治權力的象徵物的保有與陳設方面存在著這樣明顯的差異呢？這是否反映出了早期貴族群體中代際之間的權力內涵曾發生過某些波動以至於影響了他們各自對於威望物品種屬的甄選？就目前已經公佈的資料來看，還不能對於這類問題做出較詳盡的解釋。

〔註 56〕 方建軍：《中國史前音樂的儀式性因素》，《音樂研究》2004 年第 4 期，第 68～72 頁。

〔註 57〕 中華禮樂文化的源頭在陶寺（一），http://www.xiangfen.gov.cn/news/rwxf/sgwh/2013/819/1381910129I0DFE865G964894089AH.html，2013 年 12 月 7 日。

〔註 58〕 項陽：《山西商以前及商代特磬的調查與測音分析》，《考古》2000 年第 11 期，第 58～64 頁。

　　從早期到中期，當地的政治結構可能又發生過更大程度的變革。除了徵繳能力的提升之外，貴族本身對於權力的認識也發生了某種形式的改變，在對於彩繪陶器與木器有所繼承的同時，各種材質的玉石器增多是一個突出的特點，尤其是鉞、戚等兵器形式的儀仗更是明顯多於早期，相反地，鼓與磬等樂器則似乎退出了貴族圈子的視野。我們認為，這從一個側面反映出了當初這類樂器確實主要不是用來佐餐助興的，而是向公眾發佈號令的，因為與早期貴族一樣，中期的政治精英們同樣極為重視口腹之欲的滿足，各種形式的食品加工與盛儲用具以及高品質的食材等一如既往地成為墓室陳列中的必備主題之一。正像前文中指出的那樣，很顯然，這反映著一種重視世俗生活勝過宗教冥想的價值取向，所以在從早期到中期的社會發展過程中，陶寺的政治生態是在繼承中有所革新，對於兵杖的強調無疑是希望彰顯墓主人所擁有的武力。與此相對，排除掉號令樂器這類舉動卻有些難於解釋，因為我們知道即便是在政治發展水平更高的較晚近的歷史時期，最高統治者仍然有必要在做出重大決策之前召集某一範圍內的社會成員前來匯合，這就是傳統建築結構之一的「中廷」或「大廷」所具備的政治意義〔註59〕。這一點在包括二里頭、偃師商城、洹北商城、殷墟以及周原等在內的許多早期遺址中都可以見到〔註60〕〔註61〕，最近似乎在陶寺也有發現這類建築形式的跡象〔註62〕，這證明可用以召集眾人前來聽命的信號樂器在政治生活中仍有其用武之地，而地位顯赫的大貴族之所以對其不再表現出像早期那樣的重視並將之排除出隨葬品的名錄，只能說明這類器物的政治象徵意義大不如前了。由於權力構成因素之間的變化，現在已經有了新的更合適的器物組合來替代它們原有的位置了，而傳令之事或許已交由其它級別更低的執事人員前去執行，果如是，那麼這也可以從一個側面反映出在中期政治職能部門之間的分化情況。與中期大墓所表現的政治精英集團對於自己身後世界的安排相對應的是他們對於現世生活的規劃，這就是當時的宮殿建築，也就是我

〔註59〕顧頡剛、劉起釪：《尚書校釋譯論》，中華書局 2005 年 4 月第 1 版，第 903～904 頁。

〔註60〕杜金鵬：《洹北商城一號宮殿基址初步研究》，《文物》2004 年第 5 期，第 50～64 頁。

〔註61〕楊鴻勳：《西周岐邑建築遺址初步考察》，《文物》1981 年第 3 期，第 23～33 頁。

〔註62〕高江濤、何駑：《2012 年度陶寺遺址發掘的主要成果》，http://www.kaogu.cn/html/cn/xueshuyanjiu/yanjiuxinlun/juluoyuchengshikaog/2013/1025/33684.html，2013 年 11 月 7 日。

們如今所見到的那些大型夯土建築基址。早期小城雖然遭到拆毀，但宮殿區仍然保持著相對固定的位置，同時，在被中期城垣圍護起來的範圍之內，還出現有位於其它區域的類似建築。這些建築之間形制不同，大小各異，或許折射出當時政府內部各職能機關之間日益分化的趨勢，而政治結構的這種複雜化趨勢總是對於被管理對象即現實的社會生活日趨複雜化的自然反應，同時，包括祭祀設施、宮殿等大量土木工程的興建，又體現出了政府行政能力的提升。雖然自早期開始，我們已經知道，政治集團享有徵調人員、物資等公共資源的權力，但僅就工程規模與內部結構來看，從早期到中期，這種權力顯然是獲得了強化，伴隨著人口規模的持續擴增，這種趨勢自前陶寺時代開始一直延續到了中期。

至於說早期與中期的執政集團之間是否具有某種繼承關係甚至是直接的血緣關係，這一點其實很難通過考古材料來獲得證實。中期墓地的發掘面積過小，無法確認其中是否還包含有其它期屬的墓葬，也就是說目前尚不能斷言這片區域被辟為墓區的起始年代。而我們又知道，早期小城外東南方的那片墓地實際上是與居住址相始終的，也就是說即便是在中期，這裏也仍然不斷收埋新的亡者〔註 63〕。因此很可能與最近於中期大城西南部發現的新牆垣一樣，在中期存在有多道城垣甚至是多座小城的同時，大城內外也分佈有多處墓地，這些墓地中的任何一處仍有許多具體情況有待發掘，有可能與城中那些用來供生者居住的多處宮殿一樣，這些墓地各有收埋的對象，也就是說它們屬於不同的家族所有。因為各家族之間一如早期那樣存在著等級方面的差別，所以墓地的規格也就各不相同，中期小城內的那座墓地可能屬於這當中級別較高的一處而已，但社區內其它地位較高、人丁興旺的家族很可能也有各自專屬的墓地。宮殿與墓地所體現出的這種有等差的多元結構，與早期那些權力象徵物在社區各類成員之間犬牙交錯的複雜持有情況，這些現象都有利於我們得出這樣的認識，如果說父系大家族是龍山時代複雜社會中普遍存在著的基本的政治權力承載結構的話〔註 64〕，那麼在陶寺社會中，很可能

〔註63〕 中國社會科學院考古研究所山西工作隊、臨汾地區文化局：《1978——1980 年山西襄汾陶寺墓地發掘簡報》，《考古》1983 年第 1 期，第 30～42 頁；高煒、高天麟、張岱海：《關於陶寺墓地的幾個問題》，《考古》1983 年第 6 期，第 531～536 頁。

〔註64〕 王震中：《中國文明起源的比較研究》（增訂本），中國社會科學出版社 2013 年 3 月第 1 版，第 273～292 頁；王震中：《中國古代國家的起源與王權的形成》，中國社會科學出版社 2013 年 3 第 1 版，第 219～230 頁。

同時存在有多個相互之間具備競爭潛力的這樣的家族。而每一個在父家長權領導下的親族群體其實都是一個政治集團，它們之間不僅根據實力原則存在著地位方面的差別，很有可能在更早的階段上還有著各不相同的來源〔註65〕。

　　與早期貴族類似，在中期偏晚階段，政治精英們仍然憑藉著政治優勢佔據著遠超出個人需要的社會剩餘產品，特別是高品質的肉食資源，對廚具與食品的鍾愛一如其舊，表徵著一種更加重視世俗生活的政治策略〔註66〕。在當時，豬隻等牲畜是獲得普遍認可的社會財富的象徵，在社區及個人生活中的許多場合下都需要利用豬隻來支付酬勞，個人能夠佔有更多的豬隻，也就有能力在社區生活中發揮更大的影響力，攫取更高的威望，食肉是一種特權這種狀況可能在早期農業社會中持續了相當一段時期〔註67〕。因此與早期相比，中期貴族們能夠佔有更多的豬隻，這自然代表著社會生產水平獲得了顯著的提升，政府的徵繳與支付能力也相應地增強〔註68〕，所以在此期間，我們看到當地興建了包括城垣、宮室、祭祀設施等在內的一系列大規模的公共工程〔註69〕。

〔註65〕〔澳〕劉莉：《中國新石器時代：邁向早期國家之路》，陳星燦、喬玉、馬蕭林等譯，文物出版社2007年11月第1版，第159～160頁；張雅軍、何駑、張帆：《陶寺中晚期人骨的種系分析》，《人類學學報》2009年第4期，第363～371頁。

〔註66〕許宏：《「連續」中的「斷裂」——關於中國文明與早期國家形成過程的思考》，《文物》2001年第2期，第86～91頁；趙輝：《中國的史前基礎——再論以中原為中心的歷史趨勢》，《文物》2006年第8期，第50～54頁；李伯謙：《中國古代文明演進的兩種模式——紅山、良渚、仰韶大墓隨葬玉器觀察隨想》，《文物》2009年第3期，第47～56頁；趙舉：《新石器時代中國玉器的區域特徵》，《中原文物》2011年第6期，第27～36頁。

〔註67〕楊伯峻編著：《春秋左傳注》(修訂本)，中華書局1990年5月第2版，第182頁；張雪蓮、仇士華、薄官成、王金霞、鍾建：《二里頭遺址、陶寺遺址部分人骨碳十三、氮十五分析》，載中國社會科學院考古研究所考古科技中心編《科技考古》(第2輯)，科學出版社2007年12月第1版，第41～48頁；〔前蘇聯〕C.A. 托卡列夫、C.П. 托爾斯托夫主編：《澳大利亞和大洋洲各族人民》(上冊)，李毅夫、陳觀勝、周為錚等譯，生活·讀書·新知三聯書店1980年8月第1版，第520、581～582、584、592頁；〔前蘇聯〕C.A. 托卡列夫、C.П. 托爾斯托夫主編：《澳大利亞和大洋洲各族人民》(下冊)，李毅夫、陳觀勝、周為錚等譯，生活·讀書·新知三聯書店1980年8月第1版，第769、771、791、831、918頁。

〔註68〕中國社會科學院考古研究所山西工作隊、山西省臨汾地區文化局：《陶寺遺址1983～1984年III區居住址發掘的主要收穫》，《考古》1986年第9期，第773～781頁。

〔註69〕中國社會科學院考古研究所山西隊、山西省考古研究所、臨汾市文物局：《山

　　至於貴族們能夠獲致對於當地社會更強大控制能力的原因可能有很多種，戰爭應該是其中尤為值得關注的一個方面〔註70〕，不過我們並不贊同對於當時的戰爭藝術或戰略思想水平做出過高的臆測。IIM22 屬於當地中期偏晚階段一座較大的墓葬，在其墓室西部，排放著一劈兩半的豬肉合計 20 片，代表著 10 頭豬牲，這樣的消費量往往是常人所無力承擔的。同樣，下頜骨作為常見裝飾素材之一也照例出現在墓主人身旁，不過值得注意的是，其陳設方式似乎稍顯特別，喪葬活動的主持者並沒有沿襲早期的傳統將之與各式炊具及食器陳列在一起，而是選擇了另外一種完全不同的安排思路，以一些製作精良配備彩繪漆柄的玉石兵器對稱地布列在它的兩旁。根據對鉞或戚等兵器的傳統解釋，當人們以昂貴的材料製作或對之進行繁縟而醒目的刻意裝飾時，往往意味著對軍事指揮權乃至含義更豐富的「王權」的宣示，「王」的字形與發音可能都來自於「鉞」一類兼具征戰與刑罰功能的兵器〔註71〕。

　　對於這一布景中公豬下頜骨的作用，羅明認為，或許與《周易・大畜》對於「豶豕之牙」的說法有關，表達的是一種超越於武力之上的更高級的統治藝術〔註72〕。高江濤進一步發揮了這種看法，並提示讀者注意，該墓中恰好發現有盛裝於木盒中的玉質兵器，似乎正是「盛而不用」意識的形象說明〔註73〕。然而自漢代以降，古今注釋家對於此處「牙」字含義的解說都比較一致，

西襄汾陶寺城址 2002 年發掘報告》，載解希恭主編《襄汾陶寺遺址研究》，科學出版社 2007 年 1 月第 1 版，第 119～158 頁；中國社會科學院考古研究所山西隊、山西省考古研究所、臨汾市文物局：《山西襄汾縣陶寺城址祭祀區大型建築基址 2003 年發掘簡報》，《考古》2004 年第 7 期，第 9～24 頁；高江濤、何駑：《2012 年度陶寺遺址發掘的主要成果》，http://www.kaogu.net.cn/html/cn/xueshuyanjiu/yanjiuxinlun/juluoyuchengshikaog/2013/1025/33684.html，2013 年 11 月 29 日。

〔註70〕中國社會科學院考古研究所山西隊、山西省考古研究所、臨汾市文物局：《陶寺城址發現陶寺文化中期墓葬》，《考古》2003 年第 9 期，第 3～6 頁；王震中：《中國文明起源的比較研究》（增訂本），中國社會科學出版社 2013 年 3 月第 1 版，第 425～429 頁；王震中：《中國古代國家的起源與王權的形成》，中國社會科學出版社 2013 年 3 月第 1 版，第 311～312 頁。

〔註71〕林澐：《說「王」》，《考古》1965 年第 6 期，第 311～312 頁。

〔註72〕羅明：《陶寺中期大墓 M22 隨葬公豬下頜意義淺析》，《中國文物報》2004 年 6 月 4 日第 7 版。

〔註73〕高江濤：《中原地區文明化進程的考古學研究》，社會科學文獻出版社 2009 年 1 月第 1 版，第 329～330 頁。

並非二氏所言附生於豬骨之上那些「粗壯的獠牙」，而是以木條交互製成的豬圈。《大畜》中所言：「六五：豶豕之牙。吉。」，或者依馬王堆帛書釋文中所錄：「六五，哭豨之牙，吉。」〔註74〕，這些爻辭的內容實際上都得自古代的畜牧業生產實踐，指的是將大叫或奔突不安的大豬關進圈裏去，以免豬本身受傷或是傷到旁人，這樣做是吉利的〔註75〕。除此之外，帛書《昭力》篇第一章所引《易經》爻辭及借題發揮的「夫豕之牙成而不用者也，又笑而後見。言國修，兵不單而威之胃也……」云云〔註76〕，講的都是作者所認為的「卿大夫」等人在國家政治生活中應當發揮的作用，所謂「此大夫之用也，卿大夫之事也」，指稱的對象既不是什麼「武夫」，更不是「國王」，因為直到是篇第二章，昭力才開始向經師請教《易》中所蘊含的為君之道〔註77〕。況且《繆和》、《昭力》諸篇成文甚晚，或可遲至戰國後期，陳鼓應認為，它們反映的應該是在統一形勢漸趨明朗的宏觀歷史背景下，黃老、儒、法、縱橫諸家思想融合的時代風貌，其主體思想如「守德得道，不爭而勝」、「尚謙崇柔」等都可以在《老子》等早期作品中找到本源〔註78〕。因此，在我們看來，以思想內涵如此駁雜的晚出文獻來與早此將及2000年的陶寺工地的發現「對號入座」並不見得合適，我們實際上提不出任何具有較強邏輯性的證據以在兩者之間建立起嚴格的對應關係。

但是將豬頭與兵器陳列在一起，可能仍不失為墓主人對自己所掌握的武力資源的炫耀，但解釋起來似乎無需如此複雜。我們知道，在史前時期，獵頭或以頭蓋骨製作杯具等風習一度非常盛行，中外皆然〔註79〕，甚至到了文

〔註74〕廖名春：《馬王堆帛書周易經傳釋文》，載《續修四庫全書》編纂委員會編：《續修四庫全書・經部・易類》，上海古籍出版社2002年版，第1～56頁。

〔註75〕高亨：《周易古經今注》（重訂本），中華書局1984年3月第1版，第235～236頁；張立文：《帛書周易注譯》，中州古籍出版社2008年1月第1版，第77頁；徐子宏：《周易全譯》，貴州人民出版社2009年3月第1版，第120頁。

〔註76〕廖名春：《馬王堆帛書周易經傳釋文》，載《續修四庫全書》編纂委員會編：《續修四庫全書・經部・易類》，上海古籍出版社2002年版，第1～56頁。

〔註77〕鄧球柏：《帛書周易校釋》，湖南出版社1996年8月第2版，第542～543頁。

〔註78〕陳鼓應：《帛書〈繆和〉、〈昭力〉中的老學與黃老思想之關係》，載陳鼓應主編：《道家文化研究》（第3輯），上海古籍出版社1993年8月第1版，第216～222頁。

〔註79〕北京大學、河北省文化局邯鄲考古發掘隊：《1957年邯鄲發掘簡報》，《考古》1959年第10期，第531～536頁；嚴文明：《澗溝的頭蓋杯和剝頭皮風俗》，《考古與文物》1982年第2期，第38～41頁；〔英〕海頓：《南洋獵頭民族考察記》（影印本），上海文藝出版社1989年9月第1版。

明時代的早期，各類頭骨仍然是一類重要且常用的工藝品原料〔註 80〕，而人或動物都有可能成爲潛在的割取對象，其意義多用來表示主人的威武勇猛〔註81〕。在對發掘現場的描述中，我們未曾見到一線工作者提供有關該下頜骨形貌特徵的更多細節，但長期參與當地田野工作的高江濤聲稱「粗壯的獠牙」是該樣品最突出的特徵〔註 82〕，在個別情況下，這種長牙也可能是人工培育的結果〔註 83〕，不過考慮到家豬起源過程中所發生的面部形象改變，譬如下頜骨、頭骨等部位縮短，犬齒退化等及其在新石器時代眾多相關題材寫實性陶塑藝術品中的反映〔註 84〕，則我們有理由懷疑這件下頜骨更可能是得自野豬而非家豬，或許是某次狩獵活動中較重要的收穫之一。事實上，有組織的田獵活動，包括擊殺野豬等猛獸，既是史前時期原始領導權得以奠定的基礎又在進入文明時代之後，繼續被理解爲是一種對包括軍事指揮權在內的「王權」的宣示方式，這一點在商周時期的占卜活動及詩歌詠唱中都有較爲充分的體現〔註 85〕，甚至直到晚近的歷史時段內，這種借用大規模圍獵以宣揚君威、激勵士氣的做法還被統治階層視爲一項當然的傳統而加以保留〔註 86〕。

　　結合 IIM22 墓穴內的佈局及陳設，墓主人在當時社會中所享有的尊崇地位當是無可置疑的，帶有獠牙的公豬下頜骨及與之配套的漆木杆玉石兵器這樣一組布景，從個人角度來講，展現的是亡者生前的英武；從社會意

〔註80〕　河南省博物館：《鄭州商城遺址內發現商代夯土臺基和奴隸頭骨》，《文物》1974年第 9 期，第 1～2 頁。

〔註81〕　李堅尚、劉芳賢：《珞巴族的社會和文化》，四川民族出版社 1992 年 2 月第 1版。

〔註82〕　高江濤：《中原地區文明化進程的考古學研究》，社會科學文獻出版社 2009 年1 月第 1 版，第 330 頁。

〔註83〕　〔前蘇聯〕C. A. 托卡列夫、C. П. 托爾斯托夫主編：《澳大利亞和大洋洲各族人民》（上冊），李毅夫、陳觀勝、周爲錚等譯，生活・讀書・新知三聯書店1980 年 8 月第 1 版，第 581 頁。

〔註84〕　顧志良、劉曉輝、李寧、吳常信：《家豬起源的研究進展》，《中國畜牧雜誌》2007 年第 17 期，第 51～54 頁；王蔚波：《古代豕的雕塑藝術鑒賞》，《上海文博論叢》2007 年第 1 期，第 45～53 頁。

〔註85〕　劉桓：《卜辭所見商王田獵的過程、禮俗及方法》，《考古學報》2009 年第 3期，第 321～348 頁；李笑野：《〈周易〉田獵習武的軍訓觀》，《周易研究》2010年第 1 期，第 75～79 頁。

〔註86〕　黎虎：《北魏前期的狩獵經濟》，《歷史研究》1992 年第 1 期，第 106～118 頁；谷文雙：《遼代捺缽制度研究》，《黑龍江民族叢刊》2002 年第 3 期，第 93～98 頁；張雪峰：《康熙皇帝與木蘭秋獮》，《歷史教學》2003 年第 6 期，第 76～78 頁。

義上看去，又是對其軍權乃至統治權的承認與強調。墓中現存的主要食物就是豬肉，包括有機質腐朽之後殘留下的骨骸，而我們感興趣的是，通常被認爲用來表徵財富的飲食場景，譬如那些被劈分爲兩半的豬肉，與此處表徵統治權力的政治場景如今共現於一個墓穴之內，基本上是一西一東佔據著各自專屬的空間，與之通常出現於同一場合中的其它事項也大多團聚在其周圍，而墓主人最終就是選擇讓這些食品、食器、獵物與鉞、戚等兵刃簇擁著自己離別此岸的，可知圍拱著船形棺木的上述物品是最爲亡者所珍視的。周人自述其早期建國史時吟唱到：「食之飲之，君之宗之」，正因爲能給予眾人吃和喝，所以公劉才能夠以「君之宗之」的身份獲得族眾的崇敬，而豬肉自然也是饗宴中不可或缺的一項食材，所謂「乃造其曹，執豕於牢」是也。是篇開端即點明公劉的兩項主要作爲：「篤公劉，匪居匪康，迺場迺疆。迺積迺倉，迺裹餱糧。於橐於囊，思輯用光。弓矢斯張，干戈戚揚，爰方啓行」，可知「足食」、「足兵」方爲立政之首要，方玉潤在此點評道：「詩首章將言遷都，先寫兵食具足，是爲民信之本」，而且認爲「古人舉事不苟如此」，直到這兩項要務安排妥當之後，以公劉爲代表的周族政治精英們才開始率領民眾從事「相度地勢」等其它瑣務，甚至包括「立長分宗」這樣的「開國大計」也是在落成之後的宴享活動中進行的〔註87〕。《公劉》所反映的恰是周人遷豳前後「從部落到國家」的歷程，就社會發展階段這個角度來講，陶寺也正處在這樣一個時期，所以我們才會看到相似的場景在文字與實物中得到了重複地體現。因爲利用食物，特別是豐盛的肉食來籠絡感情，團結族眾，樹立宴享者個人的威望是那個階段的社會中一類通行的政治策略，而對於龍山時代來講，這一資源最常見的提供者正是家豬。IIM22 明白無誤地告訴我們，陶寺人同樣樂於採納這樣一種手段，因此豬在這裏有著雙重意義，它同時宣揚著墓主人所佔有的兩類權力，亡者的遺屬則希望藉此標識出其生前既「貴」且「富」的社會身份。

　　與中期政府財政狀況豐盈的情況相對，政治結構的複雜程度也開始向縱深方向發展。在當時，除了宮殿區建有互相配伍的一系列可能用於政務活動的形制有別的高等級建築物之外，從目前的發掘趨勢來看，祭祀設施之間的類似區

〔註87〕　（清）方玉潤撰：《詩經原始》，李先耕點校，中華書局 1986 年 2 月第 1 版，第 515～517 頁。

別亦絕不亞於宮殿建築〔註88〕。這很可能意味著在宗教領域的從業人員群體中發生了與政治精英集團內相對應的等級分化，不同的建築物以及在同一座建築內所開展的宗教活動都已經開始交由各不相同的神職人員去執行。神職人員群體內部的這種等級分化或許可以借助於當地發現的一枚含有工藝缺陷的銅鈴來佐證，包括鈴鐺在內的各種材質的響器是巫師在娛神過程中不可或缺的一類重要法器〔註89〕，目的是為了引起不知身處何方的神靈的注意〔註90〕，但銅鈴的出土情況可以證實其所有者在當時社會中的地位並不高〔註91〕，這或許指示出在當時接受官方豢養的宗教群體之外尚有一些活躍於民間的被認為具備通靈特長的人士，類似於那些在酋邦中遭到邊緣化了的薩滿〔註92〕。

至於在政治結構趨向複雜化的過程中，政治精英與宗教精英是同一個群體還是兩個存在著某種對立關係的群體，這個問題並不容易得到解決。因為借助於宗教信仰來闡發執政理念本是早期政體慣用的一類策略〔註93〕，在以祖先崇拜為主要表現形式的官方祭祀活動中，被認為因其血緣親近而獲得更多通靈能力的政治領袖們實際上總是同時掌握著政權與神權，但是政治精英們不可能全職地承擔起週年內的所有祭儀，因此可能會有一些具備專業知識的起到輔助作用的祭司存在，不過他們是從屬於政治集團並根據後者的要求來提供專門服務的，我們沒有理由就這些人對於政治決策活動的影響做出過

〔註88〕 高江濤、何駑：《2012 年度陶寺遺址發掘的主要成果》，http://www.kaogu.net.cn/html/cn/xueshuyanjiu/yanjiuxinlun/juluoyuchengshikaog/2013/1025/33684.html，2013 年 11 月 29 日。

〔註89〕 劉學堂：《新疆史前宗教研究》，民族出版社 2009 年 7 月第 1 版，第 39～43、45～46、51～53、60 頁。

〔註90〕 （漢）孔安國傳，（唐）孔穎達疏：《尚書正義》，十三經注疏整理委員會整理，北京大學出版社 2000 年 12 月第 1 版，第 151～155 頁；程俊英、蔣見元：《詩經注析》，中華書局 1991 年 10 月第 1 版，第 861 頁；（漢）鄭玄注，（唐）孔穎達疏：《禮記正義》，十三經注疏整理委員會整理，北京大學出版社 2000 年 12 月第 1 版，第 953、956～957、960 頁；王文錦：《禮記譯解》，中華書局 2001 年 9 月第 1 版，第 358 頁；劉曉明：《中國符咒文化大觀》，百花洲文藝出版社 1995 年 12 月第 1 版，第 451 頁；岳春：《湄公河次區域泰國山地民族舞蹈文化研究》，《玉溪師範學院學報》2006 年第 7 期，第 92～96 頁。

〔註91〕 中國社會科學院考古研究所山西工作隊、臨汾地區文化局：《山西襄汾陶寺遺址首次發現銅器》，《考古》1984 年第 12 期，第 1069～1071 頁。

〔註92〕 Elman R. Service, *Origins of the State and Civilization*, New York: W. W. Norton & Company, Inc., 1975, p. 93.

〔註93〕 （魏）王弼注，（唐）孔穎達疏：《周易正義》，十三經注疏整理委員會整理，北京大學出版社 2000 年 12 月第 1 版，第 115 頁。

高的估計〔註94〕。所以儘管在此期間，有跡象表明陶寺的貴族們與東方黃河下游地區以及東南方長江流域的上層社會之間，存在著涉及到某些形式的貴重物品的交流，譬如玉石質的琮、牙璧等，但似乎這類交流的主要內容僅限於器物本身而很少涉及到附麗於其上的意識形態體系。與此同時，以紅、白兩色為基調的彩繪陶器仍然為陶寺上流社會所鍾愛，並頻現於此時期各類較高等級的墓葬中〔註95〕。這說明陶寺的涉外交流是有選擇性的，而這種選擇性的存在又是以參與互動的雙方發展水平相當為前提的。從早期到中期，陶寺文化一直在相對封閉的臨汾盆地內部穩健發展，逐步構建起了一套與自身社會複雜化水平相適應的意識形態體系，外來因素在參與構建的過程中只是起到充實與豐富的作用而沒有對其造成本質的影響。

從現有的發掘結果來看，似乎中期的發展成就是最為引人注目的，不過我們需要在此指出的是，目前關於早期與晚期兩個階段的發掘工作開展地還相當有限，譬如最近的田野工作已經透露出了一些值得關注的重要信息，中期大城北牆外的那片可能用於祭祀活動的建築結構很可能自早期以來就一直存在，直至晚期仍然在使用。諸如這類現象提醒我們，早、晚兩期的文化成就中尚有許多未曾獲得揭露的內涵，其發展水平可能超出學術界目前的認識。雖然這樣講，也並不意味著我們認為當時社會的複雜化水平就有超越中期之嫌，這一點從中期的大型墓葬以及布列於多處的宮殿建築遺址兩個方面就已經可以看得非常清楚了：首先，中期大墓有著較之早期大型墓葬更為龐大的規模，顯然施工量會更大，又有著更為豐富的隨葬品，無論就質量或種類而言都是如此。特別明顯的是，雙方雖然都隨葬有豬只，但中期大墓的主

〔註94〕顧頡剛、劉起釪：《尚書校釋譯論》，中華書局 2005 年 4 月第 1 版，第 1223 頁；（漢）鄭玄注，（唐）孔穎達疏：《禮記正義》，十三經注疏整理委員會整理，北京大學出版社 2000 年 12 月第 1 版，第 1028～1029 頁；（漢）鄭玄注，（唐）賈公彥疏：《周禮注疏》，十三經注疏整理委員會整理，北京大學出版社 2000 年 12 月第 1 版，第 762～764 頁。

〔註95〕王曉毅、嚴志斌：《陶寺中期墓地被盜墓葬搶救性發掘紀要》，《中原文物》2006 年第 5 期，第 4～7 頁；高煒：《陶寺文化玉器及相關問題》，載解希恭主編：《襄汾陶寺遺址研究》，科學出版社 2007 年 1 月第 1 版，第 466～477 頁；張得水：《周邊地區對中原文明化進程的影響——從河南古玉文化的起源與發展談起》，《東嶽論叢》2006 年第 3 期，第 41～45 頁；周南泉：《玉琮源流考——古玉研究之一》，《故宮博物院院刊》1990 年第 1 期，第 81～91 頁；黃翠梅：《再論中國新石器時代晚期玉琮形制與角色之演變》，http://203.72.2.115/Ejournal/AR01000103.pdf，2013 年 12 月 3 日。

人顯然擁有比早期貴族充沛得多的這類社會財富。這說明兩個問題：一個是社會生產發展了，剩餘產品更豐富；再者，中期政體擁有更爲完善，同時也更加強而有力的徵繳體制，可以借助於這樣一個體系獲致更多財富。後面這一點也可以從宮殿包括城垣等一系列大型土木工程的興建中得到佐證，這些都是政府支付能力獲得增強的非常直觀的體現，同時也驗證了政治集團對於整個社會的控制能力的強化，而這其實正是新進化論用以辨識社會複雜化水平的重要標準，甚至也可以說是根本標準。

雖然在中期向晚期過渡的過程中，似乎發生過某種形式的社會動蕩，但最近的田野發掘活動使得以往那種認爲進入晚期之後，陶寺已經在當地聚落體系內喪失了重要地位的觀點受到了明顯的挑戰〔註 96〕。與中期一樣的是，晚期的陶寺社區中很可能依然存在著大型的夯土建築以及專業化的祭祀設施〔註 97〕〔註 98〕，眾所週知，與遭到毀棄的城垣一樣，這些考古現象同樣可以用來證明，社區生活中存在著集中化的管理制度，等級化的社會體系並沒有因爲短暫的動亂而徹底崩潰，整個社區的規模仍然相當可觀，人們麇集在數百萬平方米的區域之內，只是不再有城垣圍護而已〔註 99〕。至於在原來劃定的宮殿區範圍內出現有手工業遺蹟，這種現象並不值得奇怪。現在已知，在陶寺大城還顯得相當繁榮的中期階段，貴族們處理政務的高等級居所就有與石器、陶器等手工業作坊相鄰而建的〔註 100〕，並且同處於城內較高敞的區域〔註 102〕。這種建築佈局表明了政治集團對於手工業生產的重視並試圖對之實

〔註96〕 程平山：《論陶寺古城的發展階段與性質》，《江漢考古》2005 年第 3 期，第48～53 頁。

〔註97〕 中國社會科學院考古研究所山西隊、山西省考古研究所、臨汾市文物局：《山西襄汾縣陶寺城址發現陶寺文化中期大型夯土建築基址》，《考古》2008 年第 3 期，第3～6 頁。

〔註98〕 高江濤、何駑：《2012 年度陶寺遺址發掘的主要成果》，http://www.kaogu.net.cn/html/cn/xueshuyanjiu/yanjiuxinlun/juluoyuchengshikaog/2013/1025/33684.html，2013 年 11 月 29 日。

〔註99〕 〔澳〕劉莉：《中國新石器時代：邁向早期國家之路》，陳星燦、喬玉、馬蕭林等譯，文物出版社 2007 年 11 月第 1 版，第 158 頁。

〔註100〕 高江濤、何駑：《2012 年度陶寺遺址發掘的主要成果》，http://www.kaogu.net.cn/html/cn/xueshuyanjiu/yanjiuxinlun/juluoyuchengshikaog/2013/1025/33684.html，2013 年 11 月 29 日。

〔註102〕 何駑：《2010 年陶寺遺址群聚落形態考古實踐與理論收穫》，http://www.kaogu.net.cn/html/cn/xueshuyanjiu/yanjiuxinlun/juluoyuchengshikaog/2013/1025/33670.html，2013 年 11 月 29 日。

現最大限度的控制，因爲這類行業可能屬於政府的一類重要財源，該區域內目前已漸露端倪的複雜的建築體系正是這類政治策略的反映。最近的這些發現同樣敦促我們意識到有必要重新審視陶寺社區內部的政治格局，除了在更早時期內發現的那些分佈於中期大城內東北部的政治活動中心之外，或許在城內其它區域一樣也存在著體現出貴族生活特徵的據點，有可能這裏也是一處政務處理中心，部分重要的政治活動是在這裏舉行的。就目前已知的材料來看，那種先天地認定中期大城內西南部大型建築的主人，在社會地位上是低於同時在政治關係上又是隸屬於那些盤踞在東北部宮殿區的政治集團的觀點，實際上是缺乏來自於實證材料的積極支持的〔註103〕。

　　與此同時，在這一階段中，更是出土了被一些學者解讀爲文字的重要遺存〔註104〕〔註105〕〔註106〕。儘管我們不贊同「博物館清單」式的社會階段判識模式〔註107〕，但不可否認的是，對於中國這樣一支原生型文明來講，嚴格意義上的文字或承擔有類似功能的其它符號的出現仍然是一類值得重視的現象，這表明當時在社會各部分之間的交流中已經產生出了如此龐大的信息量以至於有必要採取某種方式來從時間與空間兩個方面延續某些重要信息的有效性。而我們知道，信息與承擔著信息處理職責的政府一樣，都是應社會現實之需而產生的，反映出來的正是社會現實的結構。此外，與中期一樣，晚

〔註103〕 何駑：《2010 年陶寺遺址群聚落形態考古實踐與理論收穫》，http://www.kaogu .net.cn/html/cn/xueshuyanjiu/yanjiuxinlun/juluoyuchengshikaog/2013/1025/3367 0.html，2013 年 11 月 29 日；楊寬：《中國古代都城制度史研究》，上海古籍出版社 1993 年 12 月第 1 版，第 12～13、43～44 頁；李久昌：《偃師二里頭遺址的都城空間結構及其特徵》，《中國歷史地理論叢》2007 年第 4 期，第 49～59 頁；李民：《鄭州商城在古代文明史上的歷史地位》，《江漢論壇》2004 年第 8 期，第 95～98 頁；潘明娟：《歷史早期的都城規劃及其對地理環境的選擇——以早商鄭州商城和偃師商城爲例》，《西北大學學報》（自然科學版）2010 年第 4 期，第 708～712 頁；楊鴻勳：《從盤龍城商代宮殿遺址談中國宮廷建築發展的幾個問題》，《文物》1976 年第 2 期，第 16～25 頁。
〔註104〕 李健民：《陶寺遺址出土 4000 年前扁壺朱書文字成功破譯》，http://www.kaogu .cn/html/cn/xueshuyanjiu/yanjiuxinlun/qita/2013/1025/33261.html，2013 年 12 月 7 日。
〔註105〕 中國社會科學院考古研究所山西隊、山西省考古研究所、臨汾市文物局：《山西襄汾縣陶寺城址發現陶寺文化中期大型夯土建築基址》，《考古》2008 年第 3 期，第 3～6 頁。
〔註106〕 馮時：《「文邑」考》，《考古學報》2008 年第 3 期，第 273～290 頁。
〔註107〕 王震中：《中國文明與國家起源研究中的理論探索》，《中國社會科學院研究生院學報》2011 年第 3 期，第 120～128 頁。

期遺存中依然發現有銅製品〔註108〕,即便這些目前還顯得相當零散的銅製品有可能不是本地生產而是從外地輸入的〔註109〕,這也證明了陶寺社區當時仍然與外界保持著密切的聯繫,是一個涵蓋範圍甚廣的跨越東亞不同地理單元甚至跨洲際的交換網絡內部的積極參與者〔註110〕。這些非生產性特殊物品的輸入正表明在晚期陶寺,當地仍然可能存在有脫離了直接食品生產過程的人群,而這樣一些社會亞集團得以存在的前提正在於作為整個社會的基礎部門的農業生產系統的穩定與豐稔。因此塗朱扁壺以及形制各異的多件銅器的出現與同屬於晚期的那些夯土基址、有著刻畫符號的梯形陶板、玉器、壓印��索紋的高等級建築構件等所反映出的正是同樣的事實,即陶寺晚期的社會複雜化程度不容低估,更多類似發現的獲得很可能只是時間問題〔註111〕。

所以對於晚期來講,無論是陶寺社區內的發現還是臨汾地區的宏觀聚落體系,都有利於支持我們的觀點,即當地仍然是一個擁有集中化管理制度的等級社會,社會的複雜化程度,無論是就手工業專業化抑或政治領域內的分化來講,至少是在一定時期內都還仍然保持著相當的發展水平。但不可否認的是,隨著二里頭文化在黃河南岸伊洛盆地的勃興,汾河下游谷地內這處曾經繁榮了數百年的複雜社會系統最終還是無可挽回地顯現出了日薄西山的頹勢〔註112〕。農業聚落在數量與規模兩個方面的同時下滑表徵著人口的大量流失,人口大量流失又使得我們有理由懷疑,當時政治集團對於整個社會的控制能力很可能大不如前了。但從田野發掘的進度來看,現在來討論陶寺社會的崩潰問題仍然顯得為時過早,其中所做出的許多論述都是大而化之或似是而非的〔註113〕〔註114〕。

〔註108〕 何駑:《從陶寺遺址看中國早期國家特徵》,《團結報》2012年11月1日第7版。

〔註109〕 劉學堂:《中國早期青銅器的起源與傳播》,《中原文物》2012年第4期,第51~57頁。

〔註110〕 劉學堂:《拓寬中華文明起源研究的視野》,《光明日報》2012年2月20日第15版。

〔註111〕 中國社會科學院考古研究所山西隊、山西省考古研究所、臨汾市文物局:《山西襄汾縣陶寺城址發現陶寺文化中期大型夯土建築基址》,《考古》2008年第3期,第3~6頁。

〔註112〕 〔澳〕劉莉:《中國新石器時代:邁向早期國家之路》,陳星燦、喬玉、馬蕭林等譯,文物出版社2007年11月第1版,第161頁。

〔註113〕 葉斐、李旻:《王權、城市與國家:比較考古學視野中的中國早期城市》,載荊志淳、唐際根、高嶋謙一編:《多維視域:商王朝與中國早期文明研究》,科學出版社2009年1月第1版,第276~290頁。

　　以戰爭或內部動亂這類最常為人所引用的理由而論，我們知道，戰爭等暴力事件對於早期複雜社會來講實在是再平常不過的事情了〔註115〕，即便是在陶寺社會穩健發展的早期與中期，對於軍事權力的宣揚與強調同樣是貴族們慣用的一項政治策略，與此同時，當時的手工業作坊也像晚期的同行們一樣大量生產著那個時代較具殺傷力的武器，譬如箭鏃等〔註116〕〔註117〕。貴族們有著進行類似宣傳的需要證明這種軍事權力有其現實意義，這種局面的出現使得我們很難相信在晚期的動亂正式爆發之前，陶寺社會得以一直享有一種較為和平的內外環境。也就是說戰爭，無論是對內還是對外，就陶寺的政治集團來講都屬於一類習以為常的政治事件，在這種暴力衝突趨向常態化的情況下，試圖用單一一次發生於族群之間的衝突或階級矛盾的爆發等顯現出極大偶然性的歷史事件，來完成對於複雜社會的崩潰這類社會運動過程的全部解釋其實是很難令人信服的〔註118〕〔註119〕。

　　復原前文獻時代複雜社會內部的血緣構成情況本來就是考古學研究的弱項，我們無從證實在陶寺政體存在的數百年間，到底曾有過多少個家族攫取了位於社會頂端的執政地位，這些家族之間又有著怎樣的親屬關係？因此當時是否存在有不同的所謂「王族」，他們之間是否曾因政治鬥爭而結下宿怨，這些話題目前還只能停留在學者個人想像的水平之上〔註120〕。至於說階級矛盾，這一點倒易於獲得陶寺現有材料的證實，其實根據前述經典作家關於分工與階級形成兩者之間關係的論述，我們完全可以得出這樣的認識，即早在陶寺甚至是龍山時代之前，在中國這片土地上就已經有階級社會存在了〔註

〔註114〕 張渭蓮：《中國早期國家的崩潰——以陶寺和二里頭為例》，http://www.xianqin.org/blog/archives/1904.html，2013 年 11 月 1 日。

〔註115〕 王震中：《中國文明起源的比較研究》（增訂本），中國社會科學出版社 2013 年 3 月第 1 版，第 425～429 頁。

〔註116〕 中國社會科學院考古研究所山西工作隊、臨汾地區文化局：《1978——1980 年山西襄汾陶寺墓地發掘簡報》，《考古》1983 年第 1 期，第 30～42 頁。

〔註117〕 中國社會科學院考古研究所山西隊、山西省考古研究所、臨汾市文物局：《陶寺城址發現陶寺文化中期墓葬》，《考古》2003 年第 9 期，第 3～6 頁。

〔註118〕 張國碩：《陶寺文化性質與族屬探索》，《考古》2010 年第 6 期，第 66～75 頁。

〔註119〕 何駑：《從陶寺遺址看中國早期國家特徵》，《團結報》2012 年 11 月 1 日第 7 版。

〔註120〕 何駑：《從陶寺遺址看中國早期國家特徵》，《團結報》2012 年 11 月 1 日第 7 版。

〔註121〕 王震中：《中國古代國家的起源與王權的形成》，中國社會科學出版社 2013 年 3 第 1 版，第 218～243 頁。

121），因此陶寺社區內部存在有階級矛盾這一點不足爲奇，換個角度來看，我們也可以認爲，階級的分化正是像陶寺這樣的等級化了的複雜社會存在的一個前提。關鍵是，階級矛盾發展到怎樣的程度才足以促令被統治階級這些沉默的大多數終於興起了要用魚死網破的暴力手段去改造現有社會結構的衝動？如果認爲激化階級矛盾的就是執政者的奢靡行爲，這或許可以解釋中期大型墓葬遭到搗毀的事實，但正如前文論述的那樣，無論是陶寺社區內部的發現，還是就整個地區內分層級的聚落體系來看，陶寺晚期仍然是一個具備集中化管理機制的等級制政體，並可能繼續積極參與著涉及到特殊物品的遠距離交流網絡的構建與運作，那麼又是什麼力量顛覆了晚期貴族的統治並促成該地區的複雜社會徹底崩潰呢？難道是由於同樣的原因？不過目前我們在晚期的材料中並未見有其糜費程度超越中期的證據，而且不合常理的是，難道在經歷了類似的社會動亂之後，晚期的執政集團竟然絲毫也沒有汲取這近在眼前的政治教訓而依然故我麼？

再者，一些被認定爲促成了陶寺社會崩潰的所謂折射出暴力色彩的現象，也有重新予以檢討的必要：首先，盜擾早先墓葬的行爲在當時不止見於陶寺一地，很可能是整個晉南地區的普遍現象〔註 122〕〔註 123〕；其次，宮殿區範圍內見到的大量人骨堆積，固然可以自其中解讀出暴力的信息，但這些被處決者與陶寺政體之間的關係卻不容易就此做出判斷，他們在當時是否曾組織過較具規模的集體暴動，這種群體性反抗行爲的結果如何，孰勝孰負，此間的詳細情況尚不得而知。據我們看來，這些人骨很有可能只是一批被集中收納的骨器原材料或半成品，因爲同一單位內還出有包括骨鏃、骨錐、骨匕等在內的多種骨器製成品，這些製成品與上述人骨堆積之間的關係是值得深究的，前者與後者之間究竟是成品與原材料，抑或是兇器與罹難者這些問題都是需要進一步研究的。因此人骨堆積的出現並不必然意味著這批受害人當時曾經發起過不利於陶寺複雜社會的敵對舉動，更無法憑此判斷類似行爲是否曾對當地既有的社會結構造成過實質性的衝擊，因爲正如戰爭的常態化一樣，對包括戰俘在內的種種非自由人的人身虐殺行爲實際上自始至終都有發

〔註 122〕 山西省考古研究所、運城市文物局、芮城縣文物局：《山西芮城清涼寺新石器時代墓地》，《文物》2006 年第 3 期，第 4～16 頁。

〔註 123〕 山西省考古研究所、山西運城市文物局、芮城縣文物旅遊局：《山西芮城清涼寺史前墓地》，《考古學報》2011 年第 4 期，第 525～560 頁。

生。因此在我們看來，產量可觀的骨器作坊的出現不僅不便於被拿來作為指徵社會複雜化進程遭到干擾、破壞或衝擊的證據，反倒至少可以從一個側面反映出當時手工業專業化生產的繁榮局面〔註 124〕〔註 125〕〔註 126〕。與陶寺社區的持續繁榮相對，在這一階段中雖然在其它地方出現了一些規模可觀的聚落，但從發掘結果來看，其社會生活的複雜程度遠不如陶寺〔註 127〕〔註 128〕。這樣看來，在陶寺文化存續的整個時段內，陶寺社區都是整個地區內最繁榮、社會結構最複雜的核心聚落。

至於迄今未見有屬於晚期的大型墓葬，這很可能與當下田野工作的局限性有關。雖然自發掘伊始，人們就已經意識到了墓葬與左近的居住址相始終，而且隨後的實地工作也證實了在陶寺社區的發展過程中墓地非止一處，但迄今為止，獲得發表的資料中最詳盡可靠的仍屬於第一階段就早期小城外東南方向那片墓地的發掘，中期小城內以及中期大城北牆外等處的墓地並沒有得到較大範圍的揭露，更談不上系統地梳理並公佈其中的資料了。即便是第一階段發掘的那片墓地，因為墓葬之間打破關係嚴重，且缺乏可供判別期屬的陶器信息，因此實際上除了隨葬品較為豐富的高等級墓葬之外，對於後來被一併列入統計的大量規模較小的墓葬經常面臨著很難確認其期屬的問題。在這種情況下，如今經常被引證為陶寺墓地所反映的金字塔形社會分層結構的所謂早期墓地的統計材料，事實上是在多少忽略其時代先後關係的基礎上做出的，換言之，在同一幅統計圖中，代表高等級墓葬的資料或許可以被認作是主要來自於早期，但其餘材料中卻可能摻入了無法準確估定的屬於其它時期的墓葬〔註 129〕〔註 130〕〔註 131〕。我們這樣講並不是要否認陶寺屬於等級制

〔註 124〕中國社會科學院考古研究所山西隊、山西省考古研究所、臨汾市文物局：《山西襄汾陶寺城址 2002 年發掘報告》，載解希恭主編：《襄汾陶寺遺址研究》，科學出版社 2007 年 1 月第 1 版，第 119～158 頁。

〔註 125〕河南省文化局文物工作隊第一隊：《鄭州商代遺址的發掘》，《考古學報》1957 年第 1 期，第 53～73 頁。

〔註 126〕楊育彬：《鄭州商城的考古發現和研究》，《中原文物》1993 年第 3 期，第 1～10 頁。

〔註 127〕中國社會科學院考古研究所山西工作隊、山西省臨汾行署文化局：《山西曲沃縣方城遺址發掘簡報》，《考古》1988 年第 4 期，第 289～294 頁。

〔註 128〕何駑：《2010 年陶寺遺址群聚落形態考古實踐與理論收穫》，http://www.kaogu.net.cn/html/cn/xueshuyanjiu/yanjiuxinlun/juluoyuchengshikaog/2013/1025/33670.html，2013 年 11 月 29 日。

〔註 129〕中國社會科學院考古研究所山西工作隊、臨汾地區文化局：《1978～1980 年山西襄汾陶寺墓地發掘簡報》，《考古》1983 年第 1 期，第 30～42 頁。

社會這一事實，因爲很顯然，除了墓葬，尤其是墓區結構之外，還有不少其它來源的信息可供做出類似的判斷，不過墓地發掘中這類不容樂觀的現狀，確實給解讀陶寺晚期階段的社會發展情況客觀上設置了不少障礙。要知道，當時包含有最豐富的文化信息，也就是上文中所區分的那些附著有不少裝飾性組件的器物，多數都是作爲隨葬品在墓葬中被發現的，所以現在就以未見屬於晚期的高等級墓葬而認定在此期間當地的政治等級制度甚至是社會複雜化程度已經趨於解體或者是衰退，就顯得有失公允，而且這類判斷也與最近一些田野發現不符，關於這一點我們在前文中就已經做過必要的說明了。

　　與晚期的歸宿問題相對的，是這支文化在早期的興起問題。在如今考古學上所講的「陶寺文化」興起之前，當地並非一片渺無人跡的化外之地。那時的人們已經遵循著祖先留下來的技術傳統開展包括有陶器、石器、骨牙器以及紡織等在內的多種手工業生產了，同時也具備了一定的建築水平，支撐起這一切的則是包括了豬隻飼喂在內的旱地農業生產方式。不過很顯然，這個時期的社會總產品還不夠豐富，很可能以穀糠爲飼料的豬的數量仍然很有限，而且似乎也主要只是被用來應付某些祭祀，或者更具體地說，是奠基行爲。在當時，這類行爲的組織者不得確知，也沒有指向任何具體的受益者，因此豬牲可能是某次公共祭祀行爲的遺存，也就是說，受益人是一定範圍內的某個集體而非個人。這一點從居住情況上也可以得到佐證，房址雖然發現的不多，且保存狀況較差，但仍然可以看出，無論是就形狀、室內居住面積抑或居住面的加工方式等主要建築質量指標來看，各家戶之間沒有明顯的差別，這反映出社區居民之間的經濟水平大致相當，生活水準基本持平。此時期的喪葬資料極度缺乏，唯一的例證是一處嬰兒的甕棺葬，這種對於遭遇夭折的未成年人屍體的處理方式很明顯地繼承自當地更早期的傳統。根據民族志調查者的經驗，未成年死者能夠擁有奢華的墓葬往往是體現社會不平等的重要指徵之一，因爲就其年齡來判斷，他們在死亡之前還不太可能憑藉著自己的能力爲社區做出堪與豐富隨葬品相匹配的貢獻，因此反過來講，能夠享有這樣高規格的喪葬待遇，更主要的還是由於其屬於地位較高的家族的成員，而且在這一家族的所有子

〔註130〕 高煒：《晉西南與中國古代文明的形成》，載解希恭主編：《襄汾陶寺遺址研究》，科學出版社 2007 年 1 月第 1 版，第 672～679 頁。
〔註131〕 高江濤：《中原地區文明化進程的考古學研究》，社會科學文獻出版社 2009 年 1 月第 1 版，第 317～334 頁。

嗣中佔有重要地位，這樣才值得家長們為其消耗如此眾多的財物。由此看來，陶寺的這個嬰兒很可能出生在社區中一個普通家庭之內，因此除了用來作葬具的夾砂罐之外，沒有其它任何隨葬品〔註132〕。

　　這就是在陶寺文化興起前夕，根據現有材料所能得出的有關於當地社會的基本情況：各家戶之間生活水平相近，人們舉行著公共的祭祀活動，遵從傳統習俗對喪事進行安排，手工業生產雖然已經形成了部門之間的分工，但是由於技術簡單，因此所有工序實際上都可以由一位加工者在同一地點完成，也就是說沒有形成工種之間的分化，而且由於同樣的原因，在社區內部要實現技術壟斷也就不太可能。在這種情況下，許多生活必需品，例如農具、日用陶器等，是有可能由各個家戶作為家庭副業來自行生產的，這種包含在家庭內部的手工業生產活動不會對於在整個社區範圍內進行組織協調提出太高的要求：一者是因為家長本身就是包括農業、手工業在內的由家庭成員承擔的各種生產活動的當然組織者；再者，由於技術水平有限，各家產品高度雷同，基本都是自產自用，或有少量市場行為發生，因此也就沒有必要在各家家長之上再設立更高一級的協調或管理機構了。在這裏有必要予以聲明的是，我們這樣講並不意味著認可當地就一定屬於一個平等社會，因為正如上文所言，歸屬於這一時期的發掘資料實在是過於稀缺了，所以那種試圖依照新進化論的標準來對其社會發展階段進行準確辨識的努力其實是很不現實的。不過可以肯定的是，這一階段內當地社會的等級化程度即便是有，如果與稍後的發展情況相比，也仍然很低，這一判斷也與當時專業化生產不發達的事實相契合。

　　因為在屬於這一時段的各類遺存中，尚未見有表徵農業與手工業等主要生產部門的專業化水平以及社會等級制度已然獲得了較高發展的證據，在與周鄰其它文化的對比中似乎顯得有些過於平凡〔註133〕。但在此後時期，從陶寺早期開始，當地社會的複雜程度卻獲得了突飛猛進地發展，一系列規模可觀的土木工程的興建顯示出強有力的社會集中管理制度的存在，各有等差的

〔註132〕中國社會科學院考古研究所山西工作隊、山西省臨汾地區文化局：《陶寺遺址1983～1984年III區居住址發掘的主要收穫》，《考古》1986年第9期，第773～781頁。

〔註133〕中國社會科學院考古研究所山西工作隊、山西省臨汾地區文化局：《陶寺遺址1983～1984年III區居住址發掘的主要收穫》，《考古》1986年第9期，第773～781頁。

隨葬品陳列模式不僅昭示了政治等級化的發展成就，而且佐證了陶寺社會內部的生產專業化的水平。面對晉南地區這類持續數百年的繁榮局面，部分學者認為，期間所取得的發展成就與當地在更早的廟底溝二期階段所顯現出來的社會面貌難以匹配，於是種種陶寺文化外來說便不脛而走〔註134〕〔註135〕。

我們認為，這實質上屬於一類單線進化論的觀點，即主張某一社會的發展必須嚴格依照既定步驟勻速前進，依次經歷其間的各個社會發展階段，最終才有可能達到一種較高的複雜化水平，顯而易見，這種觀點因為過於機械而難與歷史事實相符。雖然從結構或功能的角度來看，作為人群共同體的社會與生物有機體或機械設備之間表現出了某些相似性，但雙方同樣存在著不容忽視的帶有本質意義的差別，即社會是由一個又一個具備主觀能動性的人所構成的，因而存在著生物有機體或機械設備所不具備的系統層面上的社會意識。也就是說，從宏觀層面上來看，社會像構成它的每一個個體一樣具備學習意識與學習能力，在歷史上的某一時段內，整個社會可以表現出具有明確取向性的社會思潮，這種生成於集體層面上的意識正如發生於任何其它更微觀層面上的意識或心理活動一樣，都會對於外在的客觀世界產生反作用，只不過包含著學習意識的社會思潮所能夠產生的反作用會更大，作用對象也是整個社會的內在結構〔註136〕。因此在歷史上我們看到，有許多落後族群在其它先進社會的影響下，在具備遠見卓識的政治集團的積極協調下，可以連續跨越學術界所劃定的數個發展階段，在一個較短的歷史時期內，達到很高的社會發展成就〔註137〕〔註138〕〔註139〕，這就是同時為古典進化論與新進化論所關注的特定環境下人類社會的「跨越式發展」〔註140〕〔註141〕〔註142〕。

〔註134〕程平山：《論陶寺古城的發展階段與性質》，《江漢考古》2005 年第 3 期，第48～53 頁。

〔註135〕張國碩：《陶寺文化性質與族屬探索》，《考古》2010 年第 6 期，第66～75 頁。

〔註136〕〔日〕富永健一：《社會學原理》，嚴立賢、陳嬰嬰、楊棟樑、龐鳴譯，社會科學文獻出版社 1992 年 3 月第 1 版，第 233～234、250 頁。

〔註137〕王仲犖：《魏晉南北朝史》，上海人民出版社 2003 年 4 月第 1 版。

〔註138〕李錫厚、白濱：《遼金西夏史》，上海人民出版社 2003 年 4 月第 1 版。

〔註139〕〔德〕傅海波，〔英〕崔瑞德編：《劍橋中國遼西夏金元史》，史衛民、馬曉光、劉曉等譯，中國社會科學出版社 1998 年 8 月第 1 版。

〔註140〕中共中央馬克思恩格斯列寧斯大林著作編譯局編：《馬克思恩格斯選集》第 1卷，人民出版社 1995 年 6 月第 2 版，第 250～251 頁。

〔註141〕中共中央馬克思恩格斯列寧斯大林著作編譯局編：《馬克思恩格斯選集》第 3卷，人民出版社 1995 年 6 月第 2 版，第 765、769～770 頁。

所以在我們看來，實際上並不能以兩者之間在發展程度方面所表現出來的明顯差距，去否定陶寺那些繁複的工程與更早的廟底溝二期階段的普通房址有可能屬於持續定居於此地的同一族群的遺存。當然在這一過程中，正如在烏桓、鮮卑、契丹、女眞或蒙古等族群在自身社會結構劇變歷程中所遭遇到的那樣，可能會有來自於其它族群的較爲成熟的技術或文化因素，甚至是人口本身參與到龍山時代臨汾盆地的社會複雜化進程之中並起到不容忽視的積極作用，但就陶寺來看，這些外來因素的加入並沒有從根本上改變當地文化的特質，從早期至晚期，它一直是中原邊緣地帶上一支表現出高度連續性的文化，並以其鮮明的個性穩固地佔據著相對封閉的臨汾盆地直至整個龍山時代結束〔註143〕〔註144〕。

第三節　小結

總結以上分析，我們或許可以這樣來理解陶寺社會的複雜化進程，當然，由於目前田野工作的局限性，其中的不少環節都只能是屬於推斷性質的，我們期待未來的新發現修正現階段的認識以便使當代研究更貼近歷史的眞實：

首先，因爲存在著「進化潛勢法則」或者像經典作家所指出的，落後社會有著跨越「卡夫丁峽谷」的可能，所以我們並不認爲，這一地區在陶寺文化之前就必須是一片渺無人煙或荒廢已久的化外之地，但社會生產專業化獲得顯著發展的時代是在陶寺文化時期。一個社會如何從廟底溝二期這種相對簡單的結構，在一個較短時期內獲得突飛猛進的發展進而達到陶寺那種高度複雜化了的水平，仍然很難得到詳細的解釋。現在很可能是因爲田野發掘的重點轉向了陶寺中晚期相對豐富的文化遺存，關於較早階段的材料也相對缺乏，因此學術界鮮有人關注發生於兩個階段之間的這種看似突變式的社會發展水平的躍升。不過在我們看來，即便日後獲得了更豐富的地下材料，對於這個問題，除了人口遷移之外，估計也很難從其它方面進行解釋。因爲在那

〔註142〕〔美〕哈定等：《文化與進化》，韓建軍、商戈令譯，浙江人民出版社 1987年版，第 75～90 頁。

〔註143〕徐殿魁：《龍山文化陶寺類型初探》，《中原文物》1982 年第 2 期，第 20～25頁。

〔註144〕高天麟、張岱海、高煒：《龍山文化陶寺類型的年代與分期》，載解希恭主編：《襄汾陶寺遺址研究》，科學出版社 2007 年 1 月第 1 版，第 222～233 頁。

樣一個以人力爲不可或缺的主要動力的時代，毫不誇張地講，人口尤其是青壯年勞動力就是一切的根本，勞動人手之於古代社會一如化石能源之於現代產業社會一樣，因此增丁添口不僅是每一個中國家長的期盼更是政府一以貫之的一項基本政策。戰爭、勞役哪一項不需要投入並消耗大量的人力，更重要的是，在考古學所能觀察得到的一個相當長的歷史時期內，集中體現當地農業技術水平的生產工具組合併沒有經歷意想之中的顯著改觀，至於勞動協作方式或產權結構等信息又很難通過考古活動來提取，因此最有可能的結果同時也是最合理的解釋就只能是，在此期間，人口規模獲得了顯著的增長。只有這樣，也就是說只有在投入較以往更多的勞動力的情況下，即便生產效率未能因技術進步而得到明顯提升，通過動植物的生長過程，從而將太陽能轉化爲以有機物爲主要載體的可儲存的化學能的農業生產系統的總產量才有可能獲得增長，也只有在農業這種當時最重要的物質財富的生產部門能夠保持穩中有升的良好發展態勢的前提下，當地社會的複雜化進程才有可能持續進行下去。因此，如果沒有經歷過顯著的人口擴增過程，包括陶寺在內，龍山時代任何一個早期政體要想完成複雜化進程並在社會發展階段方面實現躍升都是不可想像的。

至於說有的研究者強調的戰爭問題，我們承認戰爭對於樹立軍事領袖的權威，在全社會範圍內建立起集中化的徵繳體系等社會複雜化的重要內容都具備顯而易見的影響力，但有這樣兩點原因這些學者必須首先考慮到：一者，戰爭會帶來勞動力的大量耗損，在冷兵器時代，有充足的兵源是取得戰爭勝利的重要保障；再者，戰爭作爲一類有組織的暴力行爲，會在較短時間內帶來各類社會財富的大量消耗，因此後勤保障要跟得上，這其中最重要的就是糧秣的供給，這些不都還是要靠農業系統來承擔麼？而農業系統，正如上面解釋的那樣，如果沒有勞動力的慷慨投入，就不能保證產出水平。在這種局面下，如果連最基本的兵源與糧源都得不到保障，遑論克敵制勝？

又有一部分學者更加蹈空務虛，不潛入作爲社會生活基礎的生產領域內去找問題，反倒升騰到宗教等意識形態領域內，希望在這一範疇中覓到啓動社會複雜化的密匙，其實這不過是本末倒置而已。我們承認意識形態對於社會現實具備反作用，但一定的意識形態又是從何而來的？很顯然，它是對於社會現實的反映，而且往往是對於更早階段的社會現實的反映。譬如在陶寺，蟠龍紋陶盤的出現或許是出自貴族集團的精神需求，是在政治勢力的指令下

由具備專門技術的工匠來完成的，工匠們爲了完成這樣一件較日用陶器更形複雜的產品，可能需要爲此劃分出不同的工種，或者是在精英集團的人爲干預下將具備不同特長的技術人員召集在一起。無論此間詳情如何，總之，從這個角度來看，的確是產生於意識形態領域內的需求推動了專業化從而也就推動了社會複雜化進程的發展。但我們不應忘記的是，又是什麼原因導致貴族們產生了對於原有陶器形式進行深加工的需求呢？是爲了強調自己與社區中的其它成員在社會身份方面的差別，也就是強調等級化這個當時最大的社會現實，因此需要製作並保有某些特殊器物來將這種抽象的現實具象化。現在問題又來了，是什麼原因促成了等級化這個社會事實呢？在全部解釋鏈環中，回答這個問題確實是很關鍵的一步，研究者個人在這個問題上的具體取向將在很大程度上影響甚至是決定後續解釋的成敗與否。於是我們看到，有一部分人在自覺或不自覺間將研究終於推進到這一步之後，卻又令人遺憾地退回到原來的老路上去了，即用戰爭或宗教行爲本身來解釋意識形態與政治結構等上層建築領域內的這種深刻的變化。這樣一來，他們就此所做出的全部解釋就都只是在上層建築領域內躑躅徘徊，從軍事鬥爭這種特殊的政治活動到行政部門的設置等更爲一般也是更爲常見的政治活動，再到宗教祭祀等意識形態領域內那些政治結構的映像中去，稍後又從意識形態的重重濃霧中鑽出來跳回到戰爭或行政活動等範疇裏去，以此往復，終於糾結成爲一個「雞生蛋，蛋生雞」式的閉鎖的邏輯鏈路。其實我們看得很清楚，所有這一切都屬於一個社會的上層建築結構，如果研究者本人只是把觀察視野局限在這樣幾個範圍之內，那麼充其量他也只能是管中窺豹，探知社會複雜化過程中的一個方面而已，況且還不是最重要、最根本的那個方面，而是最容易受外界影響而發生改變的一些表層結構。

爲了擺脫這種長期存在著的浮光掠影式的痼疾，就要從上層建築返回到實際的社會生產領域中去，返回到斯圖爾德所說的一個社會的「文化內核」中去。斯圖爾德有關這個概念的認識已見前文，我們認爲，從這一點上來看，斯圖爾德包括懷特確實是繼承了經典作家的衣鉢，也就是從社會的勞動組織方式來看社會的宏觀運動過程，而一個社會的勞動組織方式又是由當時的生產力發展水平規定了的。什麼是一個社會的生產力發展水平？就考古學所能提供的材料來看，就是具體的生產工具。因爲考古學不能直接告訴我們古人想過什麼，它只能告訴我們古人用過什麼，所以對於像陶寺這樣無文字或者

更保守地來講叫作前文獻時代的社會而言，生產工具就是當地社會生產力的直觀體現。我們這樣講不是說生產力就是生產工具，或者說生產工具就是生產力這一概念的全部內涵，但現實是，我們現在研究的是一處考古遺址，所有具備決定性意義的材料都是由以形而下的器物為全部發掘成果的考古學來提供的，因此才有了我們上面那樣一種其實並不嚴謹的認識。正是這樣一種並不嚴謹的認識構成了此後研究的基礎或者說前提。這沒有什麼值得奇怪的，考古學不是萬能的，這一點張忠培自己講的很明白，類似於這種經不起社會學或文化人類學標準嚴格考覈的帶有缺陷的邏輯在考古研究中比比皆是，甚至本身就已經成為進行考古解釋的前提了，這一點是我們在這裏有必要首先予以說明的〔註145〕。既然如此，既然生產工具體現了社會生產力，而我們又通過其它許多研究者的工作獲知，在此期間，當地的生產工具並沒有發生顯著的改觀，也就是說生產效率沒有經歷明顯的提升過程〔註146〕〔註147〕〔註148〕，然而同一時期內，包括隨葬品豐富的大型墓葬、城垣、高等級的建築物等許多田野材料卻證實了陶寺地方的社會結構確實發生了極大的改變，兩相對比，我們就可以知道，在這一個過程中，社會財富也就是社會剩餘產品的總量確實是增加了。只有在社會剩餘產品總量獲得增長的情況下，才會向當地社區提出如何瓜分這些新產生的剩餘財富的問題，而有等差地佔有社會財富正是社會等級制度被寄希望完成的最重要的一項功能。所以如果人口增加，可用以投入直接生產領域內的勞動力就會增加，社會剩餘產品的總量在農業生產技術未曾顯現出明顯改觀的前提下才有可能獲得增長。作為這一系列聯動過程的自然結果，更形複雜的等級制度也才有建立的必要，而等級制度的具體內容，也就是每個社會成員究竟能在這一制度中佔據怎樣的地位，歸根到底就是個人之間如何分配剩餘產品，則主要由個人此前在分工中所佔有的地位來確定。其中，負責組織協調工作的社會成員在進行分配的時

〔註145〕張忠培：《淺談考古學的局限性》，《故宮博物院院刊》1999 年第 2 期，第 67
～69 頁。

〔註146〕徐旭生：《井田新解並論周朝前期士農不分的含義》，《歷史研究》1961 年第 4
期，第 53～65 頁。

〔註147〕王小慶：《公元前 2500 年～公元前 1500 年豫西晉南地區考古資料所反映的人
類生產工具的狀況》，載中國社會科學院考古研究所考古科技中心編：《科技
考古》（第 2 輯），科學出版社 2007 年 12 月第 1 版，第 116～119 頁。

〔註148〕沈長雲、張渭蓮：《中國古代國家起源與形成研究》，人民出版社 2009 年 4
月第 1 版，第 134～135 頁。

候總是能夠占取更大的份額，在多大一個層面上來進行組織協調，主持者就能享有來自於多大一個範圍內的剩餘財富，所以雖同爲協調者，但彼此之間也有等差。這種等差，就產生時間的早晚而論，是先有經濟方面的而後才有政治地位方面的，就兩者之間的關係而論，即便在政治地位差異實現了制度化以後，它也是爲攫取更多財富這個現實目的而服務的，關於這一點，我們在前面討論杜正勝的問題時就已經做過辨析了。

　　上面我們所做的這些解釋，如果借用懷特的話語體系來講就是，因爲自然人的體能是那個時代維持整部社會機器正常運轉並持續發展的最主要的能量來源，社會中的其它一切活動，政治的，藝術的，宗教的等等就都是建立在人的手工勞動之上的，甚至包括在最基本的經濟生產活動，譬如農牧業生產中，借由動植物的生產過程而利用太陽能的主體也依然是勞動者，即具備實際勞動能力的個人。我們知道，地球所能接受到的來自於太陽的光與熱等輻射能，如果與人類社會的短暫歷史相比，完全可以看作是一個常量，它並不因人與人類社會的誕生而增加或減少，但人作爲一種智慧生物，同時也就是一種能動因素的加入，畢竟顯著地改變了對於投射到地球上的部分太陽能的利用方式，於是也就產生了與在完全的自然狀態下不同的人爲結果。這種結果的主要內容首先就是固化在各類農牧產品中的太陽能，而最終得以固化的太陽能的多少則取決於這樣兩個因素，一個是單位面積上太陽能的利用效率，再者就是可用以接受太陽輻照的總面積，這兩類因素中任何一個的提升都會使社會從中獲益，也就是獲得更多的剩餘產品。所以我們看到，與工業化社會不同的是，對於中古及上古史中的農業社會來講，那些在人類文明史中曾產生過煊赫影響的政權，無論東方的或是西方的，總是試圖在力所能及的限度內盡可能多地獲取這樣兩種東西，即土地與人口。首先，領土面積越大，受該政權所控制的可接受太陽輻照的總面積便越大，所獲得的年度太陽能總量便越多，而人口越多，實際上也就是可資調配的自然人的體能總量越大，在一切作業程序都完全依靠手工勞動的前提下，可收穫、轉運與存儲的太陽能便越多，很明顯，沒有農夫勞作的陽光明媚的土地，對於這個時代的社會而言是沒有意義的。所以，土地與人口，這兩個因素對於社會保障其能源安全來講須臾不可或缺，負有管理職能的政治集團不可能不明白這樣一個基本的道理。

　　同樣的一點，經典作家甚至講得更明白。恩格斯曾對博爾吉烏斯直言：

「我們把經濟條件看作歸根到底制約著歷史發展的東西。而種族本身就是一種經濟因素。」〔註149〕所謂「種族」，按照涂贊琥的解釋，其實就是人口生產〔註150〕，「即種的蕃衍」。這個內容是經典作家社會再生產理論中的兩大基本組成部分之一，而與之並立的另一個組件，即另外一種生產，就是生活資料的生產，這種生產本身又包含著除了勞動者之外的兩種因素，一個是勞動對象，對於農業時代來講主要就是土地與農作物、牲畜等，另一個就是勞動工具，勞動工具的形式體現著技術在這個時代所經歷的發展演變情況，而考古學成果目前尚不支持認為上述兩種因素在陶寺文化存續的數百年間曾發生過顯著變化的觀點。同時我們又知道，「一定歷史時代和一定地區內的人們生活於其下的社會制度」總是「受著兩種生產的制約」〔註151〕，那麼既然陶寺社會，特別是上層建築領域所發生的種種顯而易見的變化，按照上面的分析，主要不是由勞動對象或勞動工具等因素促成的，則導致這一切變化的原因自然就應該從勞動者本身上去找，也就是從人口生產中去尋覓。

　　人口因素又包含著兩個方面的內容，一個是人本身的素質，譬如技術素質、身體素質等等，另一個則是人口的絕對規模。很明顯，在陶寺開展的考古實踐對於回答涉及到第一個方面的問題很難提供特別有價值的信息，造成這種局面的一個重要原因在於目前取樣太少，我們可能憑此知道某個人或某幾個人在當時的身體狀況或飲食結構等，但卻無法準確估定這些目前仍然還顯得相當零碎的結果對於整個陶寺社會到底具備怎樣的指示意義。相較之下，對於人口規模這個問題的回答就要輕鬆得多，儘管我們當下同樣不能確知在此期間地方人口數目的波動詳情，但對於總體變化趨勢做出大致判斷還是有條件的。從前陶寺時代，到早期，到中期，甚至包括晚期的至少一部分時間在內，陶寺社區範圍內所能見到的各類硬件設施的建設活動有增無減，而這些勞役項目又總是在一個相對較短的時期內上馬並完成的，這自然證明當時有數量可觀的勞動力同時被投入到了土木工程建設領域內去了。這些人

〔註149〕中共中央馬克思恩格斯列寧斯大林著作編譯局編：《馬克思恩格斯選集》第4卷，人民出版社1995年6月第2版，第732頁。

〔註150〕涂贊琥：《恩格斯家庭、氏族和國家理論的研究——學習〈家庭、私有制和國家的起源〉》，武漢大學出版社1986年6月第1版，第37頁。

〔註151〕〔德〕恩格斯：《家庭、私有制和國家的起源》，中共中央馬克思恩格斯列寧斯大林著作編譯局譯，人民出版社1999年8月第3版，第3頁。

口脫離直接的食物生產過程而需要獲得政府的供養，那些負責指揮他們工作的各級執事人等更是理所當然地要向政府索薪，而在這些人之上，還有一個規模日漸膨脹的──這一點可以通過宮室類建築規模的擴大得到體現──要求享受奢靡物質生活的貴族集團作爲整整一個寄生階層附生於政府的肌體之上，上上下下所有這些人都要求政府負擔起他們及其家屬的生活成本。而對於那個時代的政府而言，最主要的收入來源就是農業，就是那個由土地、農作物、勞動技術以及體現這套技術程序的工具，最後還有提供體能的勞動者本人這些因素所構成的生產系統。在實際支出不斷增長的情況下，陶寺政府仍能於數百年間維持穩健的財政支付能力，這說明它的實際收入，與支出一樣，經歷著一個穩步的增長過程，而且這種增長的幅度要比支出增長的幅度更大，這樣才能繼續維持財政系統的穩定。而我們前面已經分析過了，在當時，除了依靠投入更多人口去墾闢更大面積的土地之外，實在是沒有其它更有效的增產途徑。這種形勢彌漫於整個農業時代，不僅耕作粗放的上古時期如此，即令數千年以後，在技術水平與農業經驗已經獲得了顯著提升的情況下，政府在期望自農業系統中斂取更多收入時所依仗的主要手段仍然不過是這些，即被列爲地方官「六事」或「五事」考課標準中首要兩條的「田野闢」與「戶口增」〔註152〕。所以從這個時間跨度來講，即使未來的發掘活動可以提供用以證明在此期間技術進步或農作物品種獲得改良的證據，我們也絕對不能忽視甚至是減低對於人口因素在類似於陶寺這樣的早期農業社會生產系統中所必然發揮著的基礎性作用的認識。很顯然，如果說直至晚近的歷史時期，農業生產所經歷的技術發展與品種改良，尚且無法從根本上撼動人口規模與土地面積這兩項因素對於產出的巨大影響，遑論在陶寺文化本身存續的這數百年間，作物品種等勞動對象以及勞動工具的組合形式又怎麼可能徹底扭轉自身在與人口等因素相較時所顯現出的力量對比格局呢？

所以說，陶寺社會的進步，包括上層建築中所顯現出的種種複雜化跡象，究其根源，都是現實的經濟狀況的合理反映。這種反映的合乎邏輯的發生原理就是我們上面分析的那些，而引起經濟狀況變動的根由，透過當前可供分析的材料來判斷，首先在於當地人口規模的增長，至於與之相關的耕地面積的變動，可以推想，應該也是同步擴大的，惟憾考古活動在觸及這類問題時實難爲研究者提供大量有價值的數據。當然，人口增長既可以是本地人口生

〔註152〕武波：《元代考課制度》，《史學月刊》2013年第8期，第124～128頁。

產的結果，同樣也可以是外地人口生產的結果，因爲勞動者本身是可以發生跨地域流動的，無論這種流動是自願的還是遭到強制的。對於前者而言，我們有理由相信，當地人口的自然增長速率不會獲得突破性提升，也就是說僅僅依靠自身的繁衍，不可能在較短時期內實現人口規模的顯著擴增，於是就要仰賴於外來人口的挹注，只有在有著相當規模的外來人口持續遷入的情況下，對於處在陶寺這樣一個時代中的社會來講，才有可能實現跨越式的發展。

　　與此同時，我們應該意識到，任何一個時代的人口流動都不應被簡單地理解爲是一個平面的過程，在實際發生的時候，參與流動的往往是社會各階層的人員都有，也就是說，這是一個立體的過程。在此期間，除了可以投入直接農業生產領域內的青壯年勞力之外，流入臨汾盆地的很可能還包括有不少具備一技之長的專業人員，他們可能是工匠，也可能是通曉祭祀儀軌的那個時代的知識分子，所有這些人以及附著於其上的業已存在的社會關係可以實現同步流動。這種社會關係的跨地域流動作爲一種單純的人口交換行爲之上的更高級的信息或文化交流方式，對於推動當地社會複雜化進程加速發展，可以想見會起到極大的促進作用。於是我們看到，農業勞動中人手的增加帶來了產量的增長，使得更複雜的等級制度既有建立的必要更具備了建立的實際基礎，而知識分子或者僅僅是某種知識與掌握較複雜手工業技藝的工匠或者僅僅是某些技術的適時傳入，又使得新近形成的貴族階層具備了表達等級化意識形態的較成熟的方案與手段。這兩方面的因素結合起來，呈現在我們眼前的便是，陶寺這裏既有集中化的社會產品徵繳與支付制度，又有表達出豐富文化意義的隨葬品甚夥的大型墓葬，當地社會作爲一個整體，同時在形而下與形而上兩個層面上獲得了極大地豐富與發展。不過陶寺的某些富含文化信息的裝飾性因素雖然表現出了曾受到地區以外其它社會影響的痕跡，但從總體上來看，陶寺的執政集團仍然在很大程度上繼承了中原地區各族群在更早階段中就已經形成了的政治傳統，那就是重視世俗功利勝過宗教神權。因此，在繼承中有揚棄並將之融合爲一體，這是陶寺的特點，這種特質不可能是由其它外來文化帶來的，正是傳承自當地土著社會，體現著中原地區早期等級社會的特色〔註153〕〔註154〕〔註155〕〔註156〕。

〔註153〕高煒：《龍山時代中原玉器上看到的二種文化現象》，載解希恭主編：《襄汾陶寺遺址研究》，科學出版社2007年1月第1版，第691～694頁。
〔註154〕趙輝：《中國的史前基礎——再論以中原爲中心的歷史趨勢》，《文物》2006年第8期，第50～54頁。

〔註155〕〔澳〕劉莉：《中國新石器時代：邁向早期國家之路》，陳星燦、喬玉、馬蕭林等譯，文物出版社 2007 年 11 月第 1 版，第 227～231 頁。
〔註156〕李新偉：《「彩陶中國」的重新思考》，《三門峽職業技術學院學報》2013 年第 2 期，第 1～4 頁。

第六章 結 語

　　本文是針對考古學上所認定的陶寺文化的專案研究，目的是爲了在現有材料的基礎上，通過實證分析來解釋當地社會在公元前第 3 千紀末期所經歷的社會複雜化進程。

　　首先，就一般理論來講，我們主張：

　　其一，社會複雜化是一個連續的動態的過程，在做理論分析的時候，可以從專業化與等級化這樣兩個維度入手去理解。技術生產領域內的兩種分工是這其中率先發生的一個過程，而政治領域內的等級化則是爲了更好地適應業已分化了的經濟生活而逐步形成的。因爲政府是一個信息處理機關，只有在負責管理的內容就其數量或質量而言獲得實質性的提升之後，作爲管理者的政府才有可能接收並被要求以更高的效率處理更多更複雜的信息，這是政治結構複雜化的根本動因，同樣也表述了經濟領域內的勞動組織方式與當地政治結構兩者之間的基本關係。不過我們應該注意的是，在隨後的歷史發展過程中，專業化並不僅僅只是發生於生產領域之內，政府架構內部同樣會發生顯而易見的針對特定職司的專業化過程，這其中有一些是因經濟事務的實際需要而產生的，而另一些的發生原因則比較複雜。須知，同任何一個被管理對象一樣，政府在出現之後也會逐漸產生越來越多的獨屬於自己的特殊利益，出於維護這些特殊利益的需要，政治結構很可能會在微觀層面上發生經常性的難以逆料的反覆波動，一些新的結構便會借著這樣一些事件在原有的政治肌體上生長出來，而所有這些或隱或顯的政治事件並不一定都能與當時當地的基本經濟格局直接關聯起來，但這是很正常的，因爲具體歷史過程的發展本就同時體現著必然性與偶然性。類似地，等級化一樣也是經濟活動中

各類生產部門的一般組織原則，尤其是在歷史發展的早期階段，政府作爲一切社會資源的最大持有人與出資方，許多本應屬於純粹經濟領域內的事務卻不得不交由政治組織去完成，加之親屬集團在當時社會上所具備的獲得普遍認可的影響力，不同經濟部門內部的血緣等級色彩往往表現得非常濃厚。所帶來的一個後果就是經濟組織的官僚化傾向，而且越是在社會複雜化的早期階段，這類傾向表現得越是明顯，直接由政府承擔的具體經濟事務就越是複雜繁重，這實際上是社會生產不發達與產品匱乏的一種表現。所以我們應該聲明的是，專業化與等級化的指涉對象都至少包括下列三個方面，即經濟生產活動、政治結構以及意識形態體系，在社會生活的這三個領域內同時都會發生有專業化與等級化過程，而所有這些內容疊加在一起，就是我們這裏所講的社會複雜化。

其二，新進化論對於古典進化論而言，是繼承與發展，而非背叛與詆毀。兩者之間所表現出的差別是技術性的，而非原則性的，這種差別出現的基本原因是人類社會科學技術的發展與材料搜集水平的提升包括隨之而來的研究視野的極大拓展。因此如果說摩爾根有所短而塞維斯有所長，這裏面所體現的主要也是時代的局限性，而兩者所代表的無一例外都屬於表現出歷史唯物主義色彩的進化論學派。可以這樣講，伴隨著 19 世紀下半葉工業革命以及近代代議制民主制度在歐美地區的實現，人類學領域內出現了以摩爾根與恩格斯等爲代表的古典進化論學派，同樣地，隨著 20 世紀能源革命的發生與生態學研究的發展，懷特與斯圖爾德所代表的新進化論學派也就應運而生了。而如今已成爲文化人類學界、考古學界與歷史學界熱議話題的酋邦概念，當初正是爲了進一步統合進化論學派內部的認識而產生的，所以在很大程度上來講，塞維斯本人既是懷特與斯圖爾德的學生，同時也繼承著摩爾根與恩格斯的衣鉢。我們積極借鑒戰後新進化論學派在關於人類早期社會複雜化進程這類問題上業已取得的各項較具價值的研究成果，正是爲了擴充原有認識，更好地在與具體材料相結合的過程中踐行歷史唯物主義，因此這裏面根本不存在任何歷史觀層面上的基本立場問題。

其三，酋邦概念的基本精神，同時也是這一概念的最大價值在於它的提出及隨後終於獲列爲人類早期社會複雜化過程中的一個具備普遍意義的發展階段，這類進步敉平了早先認識框架內暴露出來的存在於平等社會與國家政體兩者之間的顯而易見的發展層次方面的落差，使得國家的起源過程至少是

在理論層面上表現得更趨平滑，更加合理，同時也更有可能符合歷史發展的實際情況。除此之外，從塞維斯以來許多中外學者主要是根據自己的研究經驗與學術視野而附加於這一概念之上的其它各種規定，譬如當時酋長手中所掌握的究竟是「權威」還是「權力」？如果是後者的話，那麼在這種仍然顯現出濃厚原始色彩的權力中，又是神權的成分多一些，還是世俗的成分更主要？酋邦時代，對於人們的行為起到規範作用的社會行為準則到底應該被稱為「習俗」還是「法律」更為合適？再分配、戰爭、人口壓力、政體規模與當時所能夠實現的通訊水平，這些因素在促成酋邦形成與發展的過程中又有哪一種是居於主導地位的？乃至人為地規定對於非特指的單個酋邦而言，它應該具備怎樣水平的人口規模上限或疆域範圍等等。我們認為，這些附加性質的規定只能被視為是作者本人某項專案研究的成果，或許對於某時某地的某一或某群酋邦而言是適用的，但卻不宜被輕率地理解為是作為國家社會前身的整個酋邦時代的基本特徵。實際上，我們已經講得很明白了，包括塞維斯在內，任何這類方向的努力都已失敗並飽受詬病，有理由認為，在可預見的將來，類似這種借助於枚舉法而為局地經驗盲目地賦予普遍意義的做法，所能得到的仍然只是經驗規律，而非科學規律，因此是不會有太大發展空間的。總之，酋邦在我們這裏最好被理解為是一個腹大中空的容器，它所代表的是一類業已實現了一定水平的集中化管理的前國家時代的等級制社會。作為一般意義上的國家的前身，酋邦在某一地區內的出現實際上釋放出了這樣一個重要的信息，即國家時代行將到來，所以酋邦的歷史就其實質而言正是國家起源的過程，各類國家社會的要件在此期間逐步獲得實現，而當地社會也就在這種日積月累的量變中最終完成了從史前到文明的質變。因此不無遺憾地講，在各國學術界，尤其是對於自身具有悠久歷史的東方各國來講，如果研究者就「國家」這一概念仍未達成共識，那麼自然無從規定國家社會所應具備的各種要件的具體內容，當然也就不便於採用某一整齊劃一的標準來框定各國學術界對於本地歷史上可能曾經存在過的各種酋邦社會的識別與研究了，這就是我們所面對的現狀，而且可以想見的是，這種局面仍將在未來持續一段時期，因為我們現在所討論的「酋邦」，相對於「國家」或「部落」來講，仍然是一個晚近才出現的相當新鮮的概念，所以這類百家爭鳴的局面實際上也符合新概念在其早期發展階段的特點。不過敝文這樣講並不等於主張各路學者在對待這類問題時就應該毫無顧忌地放任自流，因為我們已然明

白表述了酋邦概念的基本精神，這就是學術界在處理類似問題時應該把持的一般尺度，而且對於人文學科的研究來講，我們認為這樣的尺度已經足夠精確了，它在保證酋邦始終能夠成為一個自存自立的學術概念的同時，又可以賦予參與其中的來自世界各地的學者們各自比較大的闡述自由。

再者，關於現階段的陶寺研究活動，我們提供這樣幾點意見，希望能夠引起學術界的關注與思考：

其一，不要誇大中國歷史特殊論。中國歷史同其它各個國家與民族的歷史一樣，同是世界歷史的有機組成部分，同樣服膺馬克思主義關於人類社會發展一般規律的原則性認識，這就是生產力決定生產方式，生產方式規定著政治組織的基本結構，而不是相反。相當一部分研究者，無論是在處理陶寺或其它類似材料時，總是刻意強調在中國歷史發展的早期階段中，政治組織與意識形態體系，譬如所謂的「禮制」，對於社會發展趨勢的巨大影響力，減弱甚至是抹殺經濟基礎在這一問題上本應具備的決定性作用，並自以為覓到了中國歷史特殊性的密匙，藉此為各種形式的歷史特殊論張目。這種做法的消極後果在於，人為地為國際學術界的正常交流平添許多障礙，妨害國內學者拓展自身的研究視野，這種局面對於學術研究在未來的健康發展可謂有百害而無一利，故此深堪憂心。在這一點上，我們的意見是，中國歷史同世界歷史的其它組成部分一樣，都是個性與共性的統一體，其中反映歷史唯物主義基本觀點的共性是主要的，由東亞地區特殊的地理與人文等局部環境所規定的個性在這其中是次要的。舉例而言，禮制的基本要義就是為等級制度辯護，而後者的根本目的則是為了在生產不發達的情況下對於社會總產品在全體勞動者之間進行有等差的分配，從這個角度來看，禮制並非古代中國所獨有，因為這種分配方式不是中國所獨有的，因此這就規定了在其它早慧的人群共同體中必然同樣存在著發揮有類似功效的一整套制度，而從基礎上決定了這種分配方式普遍存在的則是遍見於那個時代的相對低下的生產力水平以及由此而導致的社會產品的不豐富。所以，禮制體系的存在不僅不能被看作是中國歷史特殊性的一種表現，反倒應該是中國歷史與世界歷史主流相接軌的共性的一部分，古代中國所特有的只不過是對於禮的具體規定，這些才是中國歷史有異於他者的個性。當然，類似於這種個性，世界其它民族與地區的歷史中實際上也都存在，因此，若有論者主張中國歷史是特殊的，必須用某種獨一無二的甚至是排外的觀點去看待的話，那麼世界各國的歷史毫無疑

問都應該是特殊的。這樣一來也就無所謂世界歷史發展的基本趨勢可言了，因為很明顯，在過分強調個性的情況下，「世界歷史」這一概念本身就已經遭到了消解而難以自存。

其二，不要將差距理解為是差異。「差距」指的是參與比較的雙方在認識的廣度與深度等方面客觀存在著的落差，其中落後的一方以追趕先進者為基本目的，而「差異」指的則是雙方在某一領域內所展現出的實力旗鼓相當，但為實現某一共同目的所採取的具體手段各具千秋。中國學術界在相關主題的研究中與國際水平相較，更多的時候表現出來的是差距而不是差異，無論就現有認識所達到的廣度與深度來講都是這樣。即以陶寺而論，國內研究者在處理類似材料時基本上只是用中國這一地區的材料去比較中國那一地區的材料，鮮見有人曾將其與世界範圍內其它同類型的案例進行過規模可觀的跨文化比較研究，即使在行文過程中涉及到了一些域外文明的材料，多半也來自於國外同行早已刊行的成說，甚少創新之處，這是就研究廣度來講的；再就深度而言，雙方之間的差距可能還會更大，眾所週知的事實是，理論建設向為中國考古學研究的弱項，這種局面迄今未能得到根本性地改善，無論是採用傳統的二重證據法，還是援引自然科學領域內的知識，大部分情況下，能夠引起研究者注意的只是兩類材料之間所表現出來的一些膚淺的表面層次的聯繫。至於這種一望即知的所謂「聯繫」是否確有其得以成立的邏輯合理性，這類更為關鍵同時也能夠在探討的過程中極大地提高整體研究水準的問題卻總是有意或無意地遭到了漠視。在陶寺這三十餘年來的研究中，除了一部分依託於理化實驗的研究之外，大部分探索活動或多或少都存在著上面談到的這類問題，所以即便我們不具備專業的語言學或天文學知識，也總是能夠很輕易地指出作者在論述過程中所表現出的諸多紕漏。至於有論者主張以中國歷史文獻中的某些政治詞彙取代類似於「酋邦」這樣國際學術界通行概念的做法，我們認為更是不可接受的，試想依託於科學考古學的當代研究尚處於追趕國際先進水平的過程之中，遑論數千年前的古代知識界！如果貿然以古人對於早期政治發展態勢的某些表述取代當今社會科學界的研究成果的話，那麼這樣做除了徒然拉大中外學術界研究水平之間的差距之外是不會有任何積極結果的。

其三，不要過度解釋。「過度解釋」指的是，刻意誇大某事件的意義或價值，甚至穿鑿附會地將與之無關者也附麗於其上。這種不當做法在最近一個

階段的陶寺研究中表現得尤爲顯著，譬如，一些與武器或獵獲物有關的發現
被研究者解釋爲可用以證明古人具備高深戰略思維乃至某種政治哲學體系的
物化形式。如果確實如此的話，那麼這就意味著從龍山時代直至春秋戰國時
期這千餘年間中國的政治哲學體系竟然了無進益，因爲身處統一大帝國建立
前夕的知識分子希望通過竹簡與文字所表達的內容其實早就由萬邦並立時代
的陶寺古人借助於豬頭與兵杖等墓室陳列表示過了，所以向爲人所稱羨的諸
子百家，如此講來也不過是拾人牙慧而已！與之類似的還有某些研究者關於
陶寺聚落都市化以及圭表測影系統所具備的重大政治意義等問題的討論。這
些顯然都屬於一類相當主觀的看法，它證明作者在這裏未能以一種更符合實
際的發展的眼光來看問題，完全忽視了對於一種社會思潮所由以產生的宏觀
時代背景的審愼考察。在這種情況下，僅僅因爲某些形式上的相似性，許多
在更形發達的社會階段方才能夠產生的思想或認識就都被盲目地附加於陶寺
當地的發現之上，其結果就是造成了前述種種過度解釋問題。過度解釋傾向
的存在擾亂了陶寺研究的正常秩序，混淆了視聽，極大地降低了現有研究成
果的公信力。

最後，我們陳述一下敝文對於陶寺文化社會複雜化問題的基本認識：

其一，社會的發展既是一個連續的過程，同時又遵循著進化潛勢法則，
這是因爲社會具備學習意識與學習能力並可進行自我改造以求最大限度地適
應變化了的外在環境。

其二，對於考古材料來講，眞正能夠體現出當地社會複雜化水平的是器
形中的裝飾性組件，而非實用性組件，因爲前者才是手工業分化程度與政治
等級意識的最直接的物化形式。

其三，陶寺文化決非無源之水，無本之木，更不應被理解爲是某種神秘
的外來文化墾闢處女地的結果，它實際上是在人口遷徙的時代大背景下，由
本地土著族群與外來人口共同建立起來的，因此在發展過程中體現著多元文
化相互交融的特色，質言之，陶寺的成就更多地是通過文化融合而非彼此替
代取得的。

其四，陶寺社區內部的權力分配格局可能仍然比較駁雜，沒有理由對當
時業已實現了的政治集權化程度抱以過高的期望，這從威望物品錯綜複雜的
分佈局勢中就可以得到體現。對於這種情況的最合理的解釋之一就是，當時
的社區公共生活有可能是由在不同層次上分享政治權力的多個父權制大家族

共同主持的，至於這些家族彼此之間是否確曾存在過某種形式的政治隸屬或權力演替關係，目前尚不得而知，因此不能排除陶寺屬於某種早期邦聯式政體的可能。但我們反對將陶寺文化與古史傳說中的堯舜集團聯繫起來，雖然後者也具備類似的政治組織形式，然而綜合多種古典歷史文獻中的相關記載來看，其社會複雜化程度即發展水平卻遠遠低於陶寺。

其五，陶寺文化自始至終都是一個高度複雜化的社會，這種穩中向好的發展態勢從早期一直持續到了中期，並且很有可能在晚期依然得到了某種程度上的延續，可能的暴力事件的發生並未能從根本上對於當時的社會結構造成毀滅性的衝擊，陶寺聚落也未曾因此而徹底衰落，這從當時整個地區內的聚落體系以及該遺址本身的發現中都可以得到證明。

其六，陶寺社會結構的崩潰過程與這一過程的內在啟動機制，目前尚難於確知。單獨依靠以某種形式自然災害的突然爆發為主要內容的「天災說」，或以戰亂或族群、階級等之間的暴力衝突為理由的「人禍說」都不能對這一問題給出較為完滿的解釋。我們傾向於認為，這一過程的發生有可能是在自然災害、戰亂與政治決策失誤等多重因素的共同作用下實現的。

最後，促成陶寺文化社會複雜化進程得以發生並在隨後的數百年間持續發展的基本原因應是人口規模的擴大，而助力人口增長的則有內外雙重因素，一個是本地人口的自然增長，另外就是外來人口的挹注，其中發揮主要作用的應屬後者。此外，人口的增長應該被理解為是一個立體而非平面化的過程，在此期間來到陶寺當地的不僅有可用以投入直接生產領域內的農業勞力與手工業者，還可能包括有神職人員等知識分子與貴族家族等在內的地位較高的社會集團，不僅有勞動者本人，還有勞動者所持有的技術、知識與社會及政治經驗等，陶寺的繁榮因此而生並憑此得以維繫。這種因果關係是由當時社會生產的基本格局所確定的，作為陶寺社會主要能源供應系統的農業尤其是種植業，在生產技術水平未獲突破的情況下，只有依靠勞動力的慷慨投入才能獲得並維持一種較為可觀的產出水平，也只有在這種產出水平之下，手工業等其它生產部門內部的複雜化進程才有了得以發展的基本保障，政治集團也才會不得不面對如何為實現對於當前已更為豐盈的社會產品的最優化配給，而設計出一定政治等級制度與負責解釋這一制度的意識形態體系的客觀需要。當然，後面這些上層結構的生成，在運轉良好的情況下，往往也會有利於社會生產活動的組織與規劃，因此，雖然客觀上存在著決定與被

決定的關係，但在對於具體歷史事件的考察中，兩者之間更多地還是應該表現爲一種交互而非單向的複雜作用過程。

　　現在，對於陶寺的田野發掘工作依然在繼續，從目前業已取得的考古成果來看，我們有理由期待就中國文明起源研究來講更具標誌性意義的重大發現的問世，因此毫無疑義的是，陶寺文化不僅現在是而且在可預見的將來，必將仍然是探求中國早期社會複雜化進程的備受矚目的核心選材之一。不過根據敝文的理解，未來的發掘或研究工作似應於這樣幾個方面有所強化或改進：

　　首先對於田野作業而言，應該加強對於中期小城內墓地的發掘，高等級大墓在這裏的出現足以說明其不容小覷的潛在研究價值，然而目前的揭露面積實在是令人遺憾，以至於根本無法從統計的角度來探討墓地所反映的社會結構問題。其實不獨是這一處，除了第一階段的類似工作做得還算比較到位之外，對於遺址內外所見各處墓地甚至包括下靳等地的材料幾乎都存在著淺嘗輒止，未做全面揭露的問題。再者，繼續強化聚落考古方面的研究，最近的區域調查可以說已經爲這種作業方式在陶寺的實踐開了一個好頭，但在理論分析的環節卻出了不少問題，病因還是在中國考古界對於社會學或人類學相關理論成果的一貫漠視上，導致對於許多本已到手的科學數據的解釋最終無奈地流於小說家言。因此我們期待在未來這個方面的研究中，除了努力促成對於核心聚落的大規模常態化發掘、全覆蓋式的區域系統調查以及調查過程中有針對性的試掘三者同步進行並實現有機結合之外，田野工作者還當加強對於相關理論知識的系統學習，以使發掘活動更具目的性並提升自身對於所獲材料的解釋水準。此外，還應加緊撰寫一部可以綜合反映三十餘年來陶寺發掘各項成果的考古報告並盡早出版，這樣才有可能爲歷史學等相關學科後續研究的及時跟進提供一個堅實的前期基礎。

　　再者，對於案頭研究來講，我們希望將來有機會能夠深化對於下列問題的認識：首先在一般理論方面，有必要加強對於經典作家的社會分工理論及國家起源學說的系統學習，同時還應適當參考其它一些具備世界影響力的知名學者，諸如斯賓塞、涂爾幹與馬克思·韋伯等社會學家的學說。因爲歷史學與考古學在這個方面都沒有自己獨立的理論體系，它們的理論只是一般社會學理論與本學科特有的一些研究技術相結合之後的產物。每一次這樣的結合過程都是一次特化，每多一次特化，原有理論在獲得更強針對性的同時，

其適用範圍便會更狹隘一些。而這樣的結合過程也正是創新知識得以孕育的溫床，所以爲了能夠站在一個更高遠的視角來看待同樣的問題，獲得更多進行創造性勞動的機會，我們認爲實有必要將自己的研究溯源至社會學領域之內。而在解釋模式方面，我們期待能夠對於摩爾根本人關於親屬系統所具備的社會意義的理解做一更爲系統的梳理，囿於篇幅及突出論述主題的實際需要，敝文認爲這一部分的研究尚有予以進一步擴充的可能空間，況且摩氏關於這方面的論述其實也並不僅限於《古代社會》一部著作。由於恩格斯的關係，摩爾根體系在中國考古學與歷史學界獨具影響力，因此如果我們希望準確地找到目前研究中的一些不足之處且能夠針鋒相對地提出頗具建設性的改進意見的話，那麼就摩爾根關於人類社會演進過程的理解做一專題研究也是相當有意義的一件事情。

至於陶寺文化，我們以爲有如下幾個問題值得在未來的研究中做進一步的探索，譬如墓區佈局與社區生活中客觀存在著的親屬結構之間是否存在有某種形式的對應關係，對於龍山時代的人們來講，是如何通過對於亡者位次的安排來體現彼此之間曾經實際存在過的各類親屬關係的？通過精確統計各類出土器物在社區範圍內的具體分佈情況，是否能夠藉此更好地理解親族組織在東亞地區的早期複雜社會中是如何承擔起經濟資助者與政治庇護人這樣的角色的？以及特殊的地理環境與日益得到強化的政治權力這兩者又是如何影響整個聚落體系的發育過程的等等。

參考文獻

一、中文資料

（一）馬克思主義經典著作

1. 〔德〕恩格斯著：《反杜林論》，中共中央馬克思恩格斯列寧斯大林著作編譯局譯，人民出版社 1999 年 12 月第 3 版。

2. 〔德〕恩格斯著：《家庭、私有制和國家的起源》，中共中央馬克思恩格斯列寧斯大林著作編譯局譯，人民出版社 1999 年 8 月第 3 版。

3. 中共中央馬克思恩格斯列寧斯大林著作編譯局編譯：《馬克思恩格斯全集》（第 32 卷），人民出版社 1998 年 1 月第 2 版。

4. 中共中央馬克思恩格斯列寧斯大林著作編譯局譯：《馬克思恩格斯全集》（第 36 卷），人民出版社 1974 年 10 月第 1 版。

5. 中共中央馬克思恩格斯列寧斯大林著作編譯局譯：《馬克思恩格斯全集》（第 38 卷），人民出版社 1972 年 8 月第 1 版。

6. 中共中央馬克思恩格斯列寧斯大林著作編譯局譯：《馬克思恩格斯全集》（第 39 卷），人民出版社 1974 年 11 月第 1 版。

7. 中共中央馬克思恩格斯列寧斯大林著作編譯局編：《馬克思恩格斯選集》（第 1 卷），人民出版社 1995 年 6 月第 2 版。

8. 中共中央馬克思恩格斯列寧斯大林著作編譯局編：《馬克思恩格斯選集》（第 3 卷），人民出版社 1995 年 6 月第 2 版。

9. 中共中央馬克思恩格斯列寧斯大林著作編譯局編：《馬克思恩格斯選集》（第 4 卷），人民出版社 1972 年 5 月第 1 版。

10. 中共中央馬克思恩格斯列寧斯大林著作編譯局譯：《列寧全集》（第 18 卷），人民出版社 1988 年 10 月第 2 版。

11. 中共中央馬克思恩格斯列寧斯大林著作編譯局編：《列寧選集》（第 3 卷），
人民出版社 1995 年 6 月第 3 版。

（二）工具書

1. 陳國強主編：《簡明文化人類學詞典》，浙江人民出版社 1990 年 8 月第 1
版。

2. 辭海編輯委員會編纂：《辭海》（第 6 版彩圖本），上海辭書出版社 2009
年 9 月第 1 版。

3. 《漢語大字典》編輯委員會編：《漢語大字典》，湖北辭書出版社、四川辭
書出版社 1990 年 10 月第 1 版。

4. 芮逸夫主編：《雲五社會科學大辭典》（人類學），臺北：臺灣商務印書館
股份有限公司 1986 年 5 月第 4 版。

5. 徐中舒主編：《甲骨文字典》，四川辭書出版社 1989 年 5 月第 1 版。

6. 于省吾主編，姚孝遂按語編撰：《甲骨文字詁林》，中華書局 1996 年 5 月
第 1 版。

（三）歷史文獻

1. （戰國）李斯：《諫逐客書》，（清）吳楚材、吳調侯選《古文觀止》，中華
書局 1959 年 9 月新 1 版。

2. （漢）班固撰：《漢書》，中華書局 1962 年 6 月第 1 版。

3. （漢）董仲舒撰，（清）凌曙注：《春秋繁露》，中華書局 1975 年 9 月第 1
版。

4. （漢）公羊壽傳，（漢）何休解詁，（唐）徐彥疏：《春秋公羊傳注疏》，十
三經注疏整理委員會整理，北京大學出版社 2000 年 12 月第 1 版。

5. （漢）孔安國傳，（唐）孔穎達疏：《尚書正義》，十三經注疏整理委員會
整理，北京大學出版社 2000 年 12 月第 1 版。

6. （漢）司馬遷撰：《史記》，中華書局 1959 年 9 月第 1 版。

7. （漢）宋衷注，（清）秦嘉謨等輯：《世本八種》，商務印書館 1957 年 12
月第 1 版。

8. （漢）趙岐注，（宋）孫奭疏：《孟子注疏》，十三經注疏整理委員會整理，
北京大學出版社 2000 年 12 月第 1 版。

9. （漢）鄭玄注，（唐）賈公彥疏：《周禮注疏》，十三經注疏整理委員會整
理，北京大學出版社 2000 年 12 月第 1 版。

10. （漢）鄭玄注，（唐）孔穎達疏：《禮記正義》，十三經注疏整理委員會整
理，北京大學出版社 2000 年 12 月第 1 版。

11. （魏）王弼注，（唐）孔穎達疏：《周易正義》，十三經注疏整理委員會整理，北京大學出版社 2000 年 12 月第 1 版。

12. （晉）陳壽撰：《三國志》，中華書局 1959 年 12 月第 1 版。

13. （宋）范曄撰：《後漢書》，中華書局 1965 年 5 月第 1 版。

14. （清）陳立撰：《白虎通疏證》，吳則虞點校，中華書局 1994 年 8 月第 1 版。

15. （清）方玉潤撰：《詩經原始》，李先耕點校，中華書局 1986 年 2 月第 1 版。

16. （清）孫詒讓撰：《墨子閒詁》，孫啟治點校，中華書局 2001 年 4 月第 1 版。

17. （清）王聘珍撰：《大戴禮記解詁》，王文錦點校，中華書局 1983 年 3 月第 1 版。

18. （清）王先謙、劉武撰：《莊子集解莊子集解內篇補正》，沈嘯寰點校，中華書局 1987 年版。

19. （清）王先謙撰：《荀子集解》，沈嘯寰、王星賢點校，中華書局 1988 年 9 月第 1 版。

20. （清）王先慎撰：《韓非子集解》，鍾哲點校，中華書局 1998 年 7 月第 1 版。

21. 83110 部隊理論組、江蘇師範學院學報組：《吳子兵法注釋》，上海人民出版社 1977 年 11 月第 1 版。

22. 陳奇猷：《呂氏春秋新校釋》，上海古籍出版社 2002 年版。

23. 程俊英、蔣見元：《詩經注析》，中華書局 1991 年 10 月第 1 版。

24. 鄧球柏：《帛書周易校釋》，湖南出版社 1996 年 8 月第 2 版。

25. 高亨：《周易古經今注》（重訂本），中華書局 1984 年 3 月第 1 版。

26. 顧頡剛、劉起釪：《尚書校釋譯論》，中華書局 2005 年 4 月第 1 版。

27. 關賢柱等：《呂氏春秋全譯》，貴州人民出版社 1997 年 8 月第 1 版。

28. 何寧：《淮南子集釋》，中華書局 1998 年 10 月第 1 版。

29. 黃懷信、張懋鎔、田旭東：《逸周書彙校集注》（修訂本），上海古籍出版社 2007 年 3 月第 1 版。

30. 黃懷信、張懋鎔、田旭東：《逸周書彙校集注》，上海古籍出版社 1995 年 12 月第 1 版。

31. 黃懷信：《逸周書校補注譯》，西北大學出版社 1996 年 3 月第 1 版。

32. 黃壽祺、梅桐生：《楚辭全譯》（修訂版），貴州人民出版社 2008 年版。

33. 黃永堂：《國語全譯》，貴州人民出版社 1995 年 2 月第 1 版。

34. 黃永堂：《國語全譯》，貴州人民出版社 2009 年 3 月第 1 版。

35. 江灝、錢宗武譯注，周秉鈞審校：《今古文尚書全譯》，貴州人民出版社 2009 年 3 月第 1 版。

36. 蔣南華、羅書勤、楊寒青：《荀子全譯》，貴州人民出版社 1995 年 2 月第 1 版。

37. 李夢生：《左傳譯注》，上海古籍出版社 1998 年 6 月第 1 版。

38. 廖名春：《馬王堆帛書周易經傳釋文》，《續修四庫全書》編纂委員會編《續修四庫全書·經部·易類》，上海古籍出版社 2002 年版。

39. 劉曉東、黃永年、賈二強校點：《帝王世紀·山海經·逸周書》，遼寧教育出版社 1997 年版。

40. 呂友仁、呂詠梅：《禮記全譯孝經全譯》，貴州人民出版社 1998 年 12 月第 1 版。

41. 龐月光：《抱朴子外篇全譯》，貴州人民出版社 1997 年版。

42. 沙少海、徐子宏：《老子全譯》，貴州人民出版社 2009 年 3 月第 1 版。

43. 上海師範大學古籍整理組校點：《國語》，上海古籍出版社 1978 年 3 月第 1 版。

44. 王國維：《古本竹書紀年輯校·今本竹書紀年疏證》，黃永年校點，遼寧教育出版社 1997 年 3 月第 1 版。

45. 王守謙、金秀珍、王鳳春：《左傳全譯》，貴州人民出版社 1990 年 11 月第 1 版。

46. 王文錦：《禮記譯解》，中華書局 2001 年 9 月第 1 版。

47. 徐復主編：《廣雅詁林》，江蘇古籍出版社 1992 年 7 月第 1 版。

48. 徐元誥：《國語集解》，王樹民、沈長雲點校，中華書局 2002 年 6 月第 1 版。

49. 徐子宏：《周易全譯》，貴州人民出版社 2009 年 3 月第 1 版。

50. 許匡一：《淮南子全譯》，貴州人民出版社 1993 年 3 月第 1 版。

51. 楊伯峻：《論語譯注》，中華書局 1980 年 12 月第 2 版。

52. 楊伯峻：《孟子譯注》，中華書局 1960 年 1 月第 1 版。

53. 楊伯峻編著：《春秋左傳注》（修訂本），中華書局 1990 年 5 月第 2 版。

54. 楊聖敏：《〈資治通鑒〉突厥迴紇史料校注》，社會科學文獻出版社 2012 年 12 月第 1 版。

55. 楊天宇：《周禮譯注》，上海古籍出版社 2004 年 7 月第 1 版。

56. 袁珂：《山海經全譯》，貴州人民出版社 1991 年 12 月第 1 版。

57. 張覺：《韓非子全譯》，貴州人民出版社 1992 年 3 月第 1 版。

58. 張立文：《帛書周易注譯》，中州古籍出版社 2008 年 1 月第 1 版。

59. 張玉春：《竹書紀年譯注》，黑龍江人民出版社 2003 年 1 月第 1 版。

60. 周才珠、齊瑞端：《墨子全譯》，貴州人民出版社 1995 年 8 月第 1 版。

（四）考古報告

1. 北京大學、河北省文化局邯鄲考古發掘隊：《1957 年邯鄲發掘簡報》，《考古》1959 年第 10 期。

2. 高江濤、何駑（2013）。2012 年度陶寺遺址發掘的主要成果。2013 年 11 月 29 日，取自 http://www.kaogu.net.cn/html/cn/xueshuyanjiu/yanjiuxinlun/juluoyuchengshikaog/2013/1025/33684.html。

3. 國家文物局考古領隊培訓班：《鄭州西山仰韶時代城址的發掘》，《文物》1999 年第 7 期。

4. 何駑（2011）。2010 年陶寺遺址群聚落形態考古實踐與理論收穫。2013 年 11 月 29 日，取自 http://www.kaogu.net.cn/html/cn/xueshuyanjiu/yanjiuxinlun/juluoyuchengshikaog/2013/1025/33670.html。

5. 河南省博物館：《鄭州商城遺址內發現商代夯土臺基和奴隸頭骨》，《文物》1974 年第 9 期。

6. 河南省文化局文物工作隊第一隊：《鄭州商代遺址的發掘》，《考古學報》1957 年第 1 期。

7. 孔昭宸、杜乃秋：《山西襄汾陶寺遺址孢粉分析》，《考古》1992 年第 2 期。

8. 李敏生、黃素英、李虎侯：《陶寺遺址陶器和木器上彩繪顏料鑒定》，《考古》1994 年第 9 期。

9. 山西省考古研究所、山西運城市文物局、芮城縣文物旅遊局：《山西芮城清涼寺史前墓地》，《考古學報》2011 年第 4 期。

10. 山西省考古研究所、運城市文物局、芮城縣文物局：《山西芮城清涼寺新石器時代墓地》，《文物》2006 年第 3 期。

11. 山西省考古研究所：《山西翼城南石遺址調查、試掘報告》，山西省考古研究所、山西省考古學會編《三晉考古》（第 2 輯），山西人民出版社 1996 年 10 月第 1 版。

12. 山西省考古研究所：《陶寺遺址陶窯發掘簡報》，《文物季刊》1999 年第 2 期。

13. 山西省考古研究所侯馬工作站：《侯馬西陽呈陶寺文化遺址調查》，《文物季刊》1996 年第 2 期。

14. 山西省臨汾行署文化局、中國社會科學院考古研究所山西工作隊：《山西臨汾下靳村陶寺文化墓地發掘報告》，《考古學報》1999 年第 4 期。

15. 王曉毅、嚴志斌：《陶寺中期墓地被盜墓葬搶救性發掘紀要》,《中原文物》2006 年第 5 期。

16. 下靳考古隊：《山西臨汾下靳墓地發掘簡報》,《文物》1998 年第 12 期。

17. 姚大全、何駑、陳安國、高江濤、鄭海剛：《山西襄汾陶寺古遺址自然變形遺蹟的發現及其意義》,《地震學報》2011 年第 4 期。

18. 姚政權、吳妍、王昌燧、何駑、趙志軍：《山西襄汾陶寺遺址的植矽石分析》,《農業考古》2006 年第 4 期。

19. 張雪蓮、仇士華、薄官成、王金霞、鍾建：《二里頭遺址、陶寺遺址部分人骨碳十三、氮十五分析》,中國社會科學院考古研究所考古科技中心編《科技考古》(第 2 輯),科學出版社 2007 年 12 月第 1 版。

20. 張雅軍、何駑、張帆：《陶寺中晚期人骨的種系分析》,《人類學學報》2009 年第 4 期。

21. 中國社會科學院考古研究所河南一隊、河南省文物考古研究所、三門峽市文物考古研究所、靈寶市文物保護管理所、荊山黃帝陵管理所：《河南靈寶市西坡遺址發現一座仰韶文化中期特大房址》,《考古》2005 年第 3 期。

22. 中國社會科學院考古研究所河南一隊：《河南郊縣水泉新石器時代遺址發掘簡報》,《考古》1992 年第 10 期。

23. 中國社會科學院考古研究所山西隊、山西臨汾行署文化局：《山西襄汾縣陶寺遺址 II 區居住址 1999～2000 年發掘簡報》,《考古》2003 年第 3 期。

24. 中國社會科學院考古研究所山西隊、山西省考古研究所、臨汾市文物局：《山西襄汾陶寺城址 2002 年發掘報告》,解希恭主編《襄汾陶寺遺址研究》,科學出版社 2007 年 1 月第 1 版。

25. 中國社會科學院考古研究所山西隊、山西省考古研究所、臨汾市文物局：《山西襄汾縣陶寺城址發現陶寺文化中期大型夯土建築基址》,《考古》2008 年第 3 期。

26. 中國社會科學院考古研究所山西隊、山西省考古研究所、臨汾市文物局：《山西襄汾縣陶寺城址祭祀區大型建築基址 2003 年發掘簡報》,《考古》2004 年第 7 期。

27. 中國社會科學院考古研究所山西隊、山西省考古研究所、臨汾市文物局：《山西襄汾縣陶寺中期城址大型建築 IIFJT1 基址 2004～2005 年發掘簡報》,《考古》2007 年第 4 期。

28. 中國社會科學院考古研究所山西隊、山西省考古研究所、臨汾市文物局：《陶寺城址發現陶寺文化中期墓葬》,《考古》2003 年第 9 期。

29. 中國社會科學院考古研究所山西工作隊、臨汾地區文化局：《1978～1980 年山西襄汾陶寺墓地發掘簡報》,《考古》1983 年第 1 期。

30. 中國社會科學院考古研究所山西工作隊、臨汾地區文化局：《山西襄汾陶寺遺址首次發現銅器》，《考古》1984 年第 12 期。

31. 中國社會科學院考古研究所山西工作隊、臨汾地區文化局：《山西襄汾縣陶寺遺址發掘簡報》，《考古》1980 年第 1 期。

32. 中國社會科學院考古研究所山西工作隊、山西省臨汾地區文化局：《陶寺遺址 1983～1984 年 III 區居住址發掘的主要收穫》，《考古》1986 年第 9 期。

33. 中國社會科學院考古研究所山西工作隊、山西省臨汾行署文化局：《山西曲沃縣方城遺址發掘簡報》，《考古》1988 年第 4 期。

34. 中國社會科學院考古研究所實驗室：《山西襄汾陶寺遺址陶片的測試和分析》，《考古》1993 年第 2 期。

（五）專著

1. 白壽彝總主編，蘇秉琦主編：《中國通史》（第 2 卷），上海人民出版社 1994 年 6 月第 1 版。

2. 晁福林主編：《中國古代史》（上冊），北京師範大學出版社 1994 年 10 月第 1 版。

3. 陳連開：《中華民族研究初探》，知識出版社 1994 年 11 月第 1 版。

4. 《鄂倫春族簡史》編寫組：《鄂倫春族簡史》，內蒙古人民出版社 1983 年 1 月第 1 版。

5. 范文瀾：《中國通史簡編》（上），河北教育出版社 2000 年 12 月第 1 版。

6. 高亨：《高亨著作集林》（第 5 卷），清華大學出版社 2004 年版。

7. 高江濤：《中原地區文明化進程的考古學研究》，社會科學文獻出版社 2009 年 1 月第 1 版。

8. 顧頡剛、史念海：《中國疆域沿革史》，商務印書館 1999 年 7 月第 1 版。

9. 顧頡剛：《古史辨自序》（上），河北教育出版社 2000 年 12 月第 1 版。

10. 郭沫若主編：《中國史稿》（第 1 冊），人民出版社 1976 年 7 月第 1 版。

11. 胡慶鈞主編：《早期奴隸制社會比較研究》，中國社會科學出版社 1996 年 8 月第 1 版。

12. 李堅尚、劉芳賢：《珞巴族的社會和文化》，四川民族出版社 1992 年 2 月第 1 版。

13. 李錫厚、白濱：《遼金西夏史》，上海人民出版社 2003 年 4 月第 1 版。

14. 李雲泉：《朝貢制度史論——中國古代對外關係體制研究》，新華出版社 2004 年 9 月第 1 版。

15. 劉道廣、許暘、卿尚東：《圖證〈考工記〉：新注、新譯及其設計學意義》，東南大學出版社 2012 年 3 月第 1 版。

16. 劉起釪：《古史續辨》，中國社會科學出版社 1991 年 8 月第 1 版。

17. 劉曉明：《中國符咒文化大觀》，百花洲文藝出版社 1995 年 12 月第 1 版。

18. 劉學堂：《新疆史前宗教研究》，民族出版社 2009 年 7 月第 1 版。

19. 馬克垚主編：《世界文明史》（上），北京大學出版社 2004 年 1 月第 1 版。

20. 秋浦：《鄂倫春社會的發展》，上海人民出版社 1978 年 9 月第 1 版。

21. 瞿同祖：《中國封建社會》，上海人民出版社 2005 年 5 月第 1 版。

22. 沈長雲、張渭蓮：《中國古代國家起源與形成研究》，人民出版社 2009 年 4 月第 1 版。

23. 施治生、郭方主編：《古代民主與共和制度》，中國社會科學出版社 1998 年 12 月第 1 版。

24. 施治生、郭方主編：《古代民主與共和制度》，中國社會科學出版社 2002 年 3 月第 1 版。

25. 施治生、徐建新主編：《古代國家的等級制度》，中國社會科學出版社 2003 年 3 月第 1 版。

26. 宋建忠：《龍現中國：陶寺考古與華夏文明之根》，山西人民出版社 2006 年 6 月第 1 版。

27. 宋兆麟、黎家芳、杜耀西：《中國原始社會史》，文物出版社 1983 年 3 月第 1 版。

28. 蘇秉琦：《華人·龍的傳人·中國人——考古尋根記》，遼寧大學出版社 1994 年 9 月第 1 版。

29. 田昌五：《中華文化起源志》，上海人民出版社 1998 年 10 月第 1 版。

30. 童恩正：《文化人類學》，上海人民出版社 1989 年 3 月第 1 版。

31. 涂贊琥：《恩格斯家庭、氏族和國家理論的研究——學習〈家庭、私有制和國家的起源〉》，武漢大學出版社 1986 年 6 月第 1 版。

32. 汪永祥、李德良、徐吉升編著：《〈家庭、私有制和國家的起源〉講解》，中國人民大學出版社 1986 年 11 月第 1 版。

33. 王大有：《龍鳳文化源流》，北京工藝美術出版社 1988 年 1 月第 1 版。

34. 王宇信、楊升南主編：《甲骨學一百年》，社會科學文獻出版社 1999 年 9 月第 1 版。

35. 王震中：《中國古代國家的起源與王權的形成》，中國社會科學出版社 2013 年 3 第 1 版。

36. 王震中：《中國文明起源的比較研究》（增訂本），中國社會科學出版社 2013 年 3 月第 1 版。

37. 王震中：《中國文明起源的比較研究》，陝西人民出版社 1994 年 11 月第 1 版。

38. 王仲犖：《魏晉南北朝史》，上海人民出版社 2003 年 4 月第 1 版。

39. 夏鼐：《中國文明的起源》，文物出版社 1985 年 7 月第 1 版。

40. 謝維揚：《中國早期國家》，浙江人民出版社 1995 年版。

41. 徐旭生：《中國古史的傳說時代》（增訂本），文物出版社 1985 年 10 月新 1 版。

42. 許順湛：《五帝時代研究》，中州古籍出版社 2005 年 2 月第 1 版。

43. 楊靜榮、劉志雄：《龍之源》，中國書店 2008 年 10 月第 1 版。

44. 楊寬：《西周史》，上海人民出版社 2003 年 4 月第 1 版。

45. 楊寬：《中國古代都城制度史研究》，上海古籍出版社 1993 年 12 月第 1 版。

46. 楊升南：《商代經濟史》，貴州人民出版社 1992 年版。

47. 易建平：《部落聯盟與酋邦——民主・專制・國家：起源問題比較研究》，社會科學文獻出版社 2004 年 11 月第 1 版。

（六）論文

1. 白雲翔、顧智界：《中國文明起源研討會紀要》，《考古》1992 年第 6 期。

2. 蔡運章：《周初金文與武王定都洛邑——兼論武王伐紂的往返日程問題》，《中原文物》1987 年第 3 期。

3. 晁福林、王坤鵬：《解讀中國國家起源的新模式——讀王震中〈中國古代國家的起源與王權的形成〉》，2013 年 11 月 18 日《光明日報》第 15 版。

4. 晁福林：《中國早期國家問題論綱》，2000 年 12 月 1 日《光明日報》第 C03 版。

5. 陳淳：《疑古、考古與古史重建》，《文史哲》2006 年第 6 期。

6. 陳鼓應：《帛書〈繆和〉、〈昭力〉中的老學與黃老思想之關係》，陳鼓應主編《道家文化研究》（第 3 輯），上海古籍出版社 1993 年 8 月第 1 版。

7. 陳洪波：《南島語族起源與中國考古——兼評焦天龍等〈福建與南島語族〉》，2012 年 8 月 10 日《中國文物報》第 4 版。

8. 陳久金：《試論陶寺祭祀遺址揭示的五行曆》，《自然科學史研究》2007 年第 3 期。

9. 陳星燦、劉莉、李潤權、華翰維、艾琳：《中國文明腹地的社會複雜化進程——伊洛河地區的聚落形態研究》，《考古學報》2003 年第 2 期。

10. 陳寅恪：《王靜安先生遺書序》，陳美延編：《陳寅恪集・金明館叢稿二編》，生活・讀書・新知三聯書店 2001 年 7 月第 1 版。

11. 程尼娜：《先秦東北古族與中原政權的朝貢關係》,《史學集刊》2012 年第 2 期。

12. 程妮娜：《唐朝渤海國朝貢制度研究》,《吉林大學社會科學學報》2013 年第 3 期。

13. 程平山：《論陶寺古城的發展階段與性質》,《江漢考古》2005 年第 3 期。

14. 《「第六屆中國社會科學院考古學論壇」紀要》,《考古》2007 年第 7 期。

15. 杜金鵬：《洹北商城一號宮殿基址初步研究》,《文物》2004 年第 5 期。

16. 杜正勝：《考古學與中國古代史研究——一個方法學的探討》,《考古》1992 年第 4 期。

17. 杜正勝：《夏代考古及其國家發展的探索》,《考古》1991 年第 1 期。

18. 段勇：《從考古發現看龍的起源及早期面貌》,《北方文物》2000 年第 1 期。

19. 方建軍：《中國史前音樂的儀式性因素》,《音樂研究》2004 年第 4 期。

20. 費成康：《論中國古代家族法的執行》,《社會科學》1992 年第 12 期。

21. 馮時：《「文邑」考》,《考古學報》2008 年第 3 期。

22. 《釜甑》,《黑龍江民族叢刊》2006 年第 6 期。

23. 高江濤：《陶寺遺址聚落形態的初步考察》,《中原文物》2007 年第 3 期。

24. 高天麟、張岱海、高煒：《龍山文化陶寺類型的年代與分期》,解希恭主編：《襄汾陶寺遺址研究》,科學出版社 2007 年 1 月第 1 版。

25. 高天麟：《黃河流域新石器時代的陶鼓辨析》,《考古學報》1991 年第 2 期。

26. 高天麟：《龍山文化陶寺類型農業發展狀況初探》,《農業考古》1993 年第 3 期。

27. 高煒、高天麟、張岱海：《關於陶寺墓地的幾個問題》,《考古》1983 年第 6 期。

28. 高煒：《陶寺考古發現對探討中國古代文明起源的意義》,田昌五、石興邦主編：《中國原始文化論集——紀念尹達八十誕辰》,文物出版社 1989 年 6 月版。

29. 高煒：《晉西南與中國古代文明的形成》,解希恭主編：《襄汾陶寺遺址研究》,科學出版社 2007 年 1 月第 1 版。

30. 高煒：《龍山時代玉骨組合頭飾的復原研究》,解希恭主編：襄汾陶寺遺址研究》,科學出版社 2007 年 1 月第 1 版。

31. 高煒：《龍山時代中原玉器上看到的二種文化現象》,解希恭主編：《襄汾陶寺遺址研究》,科學出版社 2007 年 1 月第 1 版。

32. 高煒：《陶寺，一個永遠的話題》，解希恭主編：《襄汾陶寺遺址研究》，科學出版社 2007 年 1 月第 1 版。

33. 高煒：《陶寺文化玉器及相關問題》，解希恭主編：《襄汾陶寺遺址研究》，科學出版社 2007 年 1 月第 1 版。

34. 高煒：《中原龍山文化葬制研究》，解希恭主編：《襄汾陶寺遺址研究》，科學出版社 2007 年 1 月第 1 版。

35. 葛荃：《論傳統中國「道」的宰制——兼及「循道」政治思維定式》，《政治學研究》2011 年第 1 期。

36. 龔鵬程（2003）。華語的特色與價值。2013 年 6 月 20 日，取自 http://www.fgu.edu.tw/-wclrc/drafts/Taiwan/gong/gong-03.htm。

37. 古代國家的等級制度（2011）。2013 年 11 月 2 日，取自 http://cpc.people.com.cn/GB/219457/219506/219508/219523/14640096.html。

38. 谷文雙：《遼代捺缽制度研究》，《黑龍江民族叢刊》2002 年第 3 期。

39. 顧志良、劉曉輝、李寧、吳常信：《家豬起源的研究進展》，《中國畜牧雜誌》2007 年第 17 期。

40. 韓建業：《唐伐西夏與稷放丹朱》，《北京大學學報》（哲學社會科學版）2001 年第 4 期。

41. 韓有峰：《鄂倫春族狩獵生產資料和組織形式》，《黑龍江民族叢刊》1988 年第 2 期。

42. 何國強：《古代西北游牧部落創建文明與國家的非依賴性》，《中山大學學報》（社會科學版）2000 年第 6 期。

43. 何建安：《從王灣類型、二里頭文化與陶寺類型的關係試論夏文化》，解希恭主編《襄汾陶寺遺址研究》，科學出版社 2007 年 1 月第 1 版。

44. 何駑：《陶寺城址南牆夯土層中人骨說明的問題》，2002 年 3 月 8 日《中國文物報》第 7 版。

45. 何駑：《長江中游文明進程的階段與特點簡論》，《江漢考古》2004 年第 1 期。

46. 何駑：《陶寺：中國早期城市化的重要里程碑》，2004 年 9 月 3 日《中國文物報》第 7 版。

47. 何駑：《陶寺文化譜系研究綜論》，解希恭主編《襄汾陶寺遺址研究》，科學出版社 2007 年 1 月第 1 版。

48. 何駑：《山西襄汾陶寺城址中期王級大墓 IIM22 出土漆杆「圭尺」功能試探》，《自然科學史研究》2009 年第 3 期。

49. 何駑：《「中」與「中國」由來》，2010 年 5 月 18 日《中國社會科學報》第 14 版。

50. 何駑：《陶寺圭尺補正》，《自然科學史研究》2011 年第 3 期。

51. 何駑：《從陶寺遺址看中國早期國家特徵》，2012 年 11 月 1 日《團結報》第 7 版。

52. 侯仰軍：《海岱龍山文化與堯舜之鄉考辨》，《齊魯學刊》2006 年第 1 期。

53. 胡戟：《唐代度量衡與畝里制度》，《西北大學學報》（哲學社會科學版）1980 年第 4 期。

54. 黃翠梅（2010）。再論中國新石器時代晚期玉琮形制與角色之演變。2013 年 12 月 3 日，取自 http://203.72.2.115/Ejournal/AR01000103.pdf。

55. 黃埑：《注視眼睛是人類天性》，2012 年 11 月 15 日《人民政協報》第 C3 版。

56. 黃慶明（無日期）。機械論。2013 年 12 月 8 日，取自 http://ap6.pccu.edu.tw/Encyclopedia/data.asp？id＝3187。

57. 金景芳：《井田制的發生和發展》，《歷史研究》1965 年第 4 期。

58. 金景芳：《論井田制度》（續），《吉林大學社會科學學報》1981 年第 2 期。

59. 賴美琴：《董仲舒政治哲學闡析》，《復旦學報》（社會科學版）2000 年第 6 期。

60. 黎耕、孫小淳：《漢唐之際的表影測量與渾蓋轉變》，《中國科技史雜誌》2009 年第 1 期。

61. 黎耕、孫小淳：《陶寺 IIM22 漆杆與圭表測影》，《中國科技史雜誌》2010 年第 4 期。

62. 黎虎：《北魏前期的狩獵經濟》，《歷史研究》1992 年第 1 期。

63. 李伯謙：《中國古代文明演進的兩種模式——紅山、良渚、仰韶大墓隨葬玉器觀察隨想》，《文物》2009 年第 3 期。

64. 李健民（2007）。陶寺遺址出土 4000 年前扁壺朱書文字成功破譯。2013 年 12 月 7 日，取自 http://www.kaogu.cn/html/cn/xueshuyanjiu/yanjiuxinlun/qita/2013/1025/33261.html。

65. 李久昌：《偃師二里頭遺址的都城空間結構及其特徵》，《中國歷史地理論叢》2007 年第 4 期。

66. 李民：《堯舜時代與陶寺遺址》，解希恭主編：《襄汾陶寺遺址研究》，科學出版社 2007 年 1 月第 1 版。

67. 李民：《鄭州商城在古代文明史上的歷史地位》，《江漢論壇》2004 年第 8 期。

68. 李蹊：《堯發祥於長子陶鄉考》，《晉陽學刊》2005 年第 6 期。

69. 李文傑：《山西襄汾陶寺遺址製陶工藝研究》，解希恭主編：《襄汾陶寺遺址研究》，科學出版社 2007 年 1 月第 1 版。

70. 李雯:《身似斷雲零落——20 世紀初期新加坡的妹仔》,《華僑華人歷史研究》2011 年第 1 期。

71. 李曉婧:《從法律的視角審視南京國民政府時期的納妾行爲——以江寧縣司法訴訟檔案爲考察中心》,《民國檔案》2013 年第 4 期。

72. 李笑野:《〈周易〉田獵習武的軍訓觀》,《周易研究》2010 年第 1 期。

73. 李新偉:《「彩陶中國」的重新思考》,《三門峽職業技術學院學報》2013 年第 2 期。

74. 李勇:《世界最早的天文觀象臺——陶寺觀象臺及其可能的觀測年代》,《自然科學史研究》2010 年第 3 期。

75. 李雲泉:《略論宋代中外朝貢關係與朝貢制度》,《山東師範大學學報》(人文社會科學版) 2003 年第 2 期。

76. 李卓:《女性社會角色的變遷與日本的現代化》,《南開日本研究》2013 年第 1 期。

77. 林端:《法律人類學簡介》,〔英〕馬林諾夫斯基著:《原始社會的犯罪與習俗》,原江譯,雲南人民出版社 2002 年 1 月第 1 版。

78. 林澐:《説「王」》,《考古》1965 年第 6 期。

79. 劉次沅:《陶寺觀象臺遺址的天文學分析》,《天文學報》2009 年第 1 期。

80. 劉恒武、王力軍:《良渚文化的聚落級差及城市萌芽》,《東南文化》2007 年第 3 期。

81. 劉桓:《卜辭所見商王田獵的過程、禮俗及方法》,《考古學報》2009 年第 3 期。

82. 劉緒:《簡論陶寺類型不是夏文化——兼談二里頭文化的性質》,解希恭主編:《襄汾陶寺遺址研究》,科學出版社 2007 年 1 月第 1 版。

83. 劉學堂:《拓寬中華文明起源研究的視野》,2012 年 2 月 20 日《光明日報》第 15 版。

84. 劉學堂:《中國早期青銅器的起源與傳播》,《中原文物》2012 年第 4 期。

85. 欒豐實:《丁公龍山城址和龍山文字的發現及其意義》,《文史哲》1994 年第 3 期。

86. 羅明:《陶寺中期大墓 M22 隨葬公豬下頜意義淺析》,2004 年 6 月 4 日《中國文物報》第 7 版。

87. 羅新、田建文:《陶寺文化再研究》,《中原文物》1991 年第 2 期。

88. 馬劍虹:《行動學説與層次論》,《應用心理學》1988 年第 1 期。

89. 馬世之:《五帝時代的城址與中原早期文明》,《中州學刊》2006 年第 3 期。

90. 尼嘎:《佤族木鼓祭辭》,《民族文學研究》1994 年第 2 期。

91. 潘明娟：《歷史早期的都城規劃及其對地理環境的選擇——以早商鄭州商城和偃師商城爲例》，《西北大學學報》（自然科學版）2010 年第 4 期。

92. 潘清：《元代太湖流域水利治理述論》，《中國農史》2010 年第 4 期。

93. 龐小霞、高江濤：《試論中國早期宮城的形成及初步發展》，《考古與文物》2009 年第 5 期。

94. 龐卓恒：《察同察異求規律：比較史學的追求》，《史學月刊》2005 年第 1 期。

95. 錢耀鵬：《試論史前城址的社會歷史意義》，《西北大學學報》（哲學社會科學版）2002 年第 2 期。

96. 清華大學出土文獻研究與保護中心：《清華大學藏戰國竹簡〈保訓〉釋文》，《文物》2009 年第 6 期。

97. 秋濤：《秦漢以前的公社、田制和賦稅》，《歷史教學問題》1957 年第 4 期。

98. 裘樟松：《增補〈金石錄校證〉》（一），《浙江大學學報》（社會科學版）1998 年第 1 期。

99. 屈川：《龍雛形的形成與華夏文明的起源》，《四川大學學報》（哲學社會科學版）1993 年第 4 期。

100. 申維辰：《陶寺文化對我國文明起源研究的意義》，2004 年 4 月 9 日《人民日報》「學術動態」版。

101. 沈長雲：《酋邦、早期國家與中國古代國家起源及形成問題》，《史學月刊》2006 年第 1 期。

102. 史念海：《唐代長安外郭城街道及里坊的變遷》，《中國歷史地理論叢》1994 年第 1 期。

103. 湯惠生：《類型學的類型——考古類型學方法論的回顧與檢討》，南京師範大學文博系編：《東亞古物》（B 卷），文物出版社 2007 年 5 月第 1 版。

104. 唐際根：《墓葬研究與中國文明探源》，《鄭州大學學報》（哲學社會科學版）2003 年第 3 期。

105. 唐際根：《歐美考古學理論的發展與所謂理論流派》，南京師範大學文博系編：《東亞古物》（A 卷），文物出版社 2004 年 12 月第 1 版。

106. 田昌五：《對中國文明起源的探索》，《殷都學刊》1986 年第 4 期。

107. 田昌五：《先夏文化探索》（節選），解希恭主編：《襄汾陶寺遺址研究》，科學出版社 2007 年 1 月第 1 版。

108. 田野：《元代的疆域》，《內蒙古社會科學》1981 年第 3 期。

109. 童勁松、楊偉民、蔡建國：《新一代製造控制系統的集成模型》，《西北工業大學學報》2000 年第 1 期。

110. 王飛躍，史帝夫・蘭森：《從人工生命到人工社會——複雜社會系統研究的現狀和展望》，《複雜系統與複雜性科學》2004 年創刊號。

111. 王克林：《龍圖騰與夏族的起源》，《文物》1986 年第 6 期。

112. 王克林：《論夏族的起源》，《文物季刊》1997 年第 3 期。

113. 王仁湘：《史前燒土墓與燒土坑》，2001 年 5 月 23 日《中國文物報》第 7 版。

114. 王素：《敦煌儒典與隋唐主流文化——兼談隋唐主流文化的「南朝化」問題》，《故宮博物院院刊》2005 年第 1 期。

115. 王巍：《對中華文明起源研究有關概念的理解》，《史學月刊》2008 年第 1 期。

116. 王蔚波：《古代豕的雕塑藝術鑒賞》，《上海文博論叢》2007 年第 1 期。

117. 王文清：《陶寺遺存可能是陶唐氏文化遺存》，田昌五主編：《華夏文明》（第 1 集），北京大學出版社 1987 年 7 月第 1 版。

118. 王先勝：《論歷史教學中炎黃蚩尤問題的處理》，《重慶文理學院學報》（社會科學版）2010 年第 2 期。

119. 王小慶：《公元前 2500 年～公元前 1500 年豫西晉南地區考古資料所反映的人類生產工具的狀況》，中國社會科學院考古研究所考古科技中心編：《科技考古》（第 2 輯），科學出版社 2007 年 12 月第 1 版。

120. 王曉毅：《專家論證陶寺遺址大型建築基址》，2004 年 12 月 31 日《中國文物報》第 7 版。

121. 王宇信：《談部落聯盟機關蛻化出的「公共權力」與早期國家的形成》，《史學月刊》1992 年第 6 期。

122. 王宇信：《龍與中國古代文明》，《中國歷史博物館館刊》2000 年第 1 期。

123. 王震中：《邦國、王國與帝國：先秦國家形態的演進》，《河南大學學報》（社會科學版）2003 年第 4 期。

124. 王震中：《夏代「複合型」國家形態簡論》，《文史哲》2010 年第 1 期。

125. 王震中：《國家形成的標誌之管見——兼與「四級聚落等級的國家論」商榷》，《歷史研究》2010 年第 6 期。

126. 王震中：《中國文明與國家起源研究中的理論探索》，《中國社會科學院研究生院學報》2011 年第 3 期。

127. 王之璋：《結構與質量互變》，《中國社會科學》1988 年第 1 期。

128. 衛斯：《「陶寺遺址」與「堯都平陽」的考古學觀察——關於中國古代文明起源問題的探討》，解希恭主編：《襄汾陶寺遺址研究》，科學出版社 2007 年 1 月第 1 版。

129. 吳才麟：《「夏后氏五十而貢」質疑》，《浙江學刊》1989 年第 5 期。

130. 吳楓、關大虹：《封駁制度與唐初政治》，《歷史教學》1982 年第 11 期。

131. 吳文祥、周揚、胡瑩：《甘青地區全新世環境變遷與新石器文化興衰》，《中原文物》2009 年第 4 期。

132. 武波：《元代考課制度》，《史學月刊》2013 年第 8 期。

133. 武家璧、陳美東、劉次沅：《陶寺觀象臺遺址的天文功能與年代》，《中國科學》（G 輯）2008 年第 9 期。

134. 冼鼎昌、李學勤、朱清時：《科技考古學的現狀與展望》，《農業考古》2000 年第 3 期。

135. 項陽：《山西商以前及商代特磬的調查與測音分析》，《考古》2000 年第 11 期。

136. 謝維揚：《「層累說」與古史史料學合理概念的建立》，《社會科學》2010 年第 11 期。

137. 徐殿魁：《龍山文化陶寺類型初探》，《中原文物》1982 年第 2 期。

138. 徐鳳先、何駑：《「日影千里差一寸」觀念起源新解》，《自然科學史研究》2011 年第 2 期。

139. 徐鳳先：《從大汶口符號文字和陶寺觀象臺探尋中國天文學起源的傳說時代》，《中國科技史雜誌》2010 年第 4 期。

140. 徐旭生：《井田新解並論周朝前期士農不分的含義》，《歷史研究》1961 年第 4 期。

141. 徐學書：《戰國晚期官營冶鐵手工業初探》，《文博》1990 年第 2 期。

142. 徐兆仁：《歷史解釋學的基本問題》，2006 年 9 月 21 日《中國社會科學院院報》第 3 版。

143. 許宏、劉莉：《關於二里頭遺址的省思》，《文物》2008 年第 1 期。

144. 許宏：《「連續」中的「斷裂」——關於中國文明與早期國家形成過程的思考》，《文物》2001 年第 2 期。

145. 許宏：《二里頭的「中國之最」》，《中國文化遺產》2009 年第 1 期。

146. 許宏：《青銅的政治性消費》，2013 年 1 月 4 日《中國社會科學報》第 A05 版。

147. 許順湛：《黃帝時代是中國文明的源頭》，《中州學刊》1992 年第 1 期。

148. 許順湛：《再論黃帝時代是中國文明的源頭》，《考古與文物》1997 年第 4 期。

149. 嚴文明：《澗溝的頭蓋杯和剝頭皮風俗》，《考古與文物》1982 年第 2 期。

150. 楊鴻勳：《從盤龍城商代宮殿遺址談中國宮廷建築發展的幾個問題》，《文物》1976 年第 2 期。

151. 楊鴻勳：《西周岐邑建築遺址初步考察》，《文物》1981 年第 3 期。

152. 楊寬：《釋「臣」和「鬲」》，《考古》1963 年第 12 期。

153. 楊升南：《商代人牲身份的再考察》，《歷史研究》1988 年第 1 期。

154. 楊育彬：《鄭州商城的考古發現和研究》，《中原文物》1993 年第 3 期。

155. 葉斐、李旻：《王權、城市與國家：比較考古學視野中的中國早期城市》，荊志淳、唐際根、高嶋謙一編：《多維視域：商王朝與中國早期文明研究》，科學出版社 2009 年 1 月第 1 版。

156. 俞偉超：《考古所四十年成果展筆談》，《考古》1991 年第 1 期。

157. 俞偉超：《序言》，中國歷史博物館考古部編《當代國外考古學理論與方法》，三秦出版社 1991 年版。

158. 袁廣闊：《古河濟地區與早期國家形成》，《中原文化研究》2013 年第 5 期。

159. 岳春：《湄公河次區域泰國山地民族舞蹈文化研究》，《玉溪師範學院學報》2006 年第 7 期。

160. 張得水：《周邊地區對中原文明化進程的影響——從河南古玉文化的起源與發展談起》，《東嶽論叢》2006 年第 3 期。

161. 張國碩：《陶寺文化性質與族屬探索》，《考古》2010 年第 6 期。

162. 張明華：《良渚玉戚研究》，《考古》1989 年第 7 期。

163. 張渭蓮（2010）。中國早期國家的崩潰——以陶寺和二里頭爲例。2013 年 11 月 1 日，取自 http://www.xianqin.org/blog/archives/1904.html。

164. 張渭蓮（2010）。中國早期國家的崩潰——以陶寺和二里頭爲例。2013 年 11 月 30 日，取自 http://www.xianqin.org/blog/archives/1904.html。

165. 張學海：《從考古發現談魯西南地區古史傳說的幾個問題》，《中原文物》1996 年第 1 期。

166. 張學海：《聚落群再研究——兼說中國有無酋邦時期》，《華夏考古》2006 年第 2 期。

167. 張雪峰：《康熙皇帝與木蘭秋獮》，《歷史教學》2003 年第 6 期。

168. 張忠培：《淺談考古學的局限性》，《故宮博物院院刊》1999 年第 2 期。

169. 趙岡：《從宏觀角度看中國的城市史》，《歷史研究》1993 年第 1 期。

170. 趙紅梅：《夫餘與東漢王朝朝貢關係研究》，《社會科學戰線》2011 年第 9 期。

171. 趙輝：《中國的史前基礎——再論以中原爲中心的歷史趨勢》，《文物》2006 年第 8 期。

172. 趙舉：《新石器時代中國玉器的區域特徵》，《中原文物》2011 年第 6 期。

173. 中國文明起源和早期國家形態研討會秘書組：《中國文明起源和早期國家形態研討會發言摘要》，《考古》2001 年第 2 期。

174. 中華禮樂文化的源頭在陶寺（一）（2013）。2013 年 12 月 7 日，取自 http://www.xiangfen.gov.cn/news/rwxf/sgwh/2013/819/1381910129I0DFE865G964894089AH.html。

175. 鍾曉青：《秦安大地灣建築遺址略析》，《文物》2000 年第 5 期。

176. 周南泉：《玉琮源流考——古玉研究之一》，《故宮博物院院刊》1990 年第 1 期。

177. 朱乃誠：《良渚的蛇紋陶片和陶寺的彩繪龍盤——兼論良渚文化北上中原的性質》，《東南文化》1998 年第 2 期。

（七）譯著及譯文

1. 〔澳〕劉莉著：《中國新石器時代：邁向早期國家之路》，陳星燦、喬玉、馬蕭林等譯，文物出版社 2007 年 11 月第 1 版。

2. 〔德〕E・杜林著：《哲學教程》，郭官義、李黎譯，商務印書館 1991 年 6 月第 1 版。

3. 〔德〕傅海波，〔英〕崔瑞德編：《劍橋中國遼西夏金元史》，史衛民、馬曉光、劉曉等譯，中國社會科學出版社 1998 年 8 月第 1 版。

4. 〔德〕克勞塞維茨著：《戰爭論》，中國人民解放軍軍事科學院譯，商務印書館 1978 年 7 月第 1 版。

5. 〔德〕歐斯特瓦爾德著：《文化學之能學的基礎》，馬紹伯譯，臺北：大江出版社 1971 年 12 月第 3 版。

6. 〔法〕菲斯泰爾・德・古朗士著：《古代城市：希臘羅馬宗教、法律及制度研究》，吳曉群譯，上海人民出版社 2012 年 4 月第 2 版。

7. 〔法〕馬克・布洛赫著：《封建社會》，李增洪、侯樹棟、張緒山譯，張緒山校，商務印書館 2009 年 3 月第 1 版。

8. 〔法〕馬塞爾・莫斯著：《禮物——古式社會中交換的形式與理由》，汲喆譯，陳瑞樺校，上海人民出版社 2002 年 6 月第 1 版。

9. 〔芬蘭〕E・A・韋斯特馬克著：《人類婚姻史》，李彬、李毅夫、歐陽覺亞譯，劉宇、李堅尚、李毅夫校，商務印書館 2009 年版。

10. 〔加〕布魯斯・G・特里格著：《時間與傳統》，陳淳譯，中國人民大學出版社 2011 年 4 月第 1 版。

11. 〔美〕E. A. 霍貝爾著：《初民的法律——法的動態比較研究》，周勇譯，羅致平校，中國社會科學出版社 1993 年 8 月第 1 版。

12. 〔美〕L・A・懷特：《摩爾根生平及〈古代社會〉》，徐先偉譯，林耀華校，《民族譯叢》1979 年第 2 期。

13. 〔美〕艾斯維斯，〔美〕金：《什麼是人類學》，田國培、周文華譯，月天校，《現代外國哲學社會科學文摘》1987 年第 12 期。

14. 〔美〕哈定等著:《文化與進化》,韓建軍、商戈令譯,浙江人民出版社 1987 年版。

15. 〔美〕凱文·林奇著:《城市形態》,林慶怡、陳朝暉、鄧華譯,黃豔譯審,華夏出版社 2001 年 6 月第 1 版。

16. 〔美〕克利福德·格爾茨著:《文化的解釋》,韓莉譯,林振義校,譯林出版社 1999 年 11 月第 1 版。

17. 〔美〕路易斯·亨利·摩爾根著:《古代社會》,楊東蒪、馬雍、馬巨譯,商務印書館 2009 年版。

18. 〔美〕喬納森·H·特納著:《社會宏觀動力學:探求人類組織的理論》,林聚任、葛忠明等譯,北京大學出版社 2006 年 12 月第 1 版。

19. 〔美〕喬納森·哈斯著:《史前國家的演進》,羅林平、羅海銅、朱樂夫、陳加貞譯,余靈靈校,求實出版社 1988 年 3 月第 1 版。

20. 〔美〕約瑟夫·泰恩特著:《複雜社會的崩潰》,邵旭東譯,海南出版社 2010 年 5 月第 1 版。

21. 〔美〕張光直著:《商文明》,張良仁,岳紅彬,丁曉雷譯,遼寧教育出版社 2002 年 2 月第 1 版。

22. 〔美〕張光直著:《中國青銅時代》,生活·讀書·新知三聯書店 1983 年 9 月第 1 版。

23. 〔美〕張光直著《中國青銅時代》(二集),生活·讀書·新知三聯書店 1990 年 5 月第 1 版。

24. 〔前蘇聯〕C.A. 托卡列夫、C.П. 托爾斯托夫主編:《澳大利亞和大洋洲各族人民》(上冊),李毅夫、陳觀勝、周爲錚等譯,生活·讀書·新知三聯書店 1980 年 8 月第 1 版。

25. 〔前蘇聯〕C.A. 托卡列夫、C.П. 托爾斯托夫主編:《澳大利亞和大洋洲各族人民》(下冊),李毅夫、陳觀勝、周爲錚等譯,生活·讀書·新知三聯書店 1980 年 8 月第 1 版。

26. 〔前蘇聯〕Г·М·邦卡爾德·列文:《古代印度共和國(問題與主要資料)》,李懷國譯,高祥玉校,中國世界古代史學會編:《古代世界城邦問題譯文集》,時事出版社 1985 年 12 月第 1 版。

27. 〔前蘇聯〕Ю·И·謝苗諾夫著:《婚姻和家庭的起源》,蔡俊生譯,沈眞校,中國社會科學出版社 1983 年 12 月第 1 版。

28. 〔日〕富永健一著:《社會學原理》,嚴立賢、陳嬰嬰、楊棟樑、龐鳴譯,社會科學文獻出版社 1992 年 3 月第 1 版。

29. 〔日〕林巳奈夫著:《神與獸的紋樣學:中國古代諸神》,常耀華、王平、劉曉燕、李環譯,生活·讀書·新知三聯書店 2009 年 2 月第 1 版。

30.〔日〕綾部恒雄編:《文化人類學的十五種理論》,中國社會科學院日本研究所社會文化室譯,國際文化出版公司 1988 年 6 月第 1 版。

31.〔日〕綾部恒雄編《文化人類學的十五種理論》,周星等譯,貴州人民出版社 1988 年 12 月第 1 版。

32.〔日〕中根千枝:《日本文化人類學簡況》,李培茱譯,《民族譯叢》1979 年第 1 期。

33.〔英〕C・A・格雷戈里著:《禮物與商品》,杜杉杉、姚繼德、郭銳譯,雲南大學出版社 2001 年 8 月第 1 版。

34.〔英〕埃德蒙・利奇著:《緬甸高地諸政治體系——對克欽社會結構的一項研究》,楊春宇、周歆紅譯,商務印書館 2012 年 6 月第 1 版。

35.〔英〕奧德麗・艾・理查茲編:《東非酋長》,蔡漢敖、朱立人譯,商務印書館 1992 年 10 月第 1 版。

36.〔英〕格林・丹尼爾著:《考古學一百五十年》,黃其煦譯,安志敏校,文物出版社 2009 年 12 月第 1 版。

37.〔英〕海頓著:《南洋獵頭民族考察記》(影印本),上海文藝出版社 1989 年 9 月第 1 版。

38.〔英〕柯林武德著:《歷史的觀念》,何兆武、張文傑譯,商務印書館 1997 年 9 月第 1 版。

39.〔英〕萊斯利・貝瑟爾主編:《劍橋拉丁美洲史》(第 1 卷),中國社會科學院拉丁美洲研究所組譯,張森根、徐壯飛、高銛校訂,經濟管理出版社 1995 年 12 月第 1 版。

40.〔英〕馬林諾夫斯基著:《原始社會的犯罪與習俗》,原江譯,雲南人民出版社 2002 年 1 月第 1 版。

二、外文資料

1. Adams, E. Charles, Miriam T. Stark and Deborah S. Dosh, "Ceramic Distribution and Exchange: Jeddito Yellow Ware and Implications for Social Complexity", *Journal of Field Archaeology*, Vol.20, No.1, 1993.

2. Andorra: Year In Review 2012.(2013). In *Britannica Book of the Year, 2013*. Retrieved from http://www.britannica.com/EBchecked/topic/1894403/Andorra-Year-In-Review-2012.

3. F. R. Ankersmit, "Historical Representation", in *History and Tropology: The Rise and Fall of Metaphor*, Berkeley: University of California Press, 1994.

4. Jeanne E. Arnold, "Transportation Innovation and Social Complexity among Maritime Hunter-gatherer Societies", *American Anthropologist*, Vol. 97, No.4, 1995.

5. J. M. Beaton, "Extensification and Intensification in Central California Prehistory", *Antiquity*, Vol. 65, No.249, 1991.

6. Paul Bohannan, "Extra-processual Events in Tiv Political Institutions", *American Anthropologist*, new series, Vol. 60, No.1, 1958.

7. Bradley, Richard, "The Pattern of Change in British Prehistory", in Timothy Earle,ed. *Chiefdoms: Power, Economy, and Ideology*, Cambridge: Cambridge University Press, 1991.

8. Elizabeth M. Brumfiel & Timothy K. Earle, "Specialization, Exchange, and Complex Societies: an Introduction", in Elizabeth M. Brumfiel & Timothy K. Earle, eds. *Specialization, Exchange, and Complex Societies*, Cambridge: Cambridge University Press, 1987.

9. Edwin G. Burrows, "Breed and Border in Polynesia", *American Anthropologist*, new series, Vol. 41, No.1, 1939.

10. Burundi.（2013, September 8）. In *Wikipedia, The Free Encyclopedia*. Retrieved 02:45, September 14, 2013, from http://en.wikipedia.org/w/index.php?title=Burundi&oldid=572058013.

11. Robert L. Carneiro, "From Autonomous Villages to the State, a Numerical Estimation", in Brian Spooner,ed. *Population Growth: Anthropological Implications*, Cambridge: The MIT Press, 1972.

12. ——, "The Chiefdom: Precursor of the State", in Grant D. Jones & Robert R. Kautz,eds.*The Transition to Statehood in The New World*, New York: Cambridge University Press, 1981.

13. ——, "The Nature of the Chiefdom as Revealed by Evidence from the Cauca Valley of Colombia",in A. Terry Rambo & Kathleen Gillogly, eds. *Profiles in Cultural Evolution: Papers from a Conference in Honor of Elman R. Service*, Ann Arbor, Michigan: the Regents of The University of Michigan, The Museum of Anthropology, 1991.

14. ——, "White, Leslie A.", in Christopher Winter, ed.*International Dictionary of Anthropologists*, New York & London: Garland Publishing, 1991.

15. ——, "Cultural Evolution",in David Levinson & Melvin Ember, eds. *Encyclopedia of Cultural Anthropology*, Vol.1, New York: Henry Holt and Company, Inc, 1996.

16. Carr, Edward Hallett, *What is history?: the George Macaulay Trevelyan lectures delivered in the University of Cambridge January-March 1961*, London: The Macmillan Press, 1986.

17. Chang Kwang-chih, "On the Polynesian Complexes in Formosa", *Bulletin of the Institute of Ethnology*, No.3, 1957.

18. ——, *Shang Civilization*, New Haven & London: Yale University Press, 1980.

19. Chiefdom.（2013）. In *Encyclopædia Britannica*. Retrieved from http://www.britannica.com/EBchecked/topic/1365949/chiefdom.

20. Claessen, Henri J. M. & Peter Skalník, eds. *The Early State*, The Hague: Moutou Publishers, 1978.

21. Clarke, Roger T, "The Drum Language of the Tumba People", *American Journal of Sociology*, Vol. 40, No. 1, 1934.

22. Coe, Michael D, "Religion and the Rise of Mesoamerican States", in Grant D. Jones & Robert R. Kautz, eds. *The Transition to Statehood in the New World*, New York: Cambridge University Press, 1981.

23. Crumley, Carole L, "Three Locational Models: an Epistemological Assessment for Anthropology and Archaeology", in Michael B. Schiffer, ed. *Advances in Archaeological Method and Theory*, Vol.2, New York: Academic Press, 1979.

24. ——, "Heterarchy and the Analysis of Complex Societies", *Archeological Papers of the American Anthropological Association*, 6: 1－5. doi: 10.1525/ap3a.1995.6.1.1.

25. ——, "Communication, Holism, and the Evolution of Sociopolitical Complexity", in Jonathan Haas, ed. *From Leaders to Rulers*, New York: Kluwer Academic/Plenum Publishers, 2001.

26. D'Altroy ,Terence N.& Timothy K. Earle, "Staple Finance, Wealth Finance, and Storage in the Inka Political Economy", *Current Anthropology*, Vol. 26, No.2, 1985.

27. Doran, Jim E, "Trajectories to Complexity in Artificial Societies: Rationality, Belief, and Emotions", in Timothy A. Kohler & George J. Gumerman, eds. *Dynamics in Human and Primate Societies*, New York: Oxford University Press, 2000.

28. Earle, Timothy K, "A Reappraisal of Redistribution: Complex Hawaiian Chiefdoms", in Timothy K. Earle & Jonathon E. Ericson, eds. *Exchange Systems in Prehistory*, New York: Academic Press, 1977.

29. ——, "Chiefdoms in Archaeological and Ethnohistorical Perspective", *Annual Review of Anthropology*, Vol.16, 1987.

30. ——, "Specialization and the Production of Wealth: Hawaiian Chiefdoms and the Inka Empire", in Elizabeth M. Brumfiel & Timothy K. Earle, eds. *Specialization, Exchange, and Complex Societies*, Cambridge: Cambridge University Press, 1987.

31. ——, "Preface", in Timothy K. Earle, ed. *Chiefdoms: Power, Economy, and Ideology*, New York: Cambridge University Press, 1991.

32. ——, "The Evolution of Chiefdoms", in Timothy K. Earle, ed. *Chiefdoms: Power, Economy, and Ideology*, New York: Cambridge University Press, 1991.

33. Elman Rogers Service.（2013）. In *Encyclopædia Britannica*. Retrieved from http://www.britannica.com/EBchecked/topic/535974/Elman-Rogers-Service

34. Fairbank, J. K. & S. Y. Têng, "On the Ch'ing Tributary System", *Harvard Journal of Asiatic Studies*, Vol. 6, No.2, 1941.

35. Falkenhausen, Lothar von, "On the Historiographical Orientation of Chinese Archaeology", *Antiquity*, Vol. 67, No.257, 1993.

36. Feinman, Gary & Jill Neitzel, "Too Many Types: an Overview of Sedentary Prestate Societies in the Americas", in Michael B. Schiffer, ed. *Advances in Archaeological Method and Theory*, Vol.7, New York: Academic Press, 1984.

37. ——, "Scale and Social Organization: Perspectives on the Archaic State", in Gary M. Feinman & Joyce Marcus, eds. *Archaic States*, Santa Fe: School of American Research Press, 1998.

38. Ferguson, Yale, "Chiefdoms to City-states: the Greek Experience", in Timothy Earle, ed. *Chiefdoms: Power, Economy, and Ideology*, Cambridge: Cambridge University Press, 1991.

39. Firth, Raymond, "A Note on Descent Groups in Polynesia", *Man*, Vol.57, 1957.

40. Flannery, Kent V, "The Cultural Evolution of Civilizations", *Annual Review of Ecology and Systematics*, Vol. 3 ,1972.

41. Freidel, David A, "Civilization as a State of Mind: the Cultural Evolution of the Lowland Maya", in Grant D. Jones & Robert R. Kautz, eds. *The Transition to Statehood in the New World*, New York: Cambridge University Press, 1981.

42. Fried, Morton H, *The Evolution of Political Society*. New York: Random House, 1967.

43. Glare, P. G. W. ed., *Oxford Latin Dictionary*, New York: Oxford University Press, 1982.

44. Great Rift Valley, Kenya.（2013, September 11）. In *Wikipedia, The Free Encyclopedia*. Retrieved 02:38, September 14, 2013, from http://en.wikipedia.org/w/index.php?title=Great_Rift_Valley,_Kenya&oldid=572471542.

45. Haas, Jonathan & Winifred Creamer,（1998）, "Pueblo Political Organization in 1500: Tinkering with Diversity". Retrieved September 17, 2013, from http://www.santafe.edu/media/workingpapers/98-11-095.pdf.

46. Hannerz, Ulf, "Complex Society", in Alan Barnard & Jonathan Spencer, eds. *Encyclopedia of Social and Cultural Anthropology*, London & New York: Routledge, 1996.

47. Harding, Thomas G, "Trading in Northeast New Guinea", in Thomas G. Harding & Ben J. Wallace, eds. *Cultures of the Pacific: Selected Readings*, New York: The Free Press, 1970.

48. Hawaii（island）.（2013, June 3）. In *Wikipedia, The Free Encyclopedia*. Retrieved 04:18, June 4, 2013, from http://en.wikipedia.org/w/index.php?title =Hawaii_（island）&oldid=558133081.

49. Helms, Mary W, "Succession to High Office in Pre-Columbian Circum-Caribbean Chiefdoms", *Man*, new series, Vol. 15, No.4, 1980.

50. Joffe, Alexander H., "Alcohol and Social Complexity in Ancient Western Asia", *Current Anthropology*, Vol. 39, No.3, 1998.

51. Julian Steward.（2013, March 29）. In *Wikipedia, The Free Encyclopedia*. Retrieved 10:00, April 15, 2013, from http://en.wikipedia.org/w/index.php? title=ulian_Steward&oldid=47619845.

52. Kingdom of Hawaii.（2013, September 13）. In *Wikipedia, The Free Encyclopedia*. Retrieved 08:56, September 23, 2013, from http://en.wikipedia .org/w/index.php?title=ingdom_of_Hawaii&oldid=72819660.

53. Kirch, Patrick Vinton, *The Evolution of the Polynesian Chiefdoms*, Cambridge: Cambridge University Press, 1984.

54. Knapp, A. Bernard, "Social Complexity: Incipience, Emergence, and Development on Prehistoric Cyprus", *Bulletin of the American Schools of Oriental Research*, No.292, 1993.

55. Kosse, Krisztina, "Group Size and Societal Complexity: Thresholds in the Long-term Memory", *Journal of Anthropological Archaeology*, Vol. 9, No.3, 1990.

56. Kristiansen, Kristian, "From Stone to Bronze-the Evolution of Social Complexity in Northern Europe, 2300～1200 BC", in Elizabeth M. Brumfiel & Timothy K. Earle, eds. *Specialization, Exchange, and Complex Societies*, Cambridge: Cambridge University Press, 1987.

57. ——, "Chiefdoms, States, and Systems of Social Evolution", in Timothy Earle, ed. *Chiefdoms: Power, Economy, and Ideology*, Cambridge: Cambridge University Press, 1991.

58. Leach, E. R., "A Trobriand Medusa?", *Man*, Vol. 54, 1954.

59. Lee,Yun Kuen & Naicheng Zhu,（2002）, "Social Integration of Religion and Ritual in Prehistoric China", *Antiquity*, 76, 715～723. Retrieved October 22, 2013, from http://www.thefreelibrary.com/Social+ntegration+f+eligion+and+ itual+n+rehistoric+hina.-a092286561.

60. Leslie White.（2013, March 30）. In *Wikipedia, The Free Encyclopedia*. Retrieved 10:01, April 15, 2013, from http://en.wikipedia.org/w/index.php? title=eslie_White&oldid=47888249.

61. Li, Hwei, “The Ramage System in China and Polynesia”, *Bulletin of the Institute of Ethnology*, No.4, 1957.

62. Liechtenstein.（n. d.）. Retrieved September 30, 2013, from http://unstats.un. org/unsd/pocketbook/PDF/2013/Liechtenstein.pdf.

63. Linares, Olga F, “Ecology and the Arts in Ancient Panama: on the Development of Social Rank and Symbolism in the Central Provinces”, *Studies in Pre-Columbian Art and Archaeology*, No. 17, 1977.

64. Mandelbaum, David G, “The Study of Complex Civilizations”, *Yearbook of Anthropology*, Chicago: The University of Chicago Press, 1955.

65. Mayer-Oakes, William J, “Complex Society Archaeology”, *American Antiquity*, Vol.29, No.1, 1963.

66. McGuire, Randall H., “Breaking down Cultural Complexity: Inequality and Heterogeneity”, in Michael B. Schiffer, ed. *Advances in Archaeological Method and Theory*, Vol.6, New York: Academic Press, 1983.

67. Mendelsohn, I, “Slavery in the Ancient Near East”, *The Biblical Archaeologist*, Vol. 9, No.4, 1946.

68. Naroll, Raoul, “A Preliminary Index of Social Development”, *American Anthropologist*, new series, Vol. 58, No.4, 1956.

69. Oberg, Kalervo, “Types of Social Structure among the Lowland Tribes of South and Central America”, *American Anthropologist*, new series, Vol. 57, No.3, 1955.

70. Polanyi, Karl, “The Economy as Instituted Process”, in Karl Polanyi, Conrad M. Arensberg, and Harry W. Pearson, eds. *Trade and Market in The Early Empires*, New York: The Free Press, 1957.

71. ——, “On the Comparative Treatment of Economic Institutions in Antiquity with Illustrations from Athens, Mycenae, and Alalakh”, in George Dalton, ed. *Primitive, Archaic, and Modern Economies: Essays of Karl Polanyi*, New York: Anchor Books, 1968.

72. Powell, J. W, “Certain Principles of Primitive Law”, *Science*, Vol.4, No.92, 1884.

73. Pukapuka.（2013, May 2）. In *Wikipedia, The Free Encyclopedia*. Retrieved 10:28, June 3, 2013, from http://en.wikipedia.org/w/index.php?title=Pukapuka &oldid=53174556.

74. Rambo, A. Terry, “The Study of Cultural Evolution”, in A. Terry Rambo & Kathleen Gillogly, eds. *Profiles in Cultural Evolution: Papers from a Conference in Honor of Elman R. Service*, Ann Arbor, Michigan: the Regents of The University of Michigan, The Museum of Anthropology, 1991.

75. Read, K. E., “Leadership and Consensus in a New Guinea Society”, *American Anthropologist*, new series, Vol. 61, No.3, 1959.

76. Rebecca（novel）.（2013, September 21）. In *Wikipedia, The Free Encyclopedia*. Retrieved 08:47, September 24, 2013, from http://en.wikipedia.org/w/index. php?title＝Rebecca_（novel）&oldid＝573858849.

77. Renfrew, Colin, "Beyond a Subsistence Economy: the Evolution of Social Organization in Prehistoric Europe", *Bulletin of the American Schools of Oriental Research, Supplementary Studies*, No. 20, Reconstructing Complex Societies: An Archaeological Colloquium, 1974.

78. Roscoe, Paul, "New Guinea Leadership as Ethnographic Analogy: a Critical Review", *Journal of Archaeological Method and Theory*, Vol.7, No.2, 2000.

79. Sahlins, Marshall D., *Social Stratification in Polynesia*, Seattle and London: University of Washington Press, 1958.

80. ——, *Stone Age Economics*, Chicago: Aldine Publishing Company, 1972.

81. ——, *Historical Metaphors and Mythical Realities: Structure in the Early History of the Sandwich Islands Kingdom*, Ann Arbor: The University of Michigan Press, 1981.

82. Service, Elman R., *Primitive Social Organization*, New York: Random House, 1962.

83. ——, *Primitive Social Organization*, 2nd ed. New York: Random House, 1971.

84. ——, "Archaeological Theory and Ethnological Fact",in *Cultural Evolutionism: Theory in Practice*, New York: Holt, Rinehart and Winston, Inc., 1971.

85. ——, "Our Contemporary Ancestors: Extant Stages and Extinct Ages", *in Cultural Evolutionism: Theory in Practice*, New York: Holt, Rinehart and Winston, Inc., 1971.

86. ——, "The Prime-mover of Cultural Evolution", in *Cultural Evolutionism: Theory in Practice*, New York: Holt, Rinehart and Winston, Inc., 1971.

87. ——, *Origins of the State and Civilization*, New York: W. W. Norton & Company, Inc., 1975.

88. ——, *Profiles in Ethnology*, 3rd ed. New York: HarperCollins Publishers, Inc., 1978.

89. ——, "The Mind of Lewis H. Morgan",*Current Anthropology*, Vol.22, No.1, 1981.

90. ——, *A Century of Controversy: Ethnological Issues from 1860 to 1960*, New York: Academic Press, 1985.

91. ——, "Morton Herbert Fried（1923～1986）", *American Anthropologist*, new series, Vol. 90, No.1, 1988.

92. Sherratt, Andrew, "The Genesis of Megaliths: Monumentality, Ethnicity and Social Complexity in Neolithic North-West Europe", *World Archaeology*, Vol.22, No.2, 1990.

93. Simpson, J. A. & E. S. C. Weiner, eds., *The Oxford English Dictionary*, 2nd ed., Vol. X, New York: Oxford University Press, 1989.

94. Steward, Julian H., "The Circum-Caribbean Tribes: an Introduction", in Julian H. Steward, ed. *Handbook of South American Indians*, Vol. 4, Washington: United States Government Printing Office, 1948.

95. ——, "Cultural Causality and Law: a Trial Formulation of the Development of Early Civilizations", *American Anthropologist*, Vol. 51, No.1, 1949.

96. ——, "South American Cultures: an Interpretative Summary", in Julian H. Steward, ed. *Handbook of South American Indians: The Comparative Ethnology of South American Indians*, Vol. 5, Washington: United States Government Printing Office, 1949.

97. ——, *Theory of Culture Change*, Urbana & Chicago: University of Illinois Press, 1972, c1955.

98. ——& Louis C. Faron, *Native Peoples of South America*, New York: McGraw-Hill Book Company, 1959.

99. Tainter, Joseph A. *The Collapse of Complex Societies*, Cambridge: Cambridge University Press, 1988.

100. ——, "Problem Solving: Complexity, History, Sustainability", *Population and Environment*, Vol.22, No.1, 2000.

101. Trubitt, Mary Beth D., "Mound Building and Prestige Goods Exchange: Changing Strategies in the Cahokia Chiefdom", *American Antiquity*, Vol. 65, No. 4, 2000.

102. White, Leslie A., *The Evolution of Culture*, New York: McGraw-Hill Book Company, Inc., 1959.

103. Wright, Henry T. & Gregory A. Johnson, "Population, Exchange, and Early State Formation in Southwestern Iran", *American Anthropologist*, new series, Vol. 77, No. 2, 1975.

104. ——, "Recent Research on the Origin of the State", *Annual Review of Anthropology*, Vol.6, 1977.

105. ——, "Foreword", in A. Terry Rambo & Kathleen Gillogly, eds. *Profiles in Cultural Evolution: Papers from a Conference in Honor of Elman R. Service*, Ann Arbor, Michigan: the Regents of The University of Michigan, The Museum of Anthropology, 1991.

106. ——, "Agent-based Modeling of Small-scale Societies: State of the Art and Future Prospects", in Timothy A. Kohler & George J. Gumerman, eds. *Dynamics in Human and Primate Societies*, New York: Oxford University Press, 2000.

107. ——, "Early State Dynamics as Political Experiment", *Journal of Anthropological Research*, Vol.62, No.3, 2006.

108. Yengoyan, Aram A., "Evolutionary Theory in Ethnological Perspectives", in A. Terry Rambo & Kathleen Gillogly, eds. *Profiles in Cultural Evolution: Papers from a Conference in Honor of Elman R. Service*, Ann Arbor, Michigan: the Regents of The University of Michigan, The Museum of Anthropology, 1991.

索　引

國家　2, 10, 11, 18, 19, 20, 26, 27, 28, 29, 30, 31, 33, 34, 35, 38, 39, 45, 46, 49, 52,
　　　57, 58, 60, 67, 68, 69, 73, 75, 76, 77, 80, 82, 84, 85, 87, 90, 92, 93, 94, 96,
　　　98, 99, 101, 103, 105, 106, 107, 108, 109, 110, 112, 114, 115, 116, 117, 118,
　　　119, 120, 121, 122, 124, 127, 128, 130, 131, 134, 137, 144, 145, 146, 147,
　　　148, 149, 150, 151, 152, 156, 157, 159, 160, 163, 164, 168, 169, 170, 172,
　　　173, 174, 178, 181, 182, 184, 186, 188, 189, 192, 194, 196, 197, 198, 200,
　　　206, 207, 208, 214, 215, 216, 222, 224, 225, 228, 229, 230, 231, 240, 243,
　　　244, 245, 246, 247, 252, 255, 257, 260, 299, 301, 314, 324, 325, 326, 330,
　　　333, 337, 340, 341, 342, 343, 346, 347, 348, 349, 350, 351
過度解釋　267, 276, 327, 328

H

韓非子　188, 189, 335, 336
何駑　221, 224, 229, 251, 252, 253, 254, 255, 256, 257, 259, 262, 263, 337, 338,
　　　343, 348
黑田信一郎　17, 20
紅山文化　206, 211
懷特　15, 37, 38, 39, 40, 41, 42, 43, 44, 45, 47, 48, 52, 53, 54, 55, 56, 58, 63, 89,
　　　110, 111, 146, 153, 196, 208, 227, 316, 317, 324, 350
《淮南子》　142, 273
黃帝　125, 139, 140, 141, 142, 187, 190, 191, 202, 215, 338, 348
夥婚制家族　20, 25

J

集體取向的酋邦　99, 101
繼承制度　20, 69, 73
祭祀　60, 61, 74, 112, 113, 124, 129, 142, 187, 220, 221, 224, 232, 234, 235, 236,
　　　237, 238, 239, 240, 241, 257, 258, 259, 260, 263, 272, 273, 296, 298, 302,
　　　303, 304, 310, 311, 315, 320, 338, 341
《家庭、私有制和國家的起源》　29, 38, 116, 170, 333
簡單酋邦　97, 99, 146, 244

K

Y

ZH

後　記

　　眼前的這部書稿是在我的博士學位論文的基礎上修改而成的。

　　回顧逝去未久的博士研究生生活，感慨良多。首先，我希望表達對於導師王震中先生的感謝。王先生是一個好領導，更是一個好老師，他對自己的學生的確是非常認真負責的。先生平時在所裏的工作就非常繁忙，社會事務也多，但即便是在這種情況下，他仍然堅持利用中午休息的時間來爲自己的學生們上課，我們博士一年級階段的幾門專業課就是按這種方式在他那間並不寬裕的辦公室裏完成的。很多時候我去所裏向先生請教或彙報自己的學業近況，即使是一個很簡單的問題，也總是要耗費不少時間，因爲來找他辦公的人實在太多了，我們師生還沒講上兩句話，不是有人來找他簽字就是又有電話打進來了。但王先生面對學生提出的問題從來不馬虎，不管中間被打斷多少次，一定要向我解釋清楚了才作罷，所以有不少時候，當我合上筆記本走出副所長辦公室之時，窗下的長安街上早已是華燈初放，而王先生還在人去樓空的研究所裏伏案疾書，對於這種嚴肅認真的態度，我們做學生的都有深切的體會。

　　做我們這個題目的研究，對熟悉考古材料與運用外語的要求都比較高。前者是我們在文章中要著手處理的主要對象，而後者又是幫助寫作者獲知國際學術界動態的基本工具，對於這兩點，先生都是很重視的。爲了切實幫助學生提高這兩方面的能力，在先生的安排與大力協調下，我先是去山西省陶寺遺址做了實地考察，聽考古所在當地的負責同志現場講解了發掘過程並逐個踏查了城址範圍內的各主要工作地點，獲得了許多僅僅通過書本得不到的感性認知。後來同樣是在先生的幫助下，我又有機會得到利希慎基金會的資

助，以訪問學人的身份赴香港中文大學（CUHK）歷史系進修，寫作過程中需要的外文學術資料其中有相當一部分都是利用當地大學所提供的便利途徑獲得的，同時，香港是座國際化的大都會，中文大學與世界各地的知名高等教育與研究機構都保持著密切的聯繫，因此，在香港學習的這段經歷對於幫助我提升自身的外語水平並培養國際視野都大有裨益。

當然，在論文的實際撰寫與進一步修改過程中得自先生的幫助更是不勝枚舉。完全可以這樣講，若學生這篇文章略有一二可取之處，全賴先生指教，而一切不足則應由我個人承擔。

再者，還要感謝我的碩士導師鄭州大學殷商文化研究所的李民教授。當初在我申請來北京攻讀博士學位的過程中，李先生幫了很多忙，如今李先生雖然年事已高，但對於自己學生的發展還是很關心，正是他建議我選擇陶寺文化作為自己博士階段的主要研究對象的，所以說，這篇文章裏同樣也凝結著李先生的心血。

在完成了博士階段的學習之後，經震中師的大力舉薦，我又來到了考古研究所追隨王巍先生從事博士後研究，方向仍與中外早期文明的起源有關，所以正便於借助當前階段開展的研究工作進一步深化對於原有問題的認識，況且鑒於研究對象的特殊性，可以說考古所在這個方面具備更大的優勢。自進站以來，王巍師對於論文的出版工作就非常重視，時常督促學生充分利用所內外的有利條件抓緊時間修改，並要在適當的時候參與田野工作，以便更深入地瞭解考古學學科的特性與案頭材料的形成過程，對於王師的殷殷關切與諄諄教誨，學生感懷至深，銘記在心！

此外，中國社會科學院歷史研究所的徐義華、劉源、宮長為、朱昌榮以及考古研究所的陳星燦、許宏、高江濤等諸位老師，在敝文寫作的過程中都曾以各種方式提供了許多幫助，在此一併致謝！